国家哲学社会科学成果文库

NATIONAL ACHIEVEMENTS LIBRARY
OF PHILOSOPHY AND SOCIAL SCIENCES

面向制造强国的中国产业政策

黄群慧　贺　俊　等著

中国社会科学出版社

黄群慧　　中国社会科学院经济研究所所长、研究员、博士生导师,《经济研究》主编《经济学动态》主编,兼任中国企业管理研究会副会长、理事长,国家"十四五"规划专家委员会委员,国家制造强国建设战略咨询委员会委员,国务院反垄断委员会专家咨询组成员。享受国务院颁发的政府特殊津贴,入选"百千万人才工程"国家级人选,荣获"国家级有突出贡献的中青年专家"称号、文化名家暨"四个一批"人才、"万人计划"国家社会科学领军人才。主要研究领域为产业经济、企业管理等。曾主持国家社会科学基金重大项目三项及其他研究项目多项。迄今为止,已在《中国社会科学》《经济研究》等学术刊物公开发表论文三百余篇,撰写《新时期全面深化国有经济改革研究》《工业化后期的中国工业经济》《企业家激励约束与国有企业改革》《新工业革命:理论逻辑与战略视野》等专著30余部。其成果曾获孙冶方经济科学奖、张培刚发展经济学优秀成果奖、蒋一苇企业改革与发展学术基金奖、"三个一百"原创图书奖、中国社会科学院优秀科研成果二等奖等。

贺 俊　　中国社会科学院工业经济研究所研究员、教授、博士生导师，美国麻省理工学院（MIT）斯隆管理学院福特基金访问学者。入选国家百千万人才工程，国家有突出贡献中青年专家，享受国务院政府特殊津贴。主要研究领域为产业发展、产业政策与技术赶超。在《管理世界》《中国社会科学》《中国工业经济》等期刊发表学术论文数十篇，获张培刚发展经济学优秀成果奖（2018 年）、蒋一苇企业改革与发展学术基金奖（2013 年）、刘诗白经济学奖（2020）、中国社会科学院对策信息研究奖特等奖等奖励，主持国家社科基金重大项目"贸易壁垒下的突破性创新政策体系构建"，参与多项国家产业发展规划的研究制定。

《国家哲学社会科学成果文库》
出版说明

为充分发挥哲学社会科学研究优秀成果和优秀人才的示范带动作用，促进我国哲学社会科学繁荣发展，全国哲学社会科学工作领导小组决定自 2010 年始，设立《国家哲学社会科学成果文库》，每年评审一次。入选成果经过了同行专家严格评审，代表当前相关领域学术研究的前沿水平，体现我国哲学社会科学界的学术创造力，按照"统一标识、统一封面、统一版式、统一标准"的总体要求组织出版。

全国哲学社会科学工作办公室
2021 年 3 月

序　言

　　摆在读者面前的这部产业政策研究专著，是由我作为首席专家的国家哲学社会科学基金重大项目"'中国制造2025'的技术路径、产业选择与战略规划研究"的最终研究成果，是我作为国家制造强国建设战略咨询委员会委员对我国制造业发展政策的一项系统性理论思考，也是我们研究团队多年来参与中国制造业重大战略、产业规划研究与制定实践的学术总结、提炼和升华。

　　研究伊始，我们就确定了本书写作的四个基本视角和立场：一是我们将研究置于中国由制造大国向制造强国跃迁的背景之下，分析中国制造强国建设的一般性和特定性对产业政策调整的要求；二是我们认为产业政策是一套复杂的、动态的政策组合，并不存在理论上绝对最优的产业政策，有效的产业政策必须与其工业化进程、国家制造业发展的阶段性条件和目标相适应，也要考虑到国家的制度、文化和资源禀赋以及经济全球化的国际环境；三是研究设定的每一个问题必须是中国产业政策实践面临的"真问题"，所谓"真问题"就是问题设定须是中国产业政策制定和实施当事人在现实工作和决策中真正思考和关心的问题，作者在确保问题真实的基础上再进行经济学的理论提炼和抽象；四是研究的落脚点应当是"建设性"的，即研究要超越抽象的产业政策是否有用的讨论，尽可能通过理论和实证分析揭示产业政策失效的原因或有效的边界，从而开展更具诊断性和建设性的学术研究。

全书共分为十四章，总体的框架结构和篇章逻辑如下：导论至第五章可以视为本书的"总论"篇，分别探讨了制造强国建设背景下中国产业政策转型的必要性、制造强国建设的战略要点及其对产业政策的要求、建设性的产业政策研究和政策主张、确立竞争政策基础性地位的障碍和破解思路、中美贸易摩擦对中国产业政策的影响、产业政策有效制定和实施的组织过程六个方面的问题，这些问题都是中国制造强国建设和产业政策调整需要解决的"系统"层面的问题。第六章到第十一章可以视为本书的"产业政策工具篇"，是对特定产业政策工具的分析，各章分别对支撑制造强国建设的技术路线图、技术标准、政策项目导入和管理、技术扩散政策、税收政策等问题进行了专题讨论。第十二章和第十三章可以视为本书的"创新体系篇"，这两章分别从共性技术供给和区域创新体系建设两个角度探讨了制造强国建设背景下我国制造业创新体系完善和发展的方向。第七章到第十三章回答的问题都是中国制造强国建设和产业政策调整需要解决的"模块"层面的问题。

我承担了全书的总体框架和篇章设计，我和贺俊研究员对各章观点的形成做出了直接贡献。我撰写的导言《制造强国建设与产业政策转型》从我国工业化阶段、新工业革命等视角研究提出了中国由制造大国向制造强国迈进要求产业政策基本框架和设计逻辑相应进行调整和转型；我和贺俊研究员撰写的第一章《制造强国建设面临的关键问题》从中国制造强国面临的主要挑战出发提炼了中国制造强国战略的关键维度，构建了制造强国背景下我国产业政策分析的基本框架；贺俊研究员撰写的第二章《建设性的产业政策研究》区分了制度层面和政策层面的产业政策问题，并重点分析了建设、而非批判意义上的产业政策主张；我和贺俊研究员、李伟助理研究员撰写的第三章《竞争政策的基础性地位》从制度约束和能力障碍等视角回答了为什么确立竞争政策基础性地位无法落地以及如何破解的问题；渠慎宁副研究员撰写的第四章《贸易摩擦下的中国产业政策调整》研究了在贸易摩擦、美国制造业回流的背景下我国如何构建面向国际竞争新形势的产业政策体系；江飞涛副研究员撰写的第五章《产业政策制定的组织机制》主要针对目前我国产业政策制定和实施中存在的问题，分析我国产业政策制定、实施的有效组织流程问题；邵婧婷助理研究员撰写的第六章《国家重大创新项目的组织实施》分析了产业政策如何通过导入"政策项目"的方式提升政策实施效率的问题；刘湘丽研究员撰写的第七章《作为创新协调工具的技术路线图》借鉴国际经验探讨了如何用技术路线图指引和协调企业创新的问题；邓州副研究员撰写的第八章《制造强国建设中的自主技术标准》基于中国高铁案例探讨了将中国标准培育发展为国际标准的战略和政策支持；朱彤副研究员撰写的第九章《以节能技术为例的技术扩散政策》以能源技术为例探讨了产业政策如何促进成熟适用技术在广大企业扩散的问题；胡文龙副研究员撰写的第十章《创新发展导向的税收政策》分析了税收优惠作为一种普遍的产业政策安排如何更加有效地激励企业的创新性投资、而不是生产性投资；梁泳梅副研究员撰写的第十一章《面向制造强国的人才培养体系》分析了制造强国对人才的知识和技能结构的需求以及人才培养体系的建设和完善问题；江鸿副研究员撰写的第十二章《产业共性技术的研发和供给体系》分析了共性技术研发机构的组织和治理模式以及共性技术的供给方式；叶振宇副研究员撰写的第十三章《促进新兴技术突破的区域创新体系》从区域创新体系的角度探讨了有利于新兴技术突破的创新体系的特征和要素。

　　本书主要的学术贡献和研究发现包括（但不限于）：一是关于"过早去工业化"和"过快去工业化"。对于中国制造业的创新效应和产业关联效应还没有得到充分发挥前提下制造业占比就开始下滑并下滑速度很快、服务业占比上升过快的"过早去工业化""过快去工业化"倾向，必须高度重视并采取有效措施预防。我国作为一个还未全面实现工业化、处于工业化进程中的发展中国家，必须坚定不移地推动以制造业为核心的实体经济的发展，避免"脱实向虚"，并将制造业比重稳定在一个合适水平。面向制造强国建设的产业政策的一个重要导向，就是要通过调整优化制造业政策体系和创新体系，实现制造业比重基本稳定前提下的生产效率和创新能力大幅提升。

二是关于制造强国的政策内涵。综合制造强国内涵的一般性和我国制造强国建设内外部条件的特定性，我们认为，制造强国战略应包含战略先导产业的技术和市场领先、极端压力情形下的制造业运行安全以及高强度创新驱动发展三个维度。其中，实现战略先导产业领先是制造强国的核心，其战略要点是在构建全球技术共同体的基础上积极利用中国市场需求的独特性重新定义根技术和主导设计，为推动全球新兴技术突破贡献中国力量；产业链安全是制造强国的基础，其战略要点一是根据"底线安全"原则培育基于次代技术的完整产业链，二是加快构建高效的产业链安全管理体系；高强度的创新驱动发展是制造强国的前提，其战略要点是构建"创新友好"的体制和政策环境，推动地方政府和企业竞争范式实现激励相容的转变。

三是关于结构性产业政策（或选择性产业政策）与功能性产业政策的动态有效性。结构性产业政策和功能性产业政策的相对作用取决于制造业发展阶段，在制造强国建设阶段，制造业创新体系建设和功能性产业政策在产业政策中的主导地位将日益突出。库兹涅茨和钱纳里等经济学家所揭示的先行工业化国家产业结构演进的一般规律，为后发国家的产业结构调整提供了较为明确的对标和参照，大大降低了后发国家选择产业的难度和风险。但随着一国产业结构的日臻完备和技术水平向全球技术前沿的拓展，结构性产业政策的有效性会下降。因而，面向制造强国建设的结构性产业政策焦点应转向促进通用技术、底层技术和前沿技术的突破和扩散应用，而竞争政策应逐步成为产业政策体系中的主导性政策。竞争政策实施主体的权威性不够、政府政策选择的短期化倾向、结构性产业政策长期主导形成的思维惯性和能力锁定，是竞争政策基础地位未能确立的根本制约，对此，要以提升竞争政策主管部门的权威性、独立性和协调性为核心，推动竞争政策组织体系重构，提升竞争政策实施主体的政策能力。

四是关于产业政策制定、实施的组织过程。国内既有的产业政策研究多聚焦于对产业政策绩效的研究，缺乏对政策过程的研究，而政策过程及其制度基础对于产业政策的实施绩效具有决定性影响。针对中国产业政策制定程序与组织机制方面存在的部门分割、封闭性、黑箱化问题，我们提出了中国产业政策制定组织机制重构的初步构想，包括在中央财经领导小组的框架内建立经济政策委员会，并下设产业政策等专业委员会。经济政策委员会负责国内重大经济政策的审议和决策，产业政策委员会组织战略纲要和重大政策提案的预研、草拟与审议；建立由智库专家、行业专家、部委官员与企业界代表组成的工业发展与战略工作小组，在产业政策委员会的领导下，负责中国制造强国战略及其政策的长期研究工作，最终通过构建相互制衡、分工、广泛参与的产业政策治理组织体系，提升我国产业政策的制定实施效率。

五是关于产业政策在激励创新之外的合理化功能。近年来我国工业全要素生产率增速持续下滑的事实表明，我国工业强国建设的问题不仅表现为前沿技术和原始创新的缺乏，同时也表现为企业生产效率的普遍低下，而后一类问题需要通过技术扩散政策等合理化政策来解决。合理化政策的核心内容，就是政府通过提供资金支持或公共服务来协助企业在生产活动中提高生产效率和技术水平的技术改造政策。本书以节能技术为例的研究显示，以各种政策鼓励新技术采用实现能源节约一直是我国节能减排的重要途径。但是这种推行方法仅考虑节能技术的"正外部性"特点，过多依靠行政命令方式推行，并且不重视节能技术扩散的规律和特点，在政策实际实施过程中往往出现"效率低""成本高"等问题。

六是关于共性技术的经济学特征及其最优政策安排。我们的研究发现，共性技术在创新链条的不同环节面临不同属性的经济性和制度性障碍，包括技术识别阶段的技术路线和市场信息"双盲"条件，技术研发阶段创新主体之间的竞合关系，以及技术应用阶段的知识产权归属问题。对此，应完善跨领域的技术预见参与过程，建立与创新主体竞合关系阶段性变化相适应的共性技术研发合作动态机制，推广有利于共性技术保护与扩散的差别化、低门槛的知识产权制度安排。共性技术研发主体之间的知识产权分配以及后续保护，决定了是否能在发挥共性技术正向外部性的同时，保持研发主体开展共性技术研发的积极性。

本着好的学术研究能够帮助理解、甚至指引现实的原则，本书力图直面中国由制造大国向制造强国跃迁过程中面临的最重大、最复杂、最具理论挑战的产业政策问题，基于研究者直接的工作经验和一手的调研资料，综合运用理论演绎和实证分析方法，努力开拓中国产业政策研究视野，提出更具建设性的产业政策命题。

我们诚挚地希望学界同仁能够对我们的探索性研究提出意见和批评，并与我们一道推进面向制造强国的、真实问题导向的产业政策研究。

黄群慧

2021 年 2 月 16 日

目　　录

Contents

Chapter 13   Regional Innovation System for Promoting the
Breakthroughs of Emerging Technology ·························· (314)

导　　论

制造强国建设与产业政策转型

　　当前中国的制造强国建设一方面要完成自己的工业化进程，推进工业化从工业化后期向后工业化转变，另一方面要在工业化和信息化、智能化融合发展和新工业革命加速拓展的背景下推进制造强国建设。这个双重叠加的任务要求我们在制造强国战略中一定要牢牢把握两方面原则：一是必须遏制中国出现"过早去工业化"倾向，保持制造业在国民经济中的合理占比，防止制造业比重下降过快；二是抓住新工业革命提供的战略机遇，实现工业化和信息化、智能化融合的新型制造强国，通过抢占5G和人工智能等新工业革命制高点深化制造强国战略。因此，未来30年是中国深化制造强国战略、实现工业现代化的关键时期。

一　"过早去工业化"风险与制造强国建设

　　20世纪60年代以后，工业化国家制造业就业人数急剧下降，总体约减少了2500万个岗位，欧盟国家制造业就业至少减少了1/3。同时，制造业和第二产业在三次产业增加值中的占比也逐步降低，这被认为是"去工业化"。到20世纪80年代，东亚一些高收入国家也开始自己的"去工业化"过程。甚至一些中等收入的拉丁美洲国家和南非在推进激进的经济改革后也开始"去工业化"。由于这些国家还没有实现工业化,人均收入远低于工业化国家,所以被认为是"过早地去工业化",而且这被一些学者认为是这些国家陷入"中等收入陷阱"的一个重要原因。当一个国家和地区制造业增加值占 GDP 的比重达到 30% 以后,制造业所带来的技术渗透效应、产业关联效应和外汇储备效应都已经得到充分体现,服务业效率提高能够承担支持经济增长的引擎,此时制造业占比降低被认为是"成熟地去工业化";但是当一个国家和地区的制造业就业低于整体就业的 5% 就开始降低制造业在国民经济中的比重,这就是"过早地去工业化",由于制造业发展不充分,取代制造业的可能是低技能、低生产率、低贸易度类型的服务业,这些服务业无法作为经济增长的新引擎来替代制造业的作用,无法保证经济的可持续增长。如果从制造强国是生产要素组合从低级向高级的突破性变化的过程这个界定出发,"过早地去工业化"实质是没有实现生产要素组合向高级突破性变化而对制造强国进程的中断[①]。一般认为,"去工业化"呈现规律性的原因是制造业就业人数和人均收入呈现倒"U"形的关系,人均收入达到一定水平后,制造业就会下降。不仅如此,随着时间的推移,后发国家相对于早期工业化国家而言,制造业的就业峰值以及制造业达到就业峰值的人均收入水平都在不断下降,这意味着"去工业化"现象产生的条件要求更低,也就是呈现出在更低的经济发展水平出现了"去工业化"的典型特征事实。

近年来,中国产业结构发生了显著的变化,第二产业比重已从 2006 年最高的 47.6% 下降到 2017 年的 40.5%,同期第三产业比重从 41.8% 提高到 51.9%。其中,工业比重从 2006 年的 42% 下降到 2017 年的 33.9%,呈现一种"过快去工业化"倾向。虽然第二产业和工业

———————

① 黄群慧:《改革开放 40 年中国的产业发展与工业化进程》,《中国工业经济》2018 年第 9 期。

比重下降、服务业比重提高是经济发展的一般规律，但我国工业比重的下降既有经济发展一般规律的作用，也有经济"脱实向虚"的不利影响。近几年中国服务业占比提升速度的确过快。1978—2011 年，中国服务业占比年均增长约 0.6 个百分点；2011—2016 年，中国服务业占比年均增长约 1.5 个百分点。应该说，服务业占比快速增长是前所未有的。同样，世界上也少有如此速度的结构变迁。1985—2014 年，中国服务业占 GDP 的比重增长了 21.3 个百分点，而同期土地稀缺的 OECD 国家、其他东亚国家、印度、其他南亚国家、土地富足的 OECD 国家、苏联组成国、拉丁美洲、中东与北非、次撒哈拉非洲、世界平均、发展中国家平均的变动分别为 10.6%、7.5%、14.1%、9.1%、7.0%、18%、12.5%、-0.3%、1.9%、6%、7%，中国是服务业占比增速最快的。对服务业占比上升过快不能持过于乐观的态度，这是因为相对于实体经济尤其是制造业而言，服务业具有两方面缺陷。一是服务业资本深化程度不够，占比增长过快会使全社会人均资本降低，进而导致全要素生产率下降，影响经济增长速度。近些年，服务业占比提升而经济增速下降，出现了所谓的"结构性减速"，在一定程度上说明了这个问题。二是服务业发展由于知识专用性的提升，在一定程度上会加大收入分配的两极分化，占比过快增长不利于经济的包容可持续增长。因此，服务业占比上升过快对于经济增长而言可能并非"善事"。

因此，对于中国当前制造业下滑过快、服务业占比上升过快的"过快去工业化"倾向，应该高度重视并采取有效措施预防。按照世界银行的数据，2017 年德国人均 GDP 为 44470 美元，制造业占 GDP 的比重为 20.7%；2016 年日本人均 GDP 为 38972 美元，制造业占 GDP 的比重为 21.0%；2017 年韩国人均 GDP 为 29743 美元，制造业占 GDP 的比重为 27.6%。而中国 2017 年的人均 GDP 仅为 8827 美元，制造业占 GDP 的比重为 29.3%，略高于韩国。我国作为一个还未基本实现工业化、处于工业化进程中的发展中国家，必须坚定不移地推动以制造业为核心的实体经济的发展，避免"脱实向虚"，并将制造业比重稳定在一个合适水平。考虑到中国人均 GDP 不到一万美元的发展水平并参照德国《国家工业战略 2030》制定的 25% 的目标以及韩国接近 28% 的制造业比重，在 2025 年之前，中国制造业占 GDP 的比重应保持在大约30% 的水平为宜，到 2030 年之后中国制造业占比至少应保持在 25%。

二　新工业革命是走向制造强国的机会窗口

从历史上看，科技和产业发展的一个重要表现形式是"革命"。人类历史上发生过多次科技和产业革命，学术界大体上有两到三次科学革命、三到六次技术和产业革命等不同分类。1983 年，英国经济学家佩雷斯按照技术经济范式的转变，将 1771 年以来的技术和产业革命划分为五次，即早期机械时代、蒸汽机与铁路时代、钢铁与电力时代、石油与汽车时代和信息与通信时代。2008 年国际金融危机以后，在发达国家纷纷推进"再工业化"的背景下，越来越多的人认为世界在经历第一次工业革命带来的蒸汽时代、第二次工业革命带来的电力时代后进入了第三次工业革命带来的信息时代。德国则从工业化阶段入手，将信息时代细分为基于信息技术的自动化阶段和基于物理信息系统的智能化阶段，形成从工业 1.0 到工业 4.0 的四次工业革命分类。无论如何划分，学界达成的基本共识是：20 世纪下半叶以来，以信息化和工业化融合为基本特征的新一轮科技革命和产业变革一直在孕育发展。从技术经济范式角度分析，这一轮科技革命和产业变革至少已显现出以下特征[①]。

---

① 黄群慧：《从新一轮科技革命看培育供给侧新动能》，《人民日报》2016 年 5 月 23 日。

一是以信息技术的突破性应用为主导驱动社会生产力变革。20世纪90年代以来，计算机芯片处理技术、数据存储技术、网络通信技术和分析计算技术获得重大突破，以计算机、互联网、移动通信和大数据为主要标志的信息技术、信息产品和信息获取处理方法呈指数级增长，并在社会经济中广泛运用，与现实生活深度融合，由此带来诸如电子商务、智能制造、工业互联网等生产生活方式的革命性变革。与此同时，能源技术、材料技术和生物技术等创新也取得程度不同的突破性进展，以信息技术为核心共同构成新一代高新技术群，为社会生产力革命性发展奠定了技术基础。

二是以信息（数据）为核心投入要素提高社会经济运行效率。人类的社会活动与信息（数据）的产生、采集、传输、分析、利用直接相关。随着信息技术的突破发展，云计算、大数据、互联网、物联网、个人电脑、移动终端、可穿戴设备、传感器及各种形式的软件等信息基础设施不断完善，在"云（云计算）+网（互联网）+端（智能终端）"的信息传导模式下，信息（数据）逐步成为社会生产活动的独立投入产出要素，而且可以借助信息物理系统等大幅提高边际效率，成为决定社会经济运行效率、促进可持续发展以及提升现代化水平的关键因素。信息基础设施的重要价值日益凸显。

三是以智能制造为先导构造现代产业体系。现代产业体系创新发展的主要驱动力来自制造业发展，而制造业发展又可以为其他领域提供通用技术手段，推动技术创新。伴随芯片技术的突破发展、互联网设施的发展完善、传感器价廉量大的供给和先进制造技术的日臻完善，智能制造产业作为新一轮科技革命和产业变革的先导迅速发展，支持和带动了智慧农业、智慧城市、智能交通、智能电网、智能物流和智能家居等各个领域的发展。智能制造依靠数据、软件等核心要素投入，以工业互联网为支撑，以电子商务为平台，促进了信息技术与实体经济的融合，加快了对传统产业的改造，推动三次产业在融合发展中逐步转型升级，形成具有更高生产率的现代产业体系。

我国作为发展中大国，新一轮科技和产业革命意味着工业化和信息化的融合，而对发达国家则是再工业化与信息化的融合。新工业革命对于我国工业化进程而言，是一次重大历史性机遇。从经济增长理论角度看，由于新工业革命提高了劳动力、资本等生产要素的素质，将有可能极大地提高全要素生产率，进而为经济增长带来新动能。即使从总需求看，由于新工业革命的发展需要，大数据、云技术、互联网、物联网、智能终端等新一代基础设施的巨大投资需求，也会直接提高经济增长速度。进一步看，由于新产业革命下分工协作方式发生了巨大变化，信息不对称程度降低，柔性生产、共享经济、网络协同和众包合作等分工协作方式日益普及，在保证规模经济源泉的基础上，又极大地拓展了经济范围，挖掘了经济增长的新源泉。可以说，新产业革命塑造的世界经济发展新动能已经初露端倪，未来更是潜力巨大。我国已经步入工业化后期，正处于经济结构转型升级的关键时期，而新工业革命催发了大量的新技术、新产业、新业态和新模式，为我国产业从低端走向中高端奠定了技术经济基础，指明了发展方向，为我国科学制定产业发展战略、加快转型升级、增强发展主动权提供了重要机遇。与以前积贫积弱的国情不同，我国综合国力已居世界前列，已经形成了完备的产业体系和庞大的制造基础，成为全球制造业第一大国，具有了抓住这次科技和产业革命历史性机遇的产业基础条件。同时，我国具有规模超大、需求多样的国内市场，也为新一轮科技和产业革命提供了广阔的需求空间。近年来，我国电子商务取得快速发展，增速远远超越其他发达国家，就得益于这样的市场优势。因此，面对新一轮科技和产业革命，我国可以乘势而上，抢抓机遇，推进工业化和信息化的深度融合，加快实现制造强国战略。

三 5G和人工智能是制造强国建设的主战场

从技术突破、产业组织结构变革和各国产业政策部署的最新趋势看，5G、人工智能技术的加快突破及其大规模的商业化应用已经成为新工业革命的主战场，也必然是中国深化工业化进程的主战场，同时也是中美在未来产业竞争的主战场。

（一）5G技术的加速突破及其商业化应用

由5G引发的新一轮技术创新浪潮正在推动人类进入第六次科技浪潮或第四次工业革命的拓展期。5G以及人工智能所驱动的5G商业应用，将成为未来国家间产业竞争的主战场。5G也将成为制造业和整个国民经济最重要的基础设施和底层技术，而人工智能作为使能技术的加速突破和应用将大大提升5G的商业应用价值，大大提高工业的研发效率、生产效率、工程化效率和商业模式的创新突破，成为改变制造业形态和结构的最重要动力。

5G为中国网络强国建设提供了机会窗口。信息技术的发展已经经历了几十年的历程。5G是信息技术路线的重要转换，为后发国家和企业实现技术赶超提供了重要的机遇。一是，5G网络是构筑万物互联的基础设施。5G移动通信技术提供了前所未有的用户体验和物联网连接能力，将大大拓展信息消费空间，提升制造业生产效率和服务业创新效率。5G网络将成为未来现代化产业体系最重要的基础设施。二是5G应用可以加速一国产业结构变革和产业组织结构的重构。未来，5G与云计算、大数据、人工智能、虚拟增强现实等技术的深度融合，将形成万物的网络结构，成为各行各业数字化转型的驱动力。5G将为用户提供超高清视频、新一代社交网络、浸入式游戏等新的消费体验。此外，5G 将支持海量的机器通信，以车联网、智慧城市、智能家居等为代表的物联网应用场景与移动通信深度融合。更重要的是，5G 还将以其超高可靠性、超低时延的卓越性能促进多种类型的垂直行业应用。总体上看，5G 及其商业应用将成为创新、创业的重要基础设施和土壤，助推制造强国和网络强国建设，使新一代移动通信成为引领国家数字化转型的最重要的通用技术。

未来 5G 及其商业应用将成为中国经济增长重要新动能。根据中国信息通信研究院的预测，5G 的发展将直接带来网络运营、通信设备以及信息平台和应用的快速增长，进而直接拉动国民经济增长，并通过技术扩散和应用带动关联产业的发展，从而间接拉动国民经济发展。根据中国信息通信研究院的测算，到 2020 年，估计 5G 网络建设初期电信运营商的网络设备支出将直接形成约 920 亿元的 GDP。到 2025 年，主要来自用户购买移动终端、流量消费及各类信息服务的 5G 支出预计将拉动国民经济约 1.1 万亿元，对当年经济增长的贡献为 3.2%。到 2030 年，主要来自用户购买移动互联网信息服务的支出、各垂直行业的网络设备投资和流量消费支出等，对国民经济的直接贡献将达到 2.9 万亿元，对 GDP 的贡献率将达到 5.8[①]。

（二）人工智能的发展及其未来经济潜力

人工智能也称机器智能，最初在 1956 年美国达特茅斯学院学会上提出。人工智能已成为一个包括分布式人工智能与多智能主体系统、人工思维模型、知识系统、知识发现与数据挖掘、遗传与演化计算、深度学习、人工智能应用等在内的庞杂知识和技术体系。该技术正被

---

① 中国信息通信研究院：《5G 经济社会影响白皮书》，2018 年。

不断应用于社会经济各个领域。在生产制造行业，人工智能应用成为实现生产制造知识化、自动化、柔性化和对市场快速反应的关键技术，使传统制造转型升级为"智能制造"。从可应用性看，人工智能大体可分为专用人工智能或者弱人工智能，以及通用人工智能或者强人工智能。当前，弱人工智能已经取得突破，强人工智能也处于快速发展过程中。人工智能的应用领域不断拓展，如生物识别分析、智能搜索、智能推荐、智能排序等，与其他技术融合，推动新技术、新产品和新业态的涌现。随着运算能力、数据量的大幅增长以及算法的大幅提升，弱人工智能将逐步向强人工智能转化，机器智能将从感知、记忆和存储进一步向认知、自主学习、决策与执行发展，成为渗透到整体经济社会体系的重要使能技术①。

目前，主要工业国家都将人工智能作为战略必争领域，把发展人工智能作为提升国家竞争力、维护国家安全的重大战略，加大产业政策扶持和创新平台建设力度。未来，随着人工智能从专用智能向通用智能发展，从人工智能向人机混合智能发展，以及人工智能加速与其他学科领域交叉渗透，人工智能创新创业如火如荼，人工智能产业将蓬勃发展。随着人工智能技术的进一步成熟以及政府和产业界投入的日益增长，人工智能应用的云端化将不断加速，全球人工智能产业规模在未来 10 年将进入高速增长期。例如，2016 年 9 月，埃森哲公司发布的报告指出，人工智能技术的应用将为经济发展注入新动力，可在现有基础上将劳动生产率提高 40%；到 2035 年，美、日、英、德、法等 12 个发达国家的年均经济增长率可以接近翻一番②。2018 年出版的麦肯锡研究报告预测，到 2030 年，约 70% 的公司将采用至少一种形式的人工智能，人工智能新增经济规模将达到 13 万亿美元。

---

① 谭铁牛：《人工智能的历史、现状和未来》，《求是》2019 年第 4 期。

② Mark Purdy and Paul Daugherty , *Why Artificial Intelligence Is the Future Of Growth*, https://www.accenture.com，2017.

（三）美国在5G和人工智能领域的战略角力

鉴于 5G 技术和人工智能技术具有的重要战略意义，美国出台了一系列政策和措施，一方面打压中国企业、破坏中国的供应链体系和技术体系，另一方面通过制度创新和政策加强强化其技术和产业优势。

美国政府和企业为重塑其在 5G 领域的领导力，试图以"开源、开放、白盒化"的技术路线，在 5G 时代重构全球 ICT（信息与通信网络）产业生态，体现了美国的大国博弈战略意图，即促进 CT（通信技术）价值向 IT（信息技术）价值转移，利用其底层硬件芯片（x86 架构）和基础操作系统（Linux）的雄厚优势，夺回失去的通信产业领袖地位，这必将对我国基于 5G 技术的网络强国建设和国家安全体系建设构成严重的威胁。随着中国华为、中兴，韩国三星，欧洲诺基亚、爱立信等一批通信设备企业的崛起，美国在全球电信行业的国家竞争中节节败退。5G 技术发展和网络建设，关乎美国产业的核心竞争力。为此，特朗普政府和美国企业加快推进通信设备技术的"开源、开放、白盒化"。该技术路线特别针对我国华为、中兴等传统电信运营商的一体化技术和业务优势，通过推进通信设备产品的模块化和标准化，促使通信设备的关键性能和功能由美国企业具有优势的底层芯片和基础软件定义，而不是由华为等一体化通信设备企业定义。可以预期，在美国的技术路线下，整个通信设备产业链的价值重心将由下游一体化设备供应商向上游的芯片和基础软件转变（类似于 20 世纪 80 年代以后 PC 的产业链价值重心由整机厂向芯片和操作系统转变），从而实现美国利用技术路线转换重夺全球电信产业领导权的目标。

具体来说，特朗普政府的 5G 技术战略的核心内容有以下几点。

一是推翻了奥巴马时期制定的电信业"网络中立"管制政策，松绑基础运营商，优化市场结构，刺激新一轮 ICT 投资和经济增长，提前布局5G产业。2017年12月14日，美国联邦通讯委员会废除奥巴马时期的网络运营商中立政策（即禁止运营商进入下游垂直领域），重新赋予电信运营商对垂直领域的经营权利，不再监管原网络中立"三禁令"（禁止封堵、禁止流量调控、禁止付费优先）所强制规范的宽带接入。特朗普政府放松电信管制政策，将极大地刺激美国运营商和互联网企业的投资动力，从而有效促进美国ICT产业融合发展，鼓励业态创新，激发美国5G产业创新的活力。

二是积极推动5G技术路线及相应的技术标准朝着"开源、开放、白盒化"的方向发展，促进全球5G价值链的核心，由中国具有优势的CT（通信技术）领域向美国具有优势的IT（信息技术）领域转移。美国主导的5G生态，以英特尔的底层硬件芯片（x86架构）和开源的基础操作系统（Linux）为基础，试图实现5G技术的"开源、开放、白盒化"，这将极大地促进ICT设备产业的垂直分解，从而对目前主流的、以设备供应商的一体化解决方案为主导的商业模式造成严重冲击。

三是以Linux基金会为基础构建开放的产业生态，整合包括中国企业在内的运营商和装备企业，形成以美国为主导的5G产业生态。美国Linux基金会于2007年由开源码发展实验室与自由标准组织联合成立，其目的是协调和推动Linux系统的发展，以及宣传、保护和规范Linux。该基金会已经成为全球ICT领域供应商、开发者、用户开展协同创新的最主要的开源生态发展平台，集合了涵盖电信、金融、云服务、车联网、医疗、零售等所有5G及其应用场景的800多家会员企业，覆盖了全球80%的信息技术100强企业。由于该基金会具有的强大影响力，中国移动、腾讯、百度、华为等已经成为其白金或金牌会员。因此可以说，我国的运营商、互联网企业和设备企业已进入被美国5G产业生态整合的状态，需要引起政府管理部门和企业的高度关注。

在人工智能方面，2019年2月11日，美国国家科技政策办公室发布了由时任总统特朗普亲自签署的《美国人工智能倡议》。在白宫网站

上,《美国人工智能倡议》被视为"行政命令",并以《维护美国人工
智能领导力的行政命令》为题向全美民众发布。《美国人工智能倡议》
开篇这样写道:人工智能（AI）有望推动美国经济增长,增强我们的
经济和国家安全,并改善我们的生活质量。美国是人工智能研发和部
署的全球领导者。美国在人工智能领域的持续领导,对于维护美国的
经济和国家安全以及以符合我们国家的价值观、政策和优先事项的方
式塑造人工智能的全球演变至关重要。

该命令发布了强势的五大原则。（1）美国必须在联邦政府、工业
界和学术界推动人工智能方面的技术突破,以促进科学发现、经济竞
争力和国家安全。（2）美国必须推动制定适当的技术标准,减少人工
智能技术安全测试和部署的障碍,以便能够创建新的人工智能相关产
业,并通过当今的行业采用人工智能。（3）美国必须培养当前和未来
的美国工人,他们具备开发和应用人工智能技术的技能,为今天的经
济和未来的工作做好准备。（4）美国必须培养公众对人工智能技术的
信任和信心,并在其应用中保护公民自由、隐私和美国价值观,以便
充分发挥人工智能技术的潜力。（5）美国必须促进支持美国人工智能
研究和创新的国际环境,为美国人工智能产业开辟市场,同时保护美
国在人工智能方面的技术优势,保护美国的关键人工智能技术免受战
略竞争对手和敌对国家的收购。

《美国人工智能倡议》指出,根据本命令第3节确定为执行机构的机
构应追求六个战略目标,以促进和保护美国人工智能的进步。（a）与工
业界、学术界、国际合作伙伴和盟国以及其他非联邦实体合作,促进
对人工智能研发的持续投资,以实现人工智能和相关技术的技术突破,
并迅速将这些突破转化为有助于美国经济和国家安全的资源。（b）增
强对高质量和完全可追溯的联邦数据、模型和计算资源的访问,以增
加此类AI研发资源的价值,同时保持符合适用法律和政策的安全、隐
私和机密性保护。（c）减少使用人工授精技术的障碍,以促进其创新

应用，同时保护美国的技术、经济和国家安全、公民自由、隐私和价值观。（d）确保技术标准最大限度地减少恶意行为者攻击，并反映联邦在创新、公众信任和公众对使用人工智能技术的系统的信任方面的优先事项，制定国际标准以促进和保护这些优先事项。（e）通过学徒培训下一代美国人工智能研究人员和用户，技能课程包括科学、技术、工程和数学教育（STEM），重点是计算机科学，以确保包括联邦工作人员在内的美国工人能够充分利用人工智能的机会。（f）根据 2019 年 2 月 11 日的国家安全总统备忘录（保护美国在人工智能及相关关键技术方面的优势）（NSPM）制订并实施行动计划。整体来看，该计划通过重新分配资金、创造新资源以及设计国家塑造技术的方式来促进美国的人工智能产业，即使它变得越来越全球化。不仅美国，AI 领导者的全球竞争已经正式拉开帷幕。2018 年以来，加拿大、日本、新加坡、中国、阿联酋、芬兰、丹麦、法国、英国、欧盟委员会、韩国和印度等国家和机构也都发布了促进 AI 应用与开发的战略。

四　全面构建促进制造强国建设的产业政策体系

围绕深化工业化进程、构建现代化产业体系、建设制造强国的目标，未来我国要围绕制造强国来构建发展战略和政策体系，具体至少要从以下三个方面着力。

（一）及时调整制造强国导向的产业政策

根据新的国际竞争环境以及中国制造业自身创新发展的要求，围绕制造业高质量发展，相对于《中国制造 2025》等我国以前的制造业中长期规划，新的中国制造业总体规划应当在以下方面做出重点调整。

第一，在总体战略导向上，要弱化"对标"或"赶超"欧美日，强化突出通过统筹部署构筑中国制造业的核心能力，为全球制造业发展做出中国的原创性贡献。强调在新工业革命浪潮中"构筑中国制造业核心能力"的政策导向，对外体现了中国通过原始创新与全球工业国家共同推动人类技术进步和产业发展的愿景，对内容易凝聚各级政府和广大企业形成实现中国制造业更高质量发展的战略抱负。

第二，在总体发展思路上，弱化重点产业和领域选择，突出新一轮工业革命背景下的通用技术创新和产业统筹部署。新技术浪潮和新工业革命是当前世界各国面临的共同挑战。为了更加有效地应对技术变革，美、德、日、英、法等工业强国颁布了系统的规划和产业政策。但与我国的制造业中长期规划不同，这些国家的战略和政策在文本的具体表述方面，都不涉及政府重点支持特定产业和领域发展等内容。我国新的制造业总体规划应借鉴美、德、日等国家的经验和普遍做法，在战略任务的拟定方面，一是强调推进制造业数字化、智能化、网络化应用所涉及通用技术和使能技术的原始创新和技术突破，二是强调对于新技术创新和应用（而非产业）的统筹部署。例如，在促进5G技术创新和应用方面，应当避免使用支持特定5G领域的发展等表述，而强调通过促进5G应用场景发展、基础设施投资、参考架构建设等内容，完善5G创新链和产业生态的任务导向。

第三，在具体重点任务上，相对弱化技术创新导向的智能制造、绿色制造和高端制造，更加突出管理创新导向的服务型制造和制造业品质革命。在当今新工业革命的背景下，中国制造业高质量发展的方向无疑也是制造业的智能化、绿色化和高端化，这需要我们不断通过科技创新、提高科技创新能力，大力发展智能制造、绿色制造和高端制造，促进中国制造业抓住当今世界新工业革命的重大机遇。但是，对于中国大多数制造业的发展而言，德国工业4.0所倡导的物理信息系统（CPS）还相对遥远，很多产业的技术基础还不具备，而推进制造业与服务融合的服务型制造以及推进中国制造业品质提升的任务则相对更有紧迫性和现实意义。在当今时代，制造服务化也是制造业转型升级的一个重要方向，制造企业从注重生产和产品逐步向注重"产品＋服务"的趋势发展和演进，这极大地促进了制造业附加值的提升，进而促进了制造业的全要素生产率的提升和高质量发展。另外与国外发达工业国家不同，中国的制造业品质问题还没有实质性地全面解决，通过制造业品质革命全面提升制造业产品和服务的品质，还是中国成为制造强国必须补上的重要一课。

（二）着力完善现代制造业创新体系

一是加快促进产业政策向创新政策转型，将政策资源配置的指向由特定的产业逐渐转向技术创新。目前我国产业政策的基本指向仍然是产业或产业领域，几乎所有的制造业中长期规划都会提出要发展若干重点产业领域。而反观美、日、德等国家的产业政策，其税收、财政等结构性措施，都是指向这些产业或领域特定的技术研发环节。产业政策与产业挂钩还是与这些产业的技术创新挂钩，会产生完全不同的效果。如果是与产业挂钩，就会诱导企业扩大生产性的投资，而这也正是近年来我国光伏甚至工业机器人等新兴产业产能过剩的重要原因。

二是在政策设计时根据不同的政策工具的优缺点进行灵活组合。目前我国的产业政策存在过度依赖税收优惠和财政补贴的问题。而事实上，每一项政策工具都有其优势和局限。例如，税收优惠可以降低政府对企业创新活动的信息要求，但税收优惠通常是与企业的研发支出挂钩，所以税收优惠会激励企业更多地把资源投向可测度的研发支出方面，而不能保证企业的创新效果和研发效率；财政补贴可以解决税收优惠的激励扭曲问题，但补贴对政府的创新识别能力和企业的道德风险都有很高的要求；市场化程度更高的产业基金可以一定程度上提高资金的使用效率，但由于参与产业基金的私人资本要求最高的投资回报，因此产业基金不能有效促进投资周期长、投资风险大的通用技术和共性技术投资。基于此，合理的产业政策体系一定是一个能够有效发挥不同政策工具互补性的政策组合。

三是加快部署与战略性前沿技术、通用技术和共性技术的技术经济要求相适应的科技设施和机构。随着我国产业结构的日益完备和技术水平向国际前沿的逼近，旨在促进产业发展的公共政策资源应当更多地配置到公共服务体系建设，而不是税收优惠和财政补贴。创新驱动导向的公共服务体系主要包括科技基础设施、共性技术研发服务和技术扩散服务三个部分。其中，构成科技基础设施核心的国家实验室，其主要功能是围绕国家重大科技和产业发展使命，依靠跨学科、大协作和高强度资金支持开展战略性研究。共性技术由于既不属于典型的科学，也不属于典型的技术，因此常常成为科学向技术转化的"死亡之谷"，共性技术服务机构的功能正是解决竞争前技术，即共性技术的供给不足问题。如果说国家实验室和共性技术研发机构的主要作用是向产业提供战略性技术和共性技术，技术扩散服务体系的作用则主要是促进已经形成的先进适用技术（主要是工艺技术）向广大企业的扩散和应用①。

四是努力弥补我国在公共科技服务体系建设方面存在的不足。这方面不足主要表现在科技服务体系的特定主体和功能缺失。例如，目前我国的国家实验室主要依托于高校，国家实验室缺乏相对独立的组织结构和人员，这使得国家实验室实际上成为高校学科建设的平台，任务导向型、战略性的前沿技术研究主体在中国的创新体系中有名无

① 贺俊：《走出"重复引进和产能过剩"的产业怪圈》，《财经》2017 年第 9 期。

实。在共性技术研发方面，2002 年前后开始实施的科研院所改制使得中国国家层面的共性技术研发机构从有到无。因此，《中国制造 2025》提出的建设一批制造业创新中心，应能够采用兼顾公益性和效率性的治理体系，切实发挥共性技术研发和供给的功能。除了提供战略性前沿技术和共性技术的服务外，公共服务体系还应当承担促进技术扩散的功能。而后者恰恰是我国产业创新体系的空白，也是近年来我国工业生产效率出现下降的重要原因。建议通过建设"制造业创新网络"、进行中小企业技术咨询师和管理顾问认证等做法，为中小企业提供质量管理、现场管理、流程优化等方面的咨询与培训，从生产工艺而不是生产装备的层面切实提高我国的生产制造水平和效率。

（三）5G 时代网络强国建设的产业政策

2014 年以来，我国先后发布了《5G 愿景与需求白皮书》《5G 概念》《5G 无线技术架构》和《5G 网络技术架构》等文本，这些政策性文本为指引我国 5G 技术领先发挥了重要作用。但与此同时，与新时期我国 5G 发展的要求相比，这些政策性文本仍存在以下不足：一是政策内容不能反映最新的国际竞争形势；二是这些政策性文本或是概念性框架，或是具体的技术规范，就如何部署 5G 基础设施投资、落实中央经济工作会议提出的"加快 5G 商用步伐"等关键内容尚缺乏明确的、可操作的指导。制定出台"中国促进 5G 发展总体规划"，加快把我国的 5G 技术竞争力转化为网络强国竞争力，具有必要性和紧迫性。建议我国"5G 发展总体规划"的战略要点应包括以下四个方面的内容。

首先，针对美国的技术打压和市场封锁，策略性地营造更加有利于中国 5G 发展的国际竞争环境。一是针对美国 CSIS 报告提出的"美国与'志同道合'的国家共建 5G 安全的共同路径"从而封锁和孤立中国 5G 企业的策略，抢先建立"国际 5G 安全联盟"和"全球 5G 安全实验室",开展国际社会共同认可的信息安全评估,形成国际社会公认的信息安全标准,为华为、中兴等通信企业"走出去"扫除障碍。二是以"5G 发展总体规划"出台为契机,宣示我国将弱化传统产业政策中的产业和领域选择等内容,转向强调 5G 产业部署、构建 5G 服务体系及提升中小微企业效率等他国更容易接受的内容。更为重要的是,通过向欧美日等企业开放 5G 市场、非歧视性政府采购、加强知识产权保护等可行措施,形成中国 5G 和全球共建共享、互联互通、共同发展的开放形象和政策接口,树立新时代中国制度型开放的新标杆。

其次,在明确中国 5G 网络提速提质发展导向、理顺 5G 投融资体制的基础上,进一步确立我国 5G 网络基础设施的中期和长期投资目标,带动上下游产业生态系统的完善。一是实施"网络先行"战略。相对于美国在底层技术的科技优势,中国 5G 的核心优势是基础设施规模优势和市场应用优势。提高 5G 基础设施的投资规模和质量,增强我国垂直应用孵化效果和产业生态的发育程度。二是建立工信部、国资委、发改委关于中国 5G 发展的部际协调机制,构建有利于促进中国 5G 基础设施科学投资和高质量发展的国资绩效考核体制和投融资体制,更好地体现 5G 网络的战略性和公益性。三是借鉴美国废除运营商网络中立(如批准 AT&T 通过收购时代华纳而进入网络内容提供领域)的经验,试点国有运营商、民间资本共同投资进入智能制造、电力、交通、医疗等 5G 应用前景相对明朗的垂直领域,开拓运营商新的盈利增长点,提升其 5G 投资动力和能力。四是在"5G 发展总体规划"中明确中国 5G 基础设施投资和部分应用领域的投资规模目标和投资里程碑,形成中国构建 5G 强国的预期、承诺和信心。

再次,加快中国 5G 的商业测试和应用场景培育,形成 5G 对下游应用的"效率提升效应"和"赚钱效应",从而将 5G 投资和应用由"概念""愿景"转化为市场内生动力。除了试点运营商进入垂直领域,一是鼓励中央企业、BAT 等互联网企业以及华为、海尔等技术领先的制造业企业加快5G应用，集中全国各个环节的5G创新主体和力量，在中国有竞争优势的领域和战略必争领域（如车联网、智能制造、智能终端、智能电网、智慧医疗等领域）开展应用示范工程。二是依托冬奥会、第二届进博会等重大活动，加大对5G商业应用的政府采购力度，带动技术攻关，树立中国5G商用引领的国际形象。三是鼓励运营商、5G应用企业对接地方中小企业信息化公共服务平台，提升中小企业的运营效率和产品开发能力。

最后，"5G发展总体规划"的名称选择和发布形式要更加讲求策略性。可以考虑采用"连接全球的中国5G"或相似名称，以对外宣介我国"共享发展机会、促进融合发展"的5G发展理念。

第　一　章

制造强国建设面临的关键问题

在中国已经建立起全球体系最为完整、规模最为庞大的制造业经济体的前提下，制造强国建设成为未来工业发展的首要议题和使命。中国制造业实现由大到强的伟大跃迁，是质量强国、航天强国、网络强国、交通强国、海洋强国建设的重要支撑，是人才强国、科技强国、贸易强国、体育强国、教育强国建设的重要牵引，是社会主义现代化强国建设中经济建设的基石。制造强国建设是一个涉及制度、政策、战略、组织等多个层面以及国家、地方、企业、科研机构、社会性组织、个人等各类主体的复杂的集体性互动过程。对制造强国的结构化理解，需要在错综复杂的因素中识别出我国制造强国建设面临的主要挑战以及影响我国制造强国建设成败的关键维度，并聚焦探索每一个维度的战略要点。

一　中国制造强国建设面临的主要挑战

美国、德国、日本等国家在其制造强国发展过程所面临的内外部挑战既具有规律性和共同性，又由于特定的历史情境而呈现出极大的差异。总体上看，未来我国制造强国建设面临的挑战主要包括新工业革命的挑战、全球化大变局的挑战和"去工业化"① 趋势的挑战②。

（一）"新工业革命"的挑战

20 世纪下半叶以来，以信息化和工业化融合为基本特征的"新工业革命"一直在孕育发展。从技术经济范式角度分析，这一轮工业革命呈现出以信息技术的突破性应用为主导驱动社会生产力变革、以信息（数据）为核心投入要素提高社会经济运行效率、以智能制造为先导构造现代产业体系等特征。

面对新工业革命的世界性趋势，新技术、新产业、新业态成为大国角力的竞技场。虽然中国等新兴经济体的科技实力增强，逐步缩小与世界先进水平的差距，但主要工业强国依托各自传统优势，也在不断夯实新经济的产业基石。美国的领先技术主要包括新一代信息技术（芯片设计、大数据、云计算等）、3D 打印、智能硬件（无人驾驶等）、生物（医疗）科技等，德国的强势领域集中在高端装备、机器人、智慧工厂整体解决方案，日本则在高端机器人、精密零部件（包括高端传感器）、新材料等领域具有技术和产业优势。不仅如此，近年来，美、德、日三国相继推出的重振实体经济战略和"新产业政策"（New Industrial Policy），尽管重点领域和政策工具存在差别，但其主旨皆要强化优势、弥补短板，从而占领新产业全球竞争的制高点。据联合国贸易和发展会议、世界银行等机构统计，2008—2017 年，全球有 101 个经济体（占世界 GDP 的 9 成以上）制定实施了产业政策。2019 年发达国家制定发布了有关大数据、人工智能等多个专项规划，美国国家科技政策办公室发布了由总统特朗普亲自签署的《美国人工智能倡议》

---

① "去工业化"的核心是"去制造业化"，考虑到本书是讨论工业化问题，加之我国地方制造业发展的数据难以获得，这里使用"去工业化"，而非"去制造业化"。

② 黄群慧：《百年目标视域下的新中国工业化进程》，《经济研究》2019 年第 10 期。

（American AI Initiative）。在白宫网站上，《美国人工智能倡议》被视为"行政命令"，并以《维护美国人工智能领导力的行政命令》为题向全美民众发布，欧洲则发布了《面向二十一世纪欧洲工业政策之法德宣言》《德国工业战略 2030》等综合性战略。这都传递出清晰的政策信号：工业大国将进一步强化前沿技术和新兴产业等领域的政府作用，加大创新投入、融资支持等正向手段与针对竞争对手的投资审查、高技术出口管制等非关税措施并用，确保赢得新工业革命的产业竞争。

从近几年发展趋势看，"十四五"时期 5G、人工智能技术的加快突破及其大规模的商业化应用已经成为"新工业革命"的主战场，也必然是中国制造强国建设的主战场，5G 将成为制造业和整个国民经济最重要的基础设施和底层技术，而人工智能作为使能技术的加速突破和应用将大大提升 5G 的商业应用价值，大大提高工业的研发效率、生产效率、工程化效率和商业模式的创新突破，成为改变制造业形态和结构的最重要动力。未来 5G 及其商业应用将成为中国经济增长重要新动能。基于中国通信信息研究院 2018 年测算，到 2025 年，5G 间接拉动的 GDP 将达到 2.1 万亿元。而随着人工智能从专用智能向通用智能发展，从人工智能向人机混合智能发展，以及人工智能加速与其他学科领域交叉渗透，人工智能创新创业如火如荼，人工智能产业将蓬勃发展。2016 年 9 月，咨询公司埃森哲发布报告指出，人工智能技术的应用将为经济发展注入新动力，可在现有基础上将劳动生产率提高40%；到 2035 年，美、日、英、德、法等 12 个发达国家的年均经济增长率可以接近翻一番。全球产业界充分认识到 5G 和人工智能技术引领新一轮产业变革的重大意义，世界主要发达国家均把发展 5G 和人工智能作为提升国家竞争力、维护国家安全的重大战略。而美国一方面出台了一系列政策和措施打压中国企业、破坏中国的供应链体系和技术体系，另一方面通过制度创新和政策加强强化其技术和产业优势，给中国在新工业革命背景下的制造强国建设带来极大挑战。必须看到，

"新工业革命"给中国制造强国建设带来巨大的机遇，但这种机遇也是一个巨大挑战，必须积极迎接这种挑战，在这种大国博弈中深化中国制造强国建设。

（二）全球化"大变局"的挑战

中国工业化进程与经济全球化进程密切相关，中国充分发挥了自己的比较优势，深度参与了全球制造业价值链分工。2009 年，中国制造业规模超过美国，成为世界第一制造大国。根据联合国工业发展组织（UNIDO）的数据，在 2017 年世界制造业增加值中，工业化国家占55.3%，新兴工业化国家占 16.3%，而中国达到 24.8%，其他发展中经济体为 2.8%，最不发达国家为 0.8%。与 2005 年相比，我国在全球制造业增加值中的占比提高了 13.2 个百分点，比重翻了一番有余，而所有工业化国家则下降了 14.3%。在国际标准产业分类 22 个制造业行业中，中国有 14 个行业的增加值居世界第一，7 个行业居世界第二，1 个行业居世界第五，有些行业的增加值遥遥领先于第二位的国家。

伴随着中国制造业的崛起，全球化也出现了一些"大变局"，全球价值链出现了重大结构性调整趋势。基于合作、互惠、协商的多边主义全球治理规则正在受到侵害，多边主义贸易体系正在受到严重挑战，WTO 的效率和权威性受到极大影响；以美国为代表的贸易保护主义和"逆全球化"的势力正在增强，2017 年 7 月英国经济政策研究中心（CEPR）发布的《全球贸易预警》报告显示，2008 年 11 月至 2017 年6 月，二十国集团（G20）的 19 个成员国（不包括欧盟）总计出台了6616 项贸易和投资限制措施，而贸易和投资自由化措施仅为 2254 项。美国成为全球保护主义措施的主要推手。国际金融危机后美国累计出台贸易和投资限制措施 1191 项，居全球首位，占 G20 成员国家保护主义措施总数的 18%，比排名第二的印度多 462 项。OECD 的一项最新研究指出，虽然回流（reshoring）尚未取代外包（offshoring）成为全球价值链分工的主导范式，但越来越多的制造业新增投资流向了发达国家。《世界投资报告 2018》的数据则显示，过去十年间，持续了 30 年的全球价值链扩张势头出现停滞。2017 年，全球价值链上的国外增值（FDA）幅度为 30%，同比下降 1 个百分点，这也是自 1990 年以来这一指标的首降。同时，尽管全球价值链的总体参与度仍在提升，但其增速却大幅下降。2000—2010 年，发达国家全球价值链参与度的平均增速达到 11%，2010—2017 年急剧滑落为 1%，同期发展中国家的增速则由 13% 降至 3%。其中，美国和日本的参与度仅为 46% 和 48%。随着全球价值链扩张态势逐步停滞，区域价值链分工作用日益凸显，也正在重塑国际生产和贸易体系，区域内"零关税、零补贴、零壁垒"谈判日益增多。但有经济学者提出了全球化的"不可能三角形"——超级全球化、民主政治与国家主权不可能同时兼得、三者最多得其二，这又在一定程度上说明了这种"三零"从长远看的不可持续性。在全球化"大变局"中，美国发起的中美贸易摩擦对中国工业化进程具有重大影响，美国的单边主义贸易政策正在打破基于高效全球价值链分工的全球供应链、产业链和创新链，这将对全球化和全球经济增长带来巨大的影响。

另外，还需注意的是，近年来，美国工业互联网、人工智能、云计算、大数据等技术的应用普及促使本土劳动生产率提高，发展中国家的劳动力成本优势正在不断被削弱。同时，页岩油技术革命让美国能源成本大大降低，由石油进口国转而成为世界主要的石油出口国，发展中国家能源成本优势逐步难以持续。此外，国际金融危机后，美国等发达国家为了刺激本国就业和经济增长，大力推行量化宽松的货币政策，降低了本国企业的资金成本，同时降低了企业的综合税负。加之"再工业化"的"创新政策"支撑，发达国家的制造业环境得到了巨大改善。2018 月 7 月，美国布鲁金斯学会发布《全球制造业记分卡：美国与 18 国比较研究》，对全球制造业的政策环境做出了评估。
通过比较分析世界 19 个主要国家的 20 个与制造业相关的指标，结果显
示，美国凭借"优秀的劳动力、先进技术和有利的商业政策"，以 77
分的高分在制造环境排名中居世界第三位，仅次于英国和瑞士（两国
得分均为 78 分），而中国在此项排名中居 13 位，得分为 61。全球化背
景下发达国家"再工业化"对中国深度"工业化"形成了高端打压的
竞争态势。另外，我国国内产业转型提速，综合成本不断攀升，据我
们测算 2002—2017 年，多数制造行业的劳动力成本增幅达到 5—7 倍，
而同期劳动生产率总体只增长 4 倍，以劳动力成本为核心的传统比较
优势明显弱化，加速了我国纺织、服装、食品饮料等劳动密集型产业
加快向越南、柬埔寨、孟加拉国等东南亚国家转移，来自东南亚等发
展中国家的低成本竞争使得我国一直以来快速的、低成本的工业化战
略难以持续。

这种全球化"大变局"对未来中国制造强国建设将带来极大不确
定性，要实现第二个百年目标，中国要在坚决维护多边主义治理机制
前提下，使未来制造强国建设能够引领和适应这种全球化"大变局"。

（三）"去工业化"趋势的挑战

发达国家工业化经验是制造业就业人数和人均收入呈现倒"U"形
的关系，随着工业化进程推进，人均收入不断提升，人均收入达到一
定水平后，制造业就业占比和增加值占比就会下降。20 世纪 60 年代以
后，工业化国家制造业就业人数总体约减少了 2500 万个岗位，欧盟国
家制造业就业至少减少了 1/3，制造业和第二产业在三次产业增加值中
的占比逐步降低，这被认为是"去工业化"。而且，随着时间的推移，
后发国家相对于早期工业化国家而言，会呈现出在更低的经济发展水
平出现了"去工业化"的典型特征事实。如果说当一个国家人均收入

达到一定水平，制造业所带来的创新溢出效应、产业关联效应和外汇储备效应都已经得到充分体现，服务业效率提高能够承担支持经济增长的引擎，此时制造业占比降低被认为是"成熟地去工业化"。反之，则是"过早去工业化"。如果说存在相对于"成熟去工业化"一段时期制造业占比下降速度过快，这可以被认为是"过快去工业化"。"过早去工业化"或者"过快去工业化"情况下，取代制造业的可能是低技能、低生产率、低贸易度类型的服务业，这些服务业无法作为经济增长的新引擎来替代制造业的作用，无法保证经济的可持续增长，这极可能会导致发展中国家陷入"中等收入陷阱"。

近年来，我国产业结构发生了显著的变化，"十三五"期间，第二产业就业比重已从 2015 年的 29.3% 下降到 2018 年的 27.6%，同期第三产业就业比重从 42.2% 提高到 46.3%。第四次经济普查的结果显示，2018 年法人单位和个体户工业企业从业人员 13195 万人，比 2013 年末下降 11.96%，而制造业从业人员减少了 1344 万人，占工业从业人员净减少量的 75%。虽然第二产业和工业比重下降、服务业比重提高是经济发展的一般规律，但我国在经济效率和工业化水平较低时候就出现制造业比重较快下降的现象，表明中国经济结构调整总体上呈现出过早或过快"去工业化"的倾向。根据世界银行的数据，2018 年美国人均 GDP 为 62641 美元，制造业占 GDP 比重约 11.3%；2017 年德国人均 GDP 为 44470 美元，制造业占 GDP 比重为 20.7%；2016 年日本人均 GDP 为 38972 美元，制造业占 GDP 的比重为 21.0%；2017 年韩国人均 GDP 为 29743 美元，制造业占 GDP 比重达到 27.6%。可见，除了美国制造业比重明显较低外，德、日、韩都在人均 GDP 较高的水平仍然保持了较高的制造业比重。我们认为，美国制造业比重对中国的参考意义相对较小，原因是美国制造业企业的竞争优势多依赖于其卓越的信息化能力（制造业内部或服务业的软件优势）和商业模式构建能力，而中国的制造业优势更接近德、日、韩，即主要依赖于硬件的开发和制造，因而制造业的产值和就业规模相对会更高。2017年中国人均 GDP 仅为 8827 美元，制造业占 GDP 的比重为 29.3%，仅略高于韩国。参照制造强国的三次产业结构特征，综合考虑我国"去工业化"的速度和发生时的经济发展水平，可以判断过去几年中国出现的"去工业化"总体上存在"过早"或"过快"的问题。

为了进一步揭示中国"去工业化"的结构性特征，我们选取了全国 288 个地级及以上城市市辖区的城镇单位从业人员占比 2010 年到 2017 年变化情况进行分析。结果表明，大约 48.3% 的地级市出现不同程度的"去工业化"现象，"过早去工业化"和"过快去工业化"问题在不同发展水平的地区均存在。其中，70 个地级市人均 GDP 达到 10000 美元的城市出现了成熟"去工业化"的现象，69 个地级市辖区人均 GDP 未达到 10000 美元的城市出现了过早"去工业化"的趋势，重庆市是唯一一个过早"去工业化"超大城市；14 个人均 GDP 超过 10000 美元的地级市出现制造业就业占比下降幅度超过 10% 的"过快去工业化"的现象，广州、青岛、福州、兰州、厦门、泉州、珠海等城市制造业从业人员占比下降幅度都超过 10%；10 个地级市出现过快、过早"去工业化"问题，包括绵阳、四平、攀枝花等老工业基地。

面对"去工业化"倾向，"十四五"时期应该高度重视并采取有效措施预防。我国作为一个还未全面实现工业化、处于工业化进程中的发展中国家，必须坚定不移地推动以制造业为核心的实体经济的发展，将制造业比重稳定在一个合理的区间。考虑到中国人均 GDP 不到一万美元的发展水平，同时参照德国《国家工业战略 2030》制定的 25% 的制造业比重目标以及韩国接近 28% 制造业比重，建议在 2025 年之前的整个"十四五"期间，中国制造业占 GDP 的比重应在现有水平上基本保持稳定，不要继续下降，到 2030 年之后中国制造业增加值比重至少应保持在 25% 的水平以上。

二   制造强国建设的三个关键维度

人类社会工业能力出现非连续性跳跃升级的过程也是制造强国涌现和替代的过程。这些制造强国虽然具有不同的产业形态和制度能力，但都具有某些共同的技术经济特征，如都是每一次科技浪潮或工业革命中主导技术和战略先导产业的领先者，都以特定的制度结构激励了突破性技术创新的大量涌现。与此同时，由于每一个制造强国的崛起都曾面临不同的内外部挑战，其迈向制造强国过程中克服的主要障碍以及克服这些障碍的战略（无论这些战略是事前设计还是在过程中习得的）又必然具有差异性。综合制造强国发展的一般经验和我国制造强国建设内外部条件的独特性，未来我国制造强国战略应包含战略性领域的技术和市场领先、极端压力情形下的制造业运行安全以及持续创新驱动的制造业内生发展机制建设三个关键维度。其中，战略性领域的技术和市场领先、持续创新驱动的制造业内生发展机制建设是制造强国建设的一般性特征，而极端压力情形下的制造业运行安全是未来我国制造强国建设面临的特殊约束。

在引领新工业革命和战略先导产业领域形成领先优势，并对人类制造业前沿技术突破和商业模式创新做出独特的中国贡献，是我国制造强国建设的核心。几乎每一个后发的制造强国都是在新科技浪潮和工业革命打开的新机会窗口期崛起的，美国通过引领大规模流水线生产方式在汽车、化工等当时的战略先导产业崛起，日本通过开创精益生产方式成为消费电子、家电、节能汽车等产业的领导者，并跻身制造强国行列。当底层技术（或根技术）和通用目的技术的突破性创新打开技术机会和市场空间的时候，具备一定实力的工业国家都会基于各自的制度能力和技术路线参与到新工业革命的竞争洪流，谁最终掌握了主导设计并形成了与该主导设计相适应的商业模式，谁就能够在战略主导产业的全球价值链中掌握最有力的位置、获得最大的价值，并通过通用目的技术在其他部门的扩散应用实现经济效率和产业竞争力的整体大幅提升，从而最终确立制造强国地位。

面对全球化"大变局"背景下部分发达国家对我国的常态化遏制和打压，确保制造业能够在极端情形下的正常运转，并对经济、社会和国防安全形成有效支撑，是我国制造强国建设的基础。虽然每一轮新工业革命背景下的制造强国竞争，都充满了国家间的抑制和反抑制情节。例如，为遏制日本集成电路产业赶超，美国分别在1986年和1991年两次迫使日本签定以限制日本半导体对美出口和扩大美国半导体在日本市场份额为目的的日美半导体协议，直接导致日本企业在20世纪90年代后的全球半导体产业竞争中丧失优势。然而，由于中国是一个在意识形态方面与领先国家存在根本性差异的大国，中国在制造大国向制造强国迈进的过程中，面临的不仅仅是来自领先国家在战略层面合作框架基本稳定前提下的局部打压，还可能是破坏了总体合作框架的全局性遏制和极端打压。在这种情况下，中国的制造强国建设不仅要推进战略性领域的领先，而且同时要保证战略性产业、甚至整体制造业经济体系的运行安全。

切实建立起"创新友好"的内部环境和足够开放合作的外部氛围，建立我国制造业由大到强的内生机制，是我国制造强国建设的前提。过早"去工业化"的核心问题不是制造业的规模比重问题，而是制造业的生产效率问题，而如果想要在制造业比重保持基本稳定的基础上不断提升我国制造业的生产效率，就必须形成制造业创新发展的内在机制。从最一般的意义上讲，制造强国的建设过程是大量的创新型企业持续高强度创新和多样化竞争的结果。而无论是企业的战略导向还是企业间的竞争关系，都是由一国制度结构塑造的激励结构所决定的。由于过去四十余年我国总体上处于经济追赶和制度转型阶段，以技术引进为主的技术学习方式，以及潮涌式消费和不完善的市场体制，都促成了大规模投资驱动的制造业发展模式。虽然改革开放以来的中国企业家也饱含企业家精神，但大规模市场机会和低技术壁垒诱致的企业家精神更多是"套利"导向、而不是创新导向的，虽然中国是全球竞争最为激烈的工业品市场，但企业竞争充满了无差异竞争和恶性竞争，美欧企业基于规则的竞争秩序和日本企业基于合作的竞争关系在我国尚未形成。因此，可以说，中国由制造大国向制造强国跃迁的过程，本质上是中国制造业微观主体竞争范式的深刻转变。

三　战略先导产业确立领先优势的战略和政策

如欲在确立战略先导产业领先地位的同时又与全球制造业生产体系深度融合，就要"有所为、有所不为"地锁定部分我国具有制度和能力优势的领域培育"人无我有"的杀手锏。虽然目前我国在5G、稀土加工、特高压等领域形成了一定的技术和产业优势，但这些优势都难以对美国核心利益和长期利益构成实质性的威胁，因而都不是能够支撑制造强国的"非对称竞争优势"。以智能化、数字化、网络化为核心特征的第四轮产业革命，为我国制造强国建设提供了前所未有的机会窗口。在新一轮产业革命的战略先导产业领域实现领跑，是我国跨越"中等收入陷阱"的微观基础，是我国成为制造强国必须完成的使命。虽然在移动互联网时代，我国涌现出以BAT为代表一批优秀企业，但总体上看这些交易型平台企业仍然是基于美国根技术的下游应用，只有在工业互联网、人工智能等物联网和新一代数字经济根技术领域确立领先地位，我国才能真正成为在国家间产业竞争中掌握主动性的强国。

（一）在构建国际共同体的过程中实现战略先导产业领先

数字经济是新一轮产业革命的战略先导产业，也是美国技术竞争力和产业竞争力的重要载体，要想对美国的持续施压形成有效反制，仍然要从数字经济相关技术和产业寻求突破。未来新一轮产业革命的必争领域，也是我国应作为战略反制加以重点培育推进的领域是工业互联网，这是因为，首先，工业互联网代表了数字经济的发展方向，是未来数字经济发展最有前景的战略性领域，是未来突破性技术高密度集聚融合的领域；其次，工业互联网是处于快速拓展期的新兴领域，各国都未形成绝对的技术或市场垄断优势，不仅易于在底层技术实现"去美国化"，而且存在构筑非对称优势的机会。

与欧洲共同发展新的工业互联网架构和技术标准，共同分享工业互联网巨大市场的经济利益，形成工业互联网的技术、市场和产业共同体，是未来我国形成工业互联网领先优势的有效战略。未来工业互联网发展的趋势是通信技术和生产运营技术的融合，我国在通信技术方面具有全球领先优势，而德国等欧洲国家在生产运营技术方面全球领先，如果中欧能够优势互补地开放合作，将大大加速全球工业互联网技术和生态培育的进程。目前欧洲国家对于发展数字经济的态度整体上是非常积极的，《德国工业战略2030》和《面向21世纪欧洲工业政策宣言》等欧洲经济战略都特别强调要改变欧洲数字经济落后的局面，实现数字经济振兴。进一步地，欧洲国家并不希望在数字经济生态上完全受制于美国。如果能够推动我国华为、中兴等企业的信息技术优势与德国西门子、博世、施耐德等企业的生产运营优势以及法国达索、德国西门子等企业的工业软件优势的融合，同时在新的工业互联网生态中给欧洲其他国家以及日本、韩国和广大发展中国家足够的产业位置和利益，完全可能与欧洲、日、韩共同推动一个全新的工业互联网生态的发展。为了提高工业互联网国际合作的可行性，工业互联网技术架构、技术标准和协议的主导权可以由欧洲的标准组织掌握并推动形成，中国则主要通过对核心技术的掌握和大规模市场应用实现技术和市场领先。

在此战略指导下，积极培育工业互联网领域的平台型企业应成为未来我国产业政策的重点。虽然过去二十年我国在搜索引擎、电子商务、社交媒体等交易平台领域培育了一批龙头企业，但阿里巴巴、百度、京东、腾讯、网易等领先互联网平台企业都是针对国内市场需求的交易型平台企业，面向全球市场竞争的、能够引领我国物联网发展的创新型平台企业尚未形成。虽然华为、中兴、三一重工、海尔等一批我国制造业企业已经在各自领域形成了数字化、智能化、网络化的独特能力，但总体上看，这些企业的技术平台都是私有技术平台和产品平台，距离成为定义行业架构和标准的领先平台型企业还有很大差距。对此，应加强我国战略性技术和产业的组织协调和顶层设计，加强各产业管理部门的横向沟通协作，清除新技术产业生态管制和扶持的政策死角，解决产业政策碎片化问题。进一步明确国家重大项目等重大产业政策制定、实施的主要权利人和责任人，同时借鉴美国 DAR-PA 等机构的任务导向政策管理模式，通过导入成熟的项目管理流程大幅提升重大项目的组织实施效率。在产业部署方面，对数字经济、新型基础设施和制造业进行统筹部署，聚焦于通过跨产业垂直部署培育中国工业互联网领域的创新型平台企业。产业政策应有效协调产学研各方，引导产业界发展自主技术标准、开辟新的技术路线，推动我国技术标准和产业生态与国际技术标准和产业生态相互嵌入融合。在与欧洲合作推进工业互联网等物联网技术发展以及培育中国物联网创新型平台企业方面，我国的战略、规划和政策应着力突出为推动全球前沿技术和新兴产业发展贡献中国独特的人才、科技和市场贡献，突出中国平台型企业的隐私保护、信息安全和公平竞争行为规范，而不是

"对标"和"赶超"发达市场经济国家，从而提高中国制造强国建设的包容性。

（二）基于中国需求和全球领先市场重新定义传统产业技术

除了在工业互联网等战略先导产业实现技术赶超外，推动大量的传统高技术和中高技术产业实现由技术模仿和追赶到技术领先的跨越，也是中国制造强国建设的重要内容。促进传统高技术和中高技术产业赶超领先的战略和政策要点，一是激励和支持本土企业充分利用中国市场需求的独特性，通过重新定义技术标准和产品实现技术领先。通常认为，技术赶超是技术机会和恰当的赶超战略交互作用的结果，而短技术周期产业（如通信、电子）由于会不断出现技术路线的替代和更迭，更有利于后发企业通过开辟新的技术路线实现赶超（中国可能在工业互联网等物联网领域实现赶超的一个重要原因也正是这些新兴产业的技术路线尚未确立），后发企业在长技术周期的成熟产业实现赶超的难度较大。然而经济史显示，后发企业在长技术周期的成熟产业实现技术赶超也不是全无机会，日本的汽车、家电等产业就是 20 世纪六七十年代通过"颠覆式创新 + 持续改进"而实现对美欧赶超的。对于汽车、家电、工程装备等传统高技术或中高技术产业，架构创新是后发企业实现技术赶超的重要方式，而架构创新的核心是根据市场需求的差异性重新定义产品。中国市场需求具有超大规模的特征，根据世界银行统计，2018 年中国最终消费占全球的比重为 11.6% 左右，中国最终消费规模在世行界定的中等偏上收入国家组中的占比高达 46.9% 左右，中国最终消费总额相当于欧元区国家总体水平的 71.8% 左右。超大规模市场为中国成为制造大国创造了有利条件。但是从技术赶超的角度看，大规模市场并不是技术赶超的充分条件，或者说，超大规模市场优势并不是制造强国建设的充分条件。西班牙是全球除中国外高铁里程最长的国家之一，然而西班牙却始终没有发展起来像德国、法国、日本一样的高铁技术能力，而仅仅是别国高铁技术和装备的用户。大规模市场优势并不必然导致后发国家的技术赶超，只有利用市场需求培育独立的技术能力才能实现本国产业的追赶，只有根据本国市场需求与领先国家的异质性重新定义技术、标准和产品，才能实现对领先者的超越。仍以高铁为例，在技术引进的基础上根据中国高寒、高温、地理条件复杂多样等极端气候地理条件对引进技术进行改进，根据中国互联互通的市场需求依托标准动车组开发形成自主知识产权，才是我国高铁装备在引进和正向设计基础上最终完成技术超越的根本原因。因此，对于总体上技术已经比较成熟的高技术和中高技术产业，面向"制造强国"的产业政策焦点，应是鼓励中国企业根据中国市场需求的独特性，特别是伴随着这些产业的智能化、数字化、网络化形成的新的市场需求，开展架构性创新、甚至核心零部件和模块的重新设计，实现技术赶超。

促进我国传统高技术和中高技术产业赶超领先的另一个战略和政策要点，是以"融入本地化"为战略主线，加快推动中国制造业企业、特别是头部企业通过向发达市场国家"走出去"更直接地接入领先市场，整合利用全球高端创新要素。跨国公司直接投资和技术溢出是过去四十余年我国制造业技术学习的重要渠道。然而，随着新冠肺炎疫情过后美欧供应链安全意识的强化，跨国公司的全球投资布局将更多地考虑产业链安全因素，而无人化生产范式的广泛应用，以及我国不断高企的要素成本，都会弱化我国的劳动成本优势，与安全驱动的供应链调整一道促进制造业向发达市场经济的回溯。为了顺应全球投资调整的趋势，同时也为了规避不断抬头的贸易保护主义导致的关税和非关税壁垒，未来我国制造业开放战略的重心应逐步由吸引跨国公司对内直接投资和鼓励中国企业出口转向支持中国制造业企业对外直接投资，确保中国制造业在全球供应链调整过程中损失最小。从技术赶超的角度，美、欧、日、韩市场对于中国企业的技术学习和赶超具有尤为重要的价值，首先，中国企业应通过占领这些领先市场保持深度嵌入美、欧、日、韩主导的全球创新网络，通过利用当地的研究型大学、公共科研机构以及技术、工程人才流动，整合利用先进的科学、共性技术和工程技术；其次，通过与全球领先企业的直接竞争，不断改进运营效率，甚至开展突破性的技术和商业模式创新；最后，通过满足领先市场的本地需求，形成更加积极地用户互动，提升本地化能力和动态能力。与德、日、韩等制造强国更多利用对外直接投资占领发达经济市场的赶超路径不同，由于中国国内市场巨大，中国绝大多数制造业企业的全球化模式是"以国内对全球"，即利用国内资源生产产品、再以出口的方式满足国际市场需求，虽然近年来越来越多的中国领先企业开始在美、欧、日、韩等国家设立研发中心，利用全球科技要素开展研发活动，但总体上看，中国企业在国际市场的直接投资规模还非常有限，即便出现了类似吉利收购沃尔沃、美的收购库卡等案例，但这些逆向收购更多是出于技术吸收的目的，中国企业尚未进入以全球生产和科技要素直接面向发达市场竞争的"以全球对全球"的阶段。从这个意义上看，虽然中国的汽车、家电、工程机械等产业在财务绩效方面可能好于部分欧、美、日、韩同业企业，但在能力方面与世界一流企业仍然存在较大差距，需要通过更大规模的领先市场对外直接投资不断提升自身的技术能力和管理能力，从而形成卓越的动态能力。

四　确保极端情形下产业链安全的战略和政策

确保制造业在极端情形下能够正常运行，在极端情形下仍然能够对我国经济社会和国防安全形成有力保障，是制造强国建设的基础。

在全球创新体系和生产网络深度融合的背景下，国际政治、经济局势变化和突发性的自然灾害都对一国制造业体系的韧性和安全性提出了挑战。随着新一轮技术革命和产业变革不断冲击原有的全球创新网络和产业链，特别是我国企业向先进制造业、高技术产业的关键环节攀升，未来的制造强国建设与过去我国制造大国建设面临截然不同的竞争环境：过去四十余年，由于我国整体上处于技术水平较为落后、技术进步以技术模仿和引进为主的阶段，领先国家出于产业和贸易利益考虑通过外包和产业转移的方式自发地推动了我国制造大国建设的进程，或者说我国制造大国建设与发达工业国家的技术和产业输出是激励相容的，然而，随着我国技术能力向发达工业国家收敛，以美国为代表的发达工业国家不断加强关键零部件、重大装备、核心技术以及关键科技资源向我国输出的限制，以往制造业发展所依赖的技术获取方式受到了极大抑制。可以预期，美国在核心技术和战略性产业领域的系统性打压，将是未来我国制造业发展必须长期面对的挑战。

（一）根据"底线安全"原则培育基于次代技术的产业链

制造强国的首要内涵是"强"，即在部分我国具有制度优势、市场优势和要素优势的领域形成领先优势，但任何一个制造强国都不可能在所有的战略性领域形成领先，在具有竞争性关系的领先国家已经掌握垄断优势、而我国在短期内又无法赶超的领域（如目前的集成电路、基础软件）应贯彻"底线安全"原则，即以极端情况下的上一代技术可替代为目标发展和完善国内供应链，确保中国制造业在面临产业链断链、战争和重大疫情等常态化和突发性极端压力状况时仍然保持足够的韧性和安全性。以集成电路为例，在14纳米以下（以7纳米、5纳米为主）的集成电路产业链中，美国及其盟国在设计软件、高端光刻机和抛光机整机、部分高端材料（如高端光刻胶及其原材料和高端 CMP 抛光垫）等领域都具有绝对的垄断地位，我国难以在短期内培育起替代能力，也难以从其他国家培育起长期稳定可靠的供应链，因而被美国卡脖子的风险极大。事实上，2018 年以来美国对华为的持续打压已经反映了美国在该产业体系的绝对优势地位和话语权，对我国头部企业的赶超发展势头形成了一定的抑制。鉴于此，我国应依托重大科技专项等举国体制框架下的重大项目，在 28 纳米集成电路设计、制造、封测、设备、材料等领域加快形成技术能力，培育完整的国内产业链，加快建设能够支撑 28 纳米集成电路产业链发展的基础研究、共性技术和前沿技术研发体系，解决"补短板、保安全"问题，形成战略性产业在极端情况下的安全运转保障。

当然，基于上一代技术的产业链完整替代，仅仅是产业链安全的被动保障，更具韧性和安全性的制造强国还要求在下一代技术上主动形成别人离不开的非对称竞争优势，提升我国与别国战略合作的话语权和谈判力，从根本上避免"断链"。仍以集成电路为例，如果在 28 纳或 14 纳米的"系统—芯片—工艺—装备材料"产业链实现"补短板、保安全"的同时，又能够在 7 纳米和 5 纳米产业链的局部领域形成领先或差异化优势，就可以为保障我国集成电路以及整个电子信息产业的安全性提供被动保护和主动防御"双保险"。

（二）加快建立完备的国家产业链安全管理体系

过去四十余年我国逐步建立起来的产业管理体系的政策导向是完全进口替代和赶超导向的，产业链安全管理在我国产业管理体系中实际上是缺失的。这种单纯赶超导向的产业管理体系在我国处于经济发展初期、在全球开放水平不断提升的条件下是适用的。但在逆全球化浪潮兴起，在我国产业竞争力提升已经招致发达国家警惕、甚至遏制的国际环境下，这样的产业管理体系却不利于我国构筑与发达市场经济国家"你中有我、我中有你"的"非对称竞争优势"，不利于我国制造业在全球多边治理体系中赢得主动，不利于实现产业赶超和产业链安全的统筹和协调。近年来，美国等发达国家加快完善产业安全管理的顶层设计，不断强化产业安全的战略地位和行政管理职能，然而，我国的产业安全管理体系仍然处于政策框架缺失、决策分散的状态，产业链安全管理在产业政策和竞争政策中处于事实上的边缘状态。虽然目前我国的产业管理和政策体系已经部分地包含了产业链安全管理的职能和内容，但由于负责各类产业链安全管理部门的行政级别较低且高度分散在不同的产业管理部门，因而我国的产业链安全管理从一个完整的组织管理体系的角度看是缺位的。

为提升我国的产业链安全管理能力，靠在既有的管理体系和政策框架下进行修补性的改革已经远远不够，必须根据我国产业链安全管理的任务需求建立全新的产业链安全管理体系和工作流程，从根本上保证未来我国产业发展能够有效应对复杂多变的竞争环境，从根本上保证应对竞争策略的战略性、连续性和有效性。对此，应加快启动我国产业链安全管理的政策体系和治理体系建设工作，明确产业链安全管理作为我国产业政策、科技政策、竞争政策和贸易政策的前置性工作。建议尽快完成我国产业链安全法律法规的编制工作，以法律法规的形式明确产业链安全管理在产业政策、竞争政策和贸易政策等经济政策体系中的基础性地位，加强产业链安全管理对我国制造业发展规划、重大科技专项、反垄断等微观经济政策制定、实施的指导和协调作用。加快构建权责清晰、多部门紧密协作的产业链安全组织管理架构，包括设立作为我国产业链安全管理战略性决策平台的国家产业链安全委员会，设置独立的国家产业链安全管理机构，强化产业链安全管理的行政权力和专业能力。建设专业的、独立的产业链安全分析和评估机构，对 5G、集成电路、人工智能、基础软件、医药、稀缺自然资源等战略性产业进行全面系统的分析评估和动态监督。

五　稳固制造业创新发展基础的战略和政策

防止制造业过早"去工业化"的本质，是在制造业比重保持基本稳定的前提下实现制造业创新能力和生产效率的不断提升。制造业实现由大到强的跃迁过程，是制造业企业长期的、高强度创新导向市场竞争的结果。当前我国制造业"大而不强"的问题根源正在于大多数企业是模仿和市场机会主义的。制造强国建设要求我国制造业发展的制度环境和政策环境应是"创新友好"的，地方政府和企业的机会主义投资驱动竞争范式应当被创新导向、特别是原始创新导向的竞争范式所取代。在这个过程中，我国企业除了要构建内部自主创新体系，还要更广泛地融入全球创新体系，整合利用全球先进创新要素。自主创新不是独立创新和封闭创新，自主创新反而对更开放地融入全球创新网络提出了更高层次的要求。也正以此，任正非强调，只有在那些非引领性、非前沿领域中，自力更生才是可能的，在前沿领域的引领性尖端技术上必须坚持开放创新。在开放创新体系建设方面，构建一个与全球领军科技人才深度合作、高频互动、合理流动的人才网络是关键。因此，制造强国建设内含的创新发展要求必须通过强化创新激励体制、开放创新体制和建设全球人才网络三个方面来实现。

（一）推动形成"创新友好"的体制和政策环境

一是强化地方政府创新发展的激励导向，形成创新驱动发展的公共资源配置格局。不同于其他制造大国和制造强国，地方政府是我国经济资源配置的重要枢纽，是我国制造业创新发展的关键节点。地方政府发展导向实现投资驱动向创新驱动的转变，是我国制造业实现创新驱动发展的制度前提。对此，应根据"创新友好"型体制的内在要求，加快调整中央对各级地方政府的政绩考核标准和手段，加快完善税收体制和财政转移支付，激励各级地方政府根据各自的资源禀赋在地区间竞争中走差异化的高质量发展道路。与此同时，约束和引导地方将产业政策聚焦于技术和产品创新，使我国先进制造业发展早日走出"重复引进"和"产能过剩"的怪圈。

二是通过强化知识产权保护倒逼制造业创新驱动发展。提高知识产权保护法律法规实施的效率，强化知识产权保护组织管理机构的行政地位，使知识产权保护和运用真正成为企业市场竞争的主要手段。在全球多边规则加速重构的背景下，我国的知识产权保护强度调整还应当注意不为别国所主导，而应从我国自身后发赶超的实际需求出发，主动把握好知识产权制度实施的力度和灵活性，在总体上强化知识产权保护力度的前提下，又根据各地区和行业的技术水平、产业特点差异，分阶段、分领域地确定保护力度和政策组合。

三是通过强化竞争政策基础性地位推动形成创新驱动发展的内生机制。在国家层面，通过完善我国的立法、司法和执法体系，在经济政策的制定和实施治理体系中，切实强化竞争政策制定主体和实施主体的权威性和独立性，从根本上保证竞争政策的权威性和稳定性。当结构性产业政策与竞争政策在制定和实施过程中发生矛盾时，确保竞争政策有效性成为优先原则和通常惯例。在企业层面，通过进一步优化国有经济布局、完善国有资本监督管理体制和管理人员考核评估机制，确保多种所有制公平竞争。

四是建设功能完备、运行高效的制造业创新体系，提升制造业创新驱动发展的能力。促进公共政策资源更多由补贴向制造业创新体系建设倾斜，建成由一流研究型大学和重大科技基础设施、高水平共性研发机构、能够支撑国家重大战略任务的国家实验室和具有足够公益性的技术扩散服务机构组成的高效运转的制造业创新体系。其中，研究型大学和科技基础设施主要面向满足制造强国建设对基础研究和原始创新的需求，提升制造业的原始创新能力；国家实验室的主要定位是依托跨学科大协作和长期高强度资金支持开展任务导向型研究，以满足制造强国重大战略需求；共性技术研发机构的功能是解决行业发展的共性关键技术，解决先进制造业竞争前技术供给不足的瓶颈；而公益性技术扩散服务机构的作用则主要是促进先进适用技术、特别是生产制造技术和最佳管理实践向企业（主要是中小企业）的扩散和应用。除了弥补我国制造业创新体系的结构性缺失，还应逐步消除各类创新主体间互动合作的机制性障碍，消除制约研究型大学和共性技术研发机构的科技成果有效转移转化的体制壁垒。

（二）继续深度融入全球创新体系和生产网络

引导和促进多边贸易和投资体系朝着更加开放、合作、包容的方向发展，逐步改变目前我国在全球创新体系中过度倚重美国的局面，加大对德国、日本、英国、法国、北欧等科技强国的开放和合作，使我国的技术来源更加多元化，努力创造更加友好的全球创新环境。纵观全球制造强国发展的历史，没有一个制造强国是在封闭的条件下实现赶超的，这不仅是因为制造强国的形成要利用别国的市场资源，更重要的，在关键研发要素和核心技术成果高度分散化、开放创新和集成创新已经成为主导技术创新范式的今天，在融入全球创新链的过程中充分利用全球科技要素、进而逐步占据全球价值链的核心位置，已经成为制造强国建设的唯一路径。

对此，制造强国的开放环境建设，一方面要充分利用美国与欧、日、韩等地区和国家的利益诉求差异，极力引导中美贸易摩擦由政治意识形态和价值观层面的博弈向规则层面发展，竭力避免美国推动的科技、贸易问题"政治化"陷阱，确保在经济和技术层面解决全球创新链"断链"问题，确保我国继续深度融入全球创新网络。另一方面要加快战略设计和部署，在全球多边规则重构中发挥更加积极的作用。对照 WTO 改革要求和 CPTPP 等多边规则标准，加快我国国内产业政策的合规性调整，确保我国符合新一轮多边体系的进入条件。2020—2035 年是国际多边规则深度调整的时期。未来我国应综合运用外交和经贸手段，与 WTO 和 CPTPP 成员国保持最充分的沟通，努力在 WTO 中发挥更加积极的作用，并争取早日加入 CPTPP 多边框架。

在全球创新网络战略中，全球科技人才合作网络建设是其中的重要内容。吸纳高科技人才向我国流动，是改革开放以来我国制造业技术学习的重要渠道和方式。人才流动能够帮助后发赶超企业克服隐含知识学习的壁垒，可以大大提高后发国家技术赶超的效率。以日本为例，通过快速识别能够解决特定技术问题的关键科技人才（know - who），并通过吸引该人才进入日本企业任职或为企业提供技术咨询，从而解决前沿技术或产品工程化中面临的技术诀窍（know - how）难题，是日本企业技术赶超的秘诀。考虑到高科技人才流动对中国技术赶超的战略意义，美国将对华高科技人才流动作为战略遏制的重要内容，采取了一系列政策限制科技人才、特别是华裔科技人才向中国流动的措施。对此，一方面，应通过推动更加开放、包容的多边规则体系的形成和发展，对美国不合理的人才流动限制形成制约；另一方面，通过建设高水平的、面向世界一流、符合国际治理和激励规范的研究型大学和公共科研机构，通过推出面向全球科技前沿、有利于参与方互惠共赢的国际科技人才项目，吸引和集聚全球科技领军人才，搭建既符合国际规范又能够有效服务中国制造强国建设的人才交流、汇聚平台。

　　制造强国建设是社会主义现代化强国建设的重要支撑和牵引，是中国建立起高度完整的工业体系、成为全球最大制造业经济体之后工业发展的核心议题。中国的制造强国建设既要符合制造强国的一般规定性，又要根据我国制造强国建设面临的特殊环境赋予制造强国使命更加丰富的内涵。基于这样的考虑，我国制造强国战略应包含战略性领域的技术和市场领先、极端压力情形下的制造业运行安全以及持续创新驱动的制造业内生发展机制建设三个方面。其中，战略性领域的技术和市场领先、持续创新驱动的制造业内生发展机投影建设是制造强国建设的一般性特征，而极端压力情形下的制造业运行安全是未来我国制造强国建设面临的特殊约束。战略先导产业领先战略应突出利用中国市场需求的独特性重新定义技术标准和产品，积极构建非对称竞争优势。解决我国产业链安全问题的战略要点，一是根据"底线安全"原则，打造基于次一代技术（如集成电路28纳米制程）的完整国内产业链，同时努力在前沿技术的局部领域形成能够有效反制对手的"杀手锏"，二是加快产业链安全组织管理体系建设，特别是专门的产业链安全管理部门的建设。通过创新驱动内在机制建设实现我国制造业发展方式由投资驱动向创新驱动转变，关键点是建立起真正能够激发地方政府、企业等微观经济主体内在创新积极性的"创新友好"的体制和政策环境，激励相容地实现制造业微观主体竞争范式的转变。最后，需要强调的是，在中国制造强国建设的价值取向方面，除了聚焦强大、创新、安全等核心要素外，还应突出为推动全球前沿技术突破和新兴产业发展贡献中国独特的人才、科技和市场力量，彰显制造强国建设的包容性。

第 二 章

建设性的产业政策研究

　　产业政策有效性是经济学领域永恒的争论主题，几乎所有的经济学理论或实证研究成果都具有直接或间接的产业政策含义。在中国经济发展和制度变革进入新阶段的背景下，当传统体制和发展模式下政府行为方式的合理性遭到激烈批判和反思的时候，产业政策作为政府活动的主要内容，很自然地激起中国经济学界的热烈讨论。而在这场争论中涌现出来的各种产业政策立场和观点，常常由于混淆了产业政策理论的抽象性和一般性与产业政策实践的具体性和丰富性、面向历史的实证意义上的产业政策的合理性与面向未来的诊断（prescriptive）意义上的产业政策的恰当性之间的联系和边界，而对理论发展和实践指导造成误导。本章试图在廓清相关基本理论概念和问题的基础上，对近来出现的似是而非的产业政策批判的理论逻辑进行再批判，进而唤起国内学术界朝着"设计得当"的产业政策这一更具建设性的方向，深化中国的产业政策研究。

一　产业政策无用论的逻辑缺陷

　　当前中国经济发展正面临前所未有的挑战与困难，而作为以往国民经济增长火车头的工业更是成为效率和效益恶化的重灾区。2003 年以来，工业全要素生产率增速下降，2006 年前后出现负增长。2012 年以后，全要素生产率对工业增长的贡献更是由正转负。在生产效率（增速）下降的同时，企业家直接关切的企业效益指标亦不断恶化。2009 年以来，制造业企业留利和折旧基金占比持续下滑，企业经营压力持续加大。内部效率和效益的双重下滑，发达国家抑制和后发国家追赶的二元挤压，促使中国学术界和政策制定者积极思考和寻求破解中国制造业困境的出路。

　　由于中国以往的产业政策涉及范围广、干预程度深，在工业内部的各种深层次问题开始集中爆发的时候，学术界有关工业发展症结的矛头也很自然地指向了政府和产业政策。例如，伍晓鹰认为，提高制造业的全要素生产率关键在于政府职能转变为"经济利益中性"的政府，从竞争性的经济活动中退出来[1]。江飞涛等认为，强化选择性产业政策是导致 2003 年以后中国工业生产效率下降的主要原因，而随着中国发展阶段的转换，过去长期奉行的选择性产业政策已经不能适应中国工业发展的内外需求，政府应放弃干预市场、替代市场的选择性产业政策，转为实施增进市场功能的功能性产业政策，产业政策的重点应该放在提供制度条件、建立公平竞争市场环境等普惠性政策方面[2]。显然，以上学者认为，选择性的产业政策是阻碍中国制造业竞争力和生产效率提升的主要原因。另有学者在批评中国产业政策的路上走得更远，他们不仅否定选择性产业政策，甚至认为产业政策必定失败，并进一步提出应当废止一切形式的产业政策的政策主张[3]。

　　总体上看，目前国内产业政策无用论观点的主要理论基础是奥地

---

①　伍晓鹰：《"新常态"下中国经济的生产率问题》，社会科学文献出版社 2015 年版。

②　江飞涛、李晓萍：《当前中国产业政策转型的基本逻辑》，《南京大学学报》2015 年第 3 期。

③　张维迎：《为什么产业政策注定会失败？》，"亚布力中国企业家论坛西安峰会演讲"，2016 年8 月 25 日。

利学派的经济学思想。如张维迎[1]在论证产业政策无用时提出，因为"人类未知的局限和激励机制的扭曲，意味着产业政策注定会失败，产业政策只会阻碍创新，不可能激励创新。企业家跟着政府产业走，那不可能是创新的企业家。对于中国企业家来说，他们需要的是自由公平的法制环境，而不是什么产业政策的扶持"。我们对产业政策无用论的批评是，这种抽象的理论演绎由于抹杀了现实世界中产业政策具体形态的丰富性和动态性，而出现理论推演看似严谨但政策主张却与现实世界相距甚远的现象。

首先，具有高成长性的更加复杂的战略性产业是不是可以识别，很大程度上取决于一国的发展阶段。选择性产业政策的有效性受到发展阶段的调节，并不存在绝对无效的选择性产业政策。当后发国家处于工业化初期和中期阶段，其产业结构尚不完整，而资本又相对稀缺，有限的资本和公共政策资源如何在不同的产业和领域间配置成为影响该国经济增长绩效的重要因素。此时，政府必须选择特定的战略性产业并通过产业政策引导生产要素向这些产业集中。而库兹涅茨和钱纳里等经济学家所揭示的先行工业化国家产业结构演进的一般规律，为后发国家的产业结构调整提供了较为明确的对标和参照。也正因此，"根据任何合理的（经济学）标准，无论是韩国 20 世纪 60 年代的鼓励出口政策还是 70 年代有针对性的重工业刺激政策，都非常成功"[2]。而中国选择性产业政策负面效应越来越严重的一个主要原因也正是如此——在中国产业结构日臻完备、技术水平日益接近技术前沿的时期，政府仍然大范围地、深度干预要素在产业之间的配置。可见，在给定政府具有发展导向的前提下，选择性产业政策在多大程度上有效，取

---

① 张维迎：《为什么产业政策注定会失败？》，"亚布力中国企业家论坛西安峰会演讲"，2016 年 8 月 25 日。

② Perkins D. , *East Asian Development: Foundations and Strategies*, Cambridge: Harvard University Press, 2013.

决于该国的发展阶段。随着一国产业结构的日臻完备和技术水平向全球技术前沿的拓展，选择性产业政策的有效性会下降，但并不存在绝对无效的选择性产业政策。

其次，产业政策无用论忽视了产业政策实践的动态发展，其政策引申已经不符合最新的产业政策实践。产业政策无用论严厉地批判政府作为决策主体来"选择"战略性产业。诚然，政府的选择能力可能低于企业家，然而，这样的论据却并不能推演出产业政策无用的观点。虽然，以往发达工业国家的优先领域选择包括长期以来中国产业政策中优先领域的选择确实主要由政府来执行，然而，近年来，西方发达工业国家产业政策涉及的优先领域选择恰恰是由企业家、技术专家和科学家共同完成的，政府并不是优先领域选择的决策者，而仅发挥协调和组织的作用①。在奥地利学派的研究传统中，由于强调市场的动态性和不确定性特征，进而强调企业家和企业家精神的重要性，因此，政府和产业政策的主要作用不是选择胜者，而是创造环境促进企业多样化的探索和企业家精神的焕发②。因此，奥地利学派只是强调政府应当发挥不同的作用，却并没有完全否定政府和产业政策的作用。产业政策无用论在提出政策主张的时候，显然陷入了"或者政府，或者市场"的简单二分法，而根据本国文化传统或制度特征不断强化政府和企业在产业政策制定或实施过程中的密切合作，恰恰是近年来发达工业国家产业政策实践的主题。也正是在这个意义上，本书更愿意使用"结构性产业政策"而不是"选择性产业政策"一词来表达产业政策的歧视性特征，因为选择性产业政策暗含了政府必定作为优先发展领域选择主体的误导，而结构性产业政策仅强调在特定的时期和竞争情境

---

① 贺俊、吕铁：《从产业结构到现代产业体系：继承、批判与拓展》，《中国人民大学学报》2015 年第 5 期。

② Rodrik, *One Economies*, *Many Recipes*: *Globalization*, *Institution and Economic Growth*, New Jersey: Princeton University Press, 2007.

下产业政策资源的配置应当有优序和重点。

二　与"功能性产业政策主导说"的商榷

与产业政策无用论基于基本相同的理论基础但政策主张却相对温和的一种学术观点认为，产业政策虽然可以保留，但产业政策应当以所谓的具有普惠性质的功能性产业政策为主，而不应当以选择性产业政策为主[①]。我们称这种观点为"功能性产业政策主导说"。功能性产业政策主导说除了像产业政策无用论那样将奥地利学派的基本教义作为主要的理论依据外，还常常引用芝加哥学派对政府干预的批判作为理论佐证。但我们认为，这些学者在运用政府失败理论否定结构性产业政策合理性时，存在片面夸大和过度引申的倾向。芝加哥学派有关产业政策的基本主张是，政府在矫正市场失败的同时自身也存在政府失败，最终从社会福利最大化的角度看是否需要产业政策的干预取决于政府成本和市场成本的权衡。政府失败不是否定产业政策的充分条件，改革和完善产业政策的主要目的是要降低政策制定和实施的交易成本。除了将奥地利学派和芝加哥学派作为理论基础外，功能性产业政策主导说在分析中国产业政策的具体问题时，还常常基于以下论据：一是中国既往的选择性产业政策基本是无效的；二是影响中国产业发展绩效的主要因素是市场经济基本制度的建设，而不是选择性的产业政策。我们仍然不能接受由这些论据就推演出功能性产业政策主导的原因在于以下几点。

首先，不应以中国过去产业政策的效果不显著、无效或负效应而否定产业政策本身的合理性，以及未来通过调整优化产业政策增强产

[①] 江飞涛、武鹏、李晓萍：《中国工业经济增长动力机制转换》，《中国工业经济》2014 年第 5 期；江飞涛、李晓萍：《当前中国产业政策转型的基本逻辑》，《南京大学学报》2015 年第 3 期。

业政策对产业发展积极影响的空间和可能性。诚然，中国产业政策确实在政策设计、政策工具选择、政策制定、实施和评估机制等方面都存在诸多不足。例如，科技政策和产业化政策交叉重叠，政策资源没能有效促进科学研究、技术创新和产业化、商业化的有效衔接；产业政策的制定和设计、实施缺乏社会化的参与和监督，产业政策治理体系缺乏效率；政策工具过度依赖税收优惠、财政补贴和土地价格补贴等补贴性政策，产业基金、全生命周期管理等更加市场化的、组合式的产业政策工具运用少；产业政策资源更多导向技术开发和生产性投资，对于基础研究、原始创新和新技术扩散应用的投入太少；政府过度使用补贴性的产业政策，有利于企业能力提升的公共服务体系建设严重滞后；等等。所有这些问题最终表现为产业政策对产业发展的支撑促进作用微弱，甚至形成了负面影响。造成以往中国产业政策科学性和有效性低的原因，一是传统计划经济体制的惯性，政府在本该市场发挥作用的领域继续干预甚至主导资源配置，降低了市场经济本身的资源配置效率，政府审批和扭曲要素价格导致的过度进入和产能过剩是这方面因素的典型表现；二是由于政策制定和实施者存在利益扭曲，出现设租和寻租行为，诱使企业进行大量的非生产性投资，政企合谋和企业机会主义行为严重；三是任何一国的产业政策都是在不断试错过程中的"干中学"和"用中学"，中国的经济环境、产业规模、市场结构和企业竞争行为变化快、问题多，政府不可避免的有限理性和有限能力都会制约产业政策的科学性和有效性，因而现实中不少产业政策从政策框架设计到产业政策工具选择都存在违背经济学和公共管理基本规律的现象。虽然中国产业政策在制定和实施的科学性和有效性方面确实存在问题，在中国制造业发展方式亟待转变的情况下，中国的产业政策也确实需要根据变化了的情况及时进行调整和改革，然而，且不论事实上仍然存在不少高质量的研究发现中国过去部分产业政策起到了促进生产效率和竞争力提升的效果①，即便承认中国既往的结构性产业政策确实存在严重的问题，也不能得出结构性产业政策本身不合理的结论，中国以往的选择性产业政策存在问题引申的政策推论应当是，通过制度建设提高政府制定"好"的产业政策的激励相容性，同时在总结经验教训和加强产业政策研究的基础上，提高政府制定"好"的产业政策的能力，而不是否定结构性产业政策本身。

其次，不应混淆基本制度与产业政策的差别，强调制度建设的重要性，不应否定结构性产业政策存在的合理性和必要性，制度建设与结构性产业政策的应用并不冲突。主张功能性产业政策主导的学者认为，选择性的产业政策是造成中国工业生产率下滑、产能过剩等一系列问题的主要原因，应当放弃选择性产业政策思路，转而通过减少行政干预、完善竞争秩序、推进国有企业改革等功能性产业政策为产业发展创造良好的环境。我们并不否认，建立公平竞争的市场秩序、利率市场化、金融自由化、国有企业产权改革、建立非禁即入的治理机制等改革性的措施对于促进中国经济和产业发展具有决定性意义。但是这并不意味着产业政策要以功能性的产业政策为主，产业政策本质上是要在市场不能有效发挥作用的时候，通过人为干预税收、资金、土地、劳动等要素的价格来引导资源的配置。因此，产业政策的实质是结构性的和歧视性的。功能性产业政策主导说提出的所谓功能性产业政策实际上是市场制度建设，而不是纯粹意义上的产业政策。市场制度建设的本质是构建一个有效的市场，而产业政策的本质是由于市场本身必然是不完美的，因此需要政府适度地、恰当地、谨慎地干预。也正因此，张维迎②将产业政策定义为出于经济发展或者其他目的，政府对私人产品领域所进行的选择性干预和歧视性对待，并特别指出：

---

① Aghion, P., et al., Industry Policy and Competition, *NBER Working Paper* 18048, 2012.
② 张维迎：《为什么产业政策注定会失败？》，"亚布力中国企业家论坛西安峰会演讲"，2016 年 8 月 25 日。

"政府公共产品投资不属于产业政策，普遍性的政策也不属于产业政策。"我们完全同意当前中国无论是传统产业调整遇到的困难还是新兴产业发展面临的挑战，首先都是要素和产品市场的市场化程度不高导致的。但是，仅仅在制度建设方面做文章还是不够的。只要存在由外部性或协调性问题导致的市场失败，只要存在系统失败，就存在通过产业政策干预要素市场价格、弥补市场失灵和系统失灵的空间；而只要干预要素市场价格，产业政策就一定是"结构性"的，而不可能是普惠性的、功能性的。如果企业行为存在正的或负的外部性而导致企业投资不足或投资过度，如研发或污染，政府就需要运用税收或财政政策工具（补贴或罚款）来激励企业投资水平向社会最优水平收敛。如果产业发展路径存在多重均衡，如同样是技术引进，中国的轿车行业被锁定在重复引进的低水平，而高铁行业则由技术引进走向了消化吸收再创新并最终掌握了正向设计和原始创新能力，一个重要的原因是高铁行业管理部门（原铁道部和后来的铁路总公司）通过积极的产业政策引导高铁部门的各类市场主体采取一致的自主创新战略；而对于轿车行业，政府不仅没有采取协调性的措施，反而通过各种补贴加剧了重复建设和恶性竞争。激励和协调构成了产业政策最重要的经济功能，即通过结构性的政策引导产业中的企业向持续学习和创新的方向演进①。以上新古典经济学意义上的外部性问题和协调问题都假设了市场上已经存在创新主体，产业政策的作用只是提供激励或协调这些主体的活动。基于演化经济学传统的系统失败理论则认为，创新主体并不总是给定存在的②。例如，从各国的经济发展实践看，共性技术研发机构都不可能是市场内生形成的，而必须依靠政府来组织或协调建

---

① Cimoli, M., Dosi, G., & Stiglitz, J., *Industrial Policy and Development*: *Political Economy of Capabilities*, Cambridge: Oxford University Press, 2009.

② Steinmueller, E., Economics of Technology Policy, in: Bronwyn, H. and Rosenberg, N., （Eds）, *Handbook of the Economics of Innovation*, Amsterdam: North – Holland, Volume Ⅱ, 2000.

设①，产业政策的第三个经济功能正是补充国家和部门创新体系中的结构性缺陷。因此，只要市场不能解决外部性、多主体的协调和特定情境下的创新主体缺失问题，结构性的产业政策就可以发挥作用。

　　而由于外部性、多重均衡和系统失败问题在新兴技术和新兴产业领域表现得尤为突出，因此，在实践中，结构性产业政策业已成为迄今发达工业国家促进新兴产业发展的通行做法。即便在被公认为市场化程度最高的美国，在促进新经济发展方面政府也不是无所作为，而是积极采取一系列结构性的措施来催化和加速新经济的发展。例如，2008 年国际金融危机以后，美国的《先进制造业国家战略计划》确定了柔性电子制造、生物制造和生物信息学、增材制造等作为美国着力推进的先进制造技术，美国政府提出建立国家制造业创新网络计划，由联邦政府出资 10 亿美元在 10 年内创建 15 个制造业创新研究所。德国《2020 高技术战略》提出要确立德国在生物技术、纳米技术等技术领域的领先地位，并确定了五大重点需求领域作为新兴产业培育的重点。德国为了推进"工业 4.0"、日本为了弥补 3D 打印领域的短板，政府都采取了积极的补贴和税收优惠政策。德国的《2020 高技术战略》提出，政府将投资 2 亿欧元，在 10—15 年的时间里建成数字信息物理系统。2014 年，日本经济产业省把 3D 打印机列为优先政策扶持对象，计划当年就投资 45 亿日元，实施名为"以 3D 造型技术为核心的产品制造革命"的大规模研究开发项目。而韩国颁布的《2016 年度工作推进计划》也明确政府将加大对生物、低碳、无人驾驶等战略性新兴产业的支持力度②。

　　总之，强调制度性改革对中国经济的重要性，强调既往中国产业政策存在的缺陷和不足，不能否定产业政策本身的合理性。产业政策的本质就是要通过结构性的措施适度干预市场价格来解决市场本身不

---

① Tassey, G., *The Economics of R&D Policy*, Westport, Connecticut: Quorum Books, 1997.
② 贺俊:《调整新经济结构性产业政策指向》,《中国社会科学报》2016 年 9 月 23 日。

能有效解决的外部性问题、多主体协调问题和系统失败问题。结构性产业政策无用论同计划经济思维一样，会对中国产业转型发展造成严重危害。在对中国目前的产业政策进行客观反思和批判的基础上，我们提出的政策建议不是废止结构性产业政策，而是优化和调整产业政策，使之能够更加有效地支撑中国的产业转型发展。

三　"设计得当"的产业政策与更具建设性的产业政策研究

虽然产业政策无用论和功能性产业政策主导说对中国产业政策批判值得引起产业管理部门的深刻反思，并必将对未来结构性产业政策的使用范围和力度保持高度的谨慎，但是，产业政策无用论和功能性产业政策主导说否定产业政策、否定结构性产业政策的政策主张同样是缺乏理论依据和事实支撑的。在中国整体上仍然处于赶超阶段、相当数量的产业仍处于较低发展水平的时期，我们主张学术界坚持更具"建设性"的产业政策研究。我们认为，由 Aghion 教授提出、在国内"张林产业政策论战"背景下被吴敬琏先生再次强调的"设计得当"的产业政策思维①，既体现了国外产业政策研究的最新发展，也反映了发达工业国家产业政策实践的基本趋势，是未来深化中国产业政策研究和优化产业政策实践的正确方向。中国的产业政策研究应当超越产业政策是否有效的形而上讨论，在吸收和拓展近年来由 Aghion、Stiglitz、Rodrik 等经济学家基于新增长理论、信息经济学等分析工具发展起来的最新产业政策研究成果，针对中国产业发展和产业政策制定、实施中存在的重大现实问题，就创新激励不足、新兴产业的创新主体协调、

---

① 吴敬琏：《设计得当的产业政策能催生创新，强化竞争》，"第 3 届大梅沙中国创新论坛演讲"，2016 年 11 月 4 日。

共性技术供给不足等特定的问题开展深入的理论和实证分析。根据我们对产业政策最新研究成果的掌握，以及对中国产业政策实践的理解，我们认为，未来"设计得当"的产业政策应当针对中国产业政策设计、实施方面存在的现实问题，从以下四个方面推进改革和优化。

（一）产业政策指向由特定产业转向创新

产业政策资源配置的指向由特定的产业转向技术创新，对于优先发展的战略性产业，政府的作用更多是倡导和协调，而不是过多动用财政补贴、税收优惠等财政性的产业政策直接干预资源配置。产业政策资源配置的标准指向新"技术"而不是新"产业"，将财政补贴、税收优惠等财政性的政策资源导向通用技术和共性技术，引导市场向创新性而不是生产性领域投资，是提高中国产业政策精准度的关键。促进传统的产业增长政策让位于产业创新政策，以创新政策为核心，统领中国的产业政策体系。自 2013 年中国第三产业比重超过第二产业以后，制造业对中国国民经济的主要意义正逐渐由国民经济"增长"的主要动力向国民经济"发展"的核心动力转变。相对于第三产业，制造业的独特性和重要性主要体现在其相对于第一产业和第三产业的活动和产品的复杂性方面。[①] 学者的实证研究表明，是制造业的复杂性而不是制造业的规模决定了一国的长期经济增长。因此，对于中国制造业和三次产业结构变动的理解，应当超越长期的二、三产业孰重孰轻之争，以推进制造业创新发展为根本目标，加快中国由制造大国向制造强国的转变，是未来中国产业政策的主基调，产业政策的基本取向应当适时从过去以促进制造业做大规模转向切实提升制造业的创新能力，特别是原始创新能力方面。目前我国几乎所有的产业

---

① Hausmann, R., C. A., Hidalgo, S. Bustos, M. Coscia, A. Simoes, and M. A. Yildirim, *The Atlas of Economic Complexity*: *Mapping Paths to Prosperity. Working Paper*, CID Harvard University, 2013.

发展规划都会提出要发展若干重点产业领域。而反观美、日、德等国家的产业政策，其税收、财政等结构性措施，都是指向这些产业或领域的特定的技术研发环节。产业政策与产业挂钩还是与这些产业的特定技术挂钩，会产生完全不同的效果。如果是与产业挂钩，就会诱导企业扩大生产性的投资，而这也正是近年来中国光伏甚至工业机器人等新兴产业产能过剩的重要原因。林毅夫教授[①]虽然也主张实施结构性的产业政策，但他提出的政策指向仍然是产业而不是技术和产品，这也正是我们的研究区别于他的观点的地方。随着中国产业结构的日益完备，随着国家间产业竞争形态由产业间竞争向产品内竞争和价值链竞争转变，只要我们仍然沿用传统的产业结构思维，无论是与处于技术前沿的美国对标还是与林毅夫教授主张的人均收入两倍于中国的领先国家对标，都不能为中国的产业结构调整或者新兴产业发展找到方向[②]。批评结构性产业政策的学者的一个重要论据是，代表全球技术前沿的新经济的产业形态具有高度的不确定性，产业专家、技术专家和政府官员都不能事先准确判断新兴技术的发展方向。然而，虽然具体领域的新兴技术是不确定的，但通用技术和共性技术是相对清晰的。正因此，美国的产业政策不是人为选择所谓的新兴产业，而是大力发展以信息网络、新材料和生物医药为代表的通用技术和共性技术。其政策思路是，不管新兴产业如何发展和演进，其技术的源头都在通用技术，制约新兴技术产业化的障碍主要在于具有竞争前性质的共性技术供给不足。同样，德国和日本的产业政策资源也大量导向通用技术和共性技术研发[③]。理论分析和实践经验都告诉我们，只有将结构性产业政策及其引导

---

① 林毅夫：《新结构经济学与中国产业政策》，《决策探索》2014 年第 10 期。
② 贺俊、吕铁：《从产业结构到现代产业体系：继承、批判与拓展》，《中国人民大学学报》2015 年第 5 期。
③ 贺俊：《调整新经济结构性产业政策指向》，《中国社会科学报》2016 年 9 月 23 日。

的政策资源转向通用技术和共性技术，才能使中国产业发展走出
"重复引进和产能过剩"的怪圈。

（二）产业政策工具由财政性工具转向服务性工具

在产业政策工具的选择方面，弱化财政性的结构性产业政策，强
化服务性的结构性产业政策。由于没有看到发达工业国家产业政策
实践由财政性政策向服务性政策转变的趋势，林毅夫和张维迎教授
有关产业政策的争论仅仅停留于传统财政性结构性政策的有效性问
题上。而观察发达国家的工业化历程可以发现，产业政策实际上是
一个动态相机调整的过程。总体上看，由于资本和技术的制约，德
国、日本、韩国等国家在工业化的早期较为广泛地运用补贴、贸易
保护等结构性的产业政策积极地干预市场，以促进幼稚产业的培育
发展。进入工业化后期，补贴等财政性的产业政策虽然仍然在政府
功能中发挥独特的、不可替代的作用，但产业政策资源更多地导向
了科技服务体系建设。与结构性产业政策主要通过财政性政策激励
企业进入新兴产业和开展研发活动不同，科技服务体系的经济功能
主要是通过促进战略性技术、通用技术、共性技术的供给、扩散和
应用，切实提升企业的技术创新能力。积极借鉴发达国家工业化过
程中产业政策制定、实施的成熟经验，在更加灵活、科学地运用和
构建结构性政策组合的同时，逐步将产业政策资源导向帮扶企业提
升技术创新能力和市场竞争能力的科技服务体系建设方面，是未来
中国产业政策调整优化的另一个重要内容。虽然各国科技服务体系的
构成和结构不尽相同，但从美国、日本、德国、韩国等发达工业国家
的成熟经验看，一国的科技服务体系主要包括科技基础设施、共性技
术研发服务和技术扩散服务三个组成部分。其中，科技基础设施主要
是国家实验室，其主要功能是围绕国家重大科技和产业发展使命，依

靠跨学科、大协作和高强度资金支持开展战略性研究，这方面的典型代表是美国劳伦斯伯克利国家实验室、布鲁克海文国家实验室、阿贡国家实验室以及德国的亥姆霍兹研究中心等。共性技术由于既不属于典型的科学，也不属于典型的技术，因此常常成为科学向技术转化的"死亡之谷"，共性技术研发机构的功能正是解决竞争前技术，即共性技术的供给不足问题。共性技术研发机构的成功案例有德国的弗劳恩霍夫应用研究促进协会、韩国的科学技术研究院和中国台湾的台湾工业技术研究院。如果说国家实验室和共性技术研发机构的主要作用是向产业提供战略性技术和共性技术，技术扩散服务体系的作用则主要是促进已经形成的先进适用技术（主要是工艺技术）向广大企业的扩散和应用。日本政府认证的技术咨询师则是促进先进适用工艺技术向广大中小微企业扩散的专门机制，而美国则主要依托由大学、协会、科研院所共同组成的"制造业扩展合作"计划网络来促进先进适用技术的采用。与发达工业国家相比，中国在科技服务体系建设方面存在的不足主要表现在科技服务体系的特定主体和功能缺失。例如，美国国家实验室在人事、财务和管理等方面相对独立于大学，而中国的国家实验室则完全依托于大学和院系，导致大学和院系教授主导的国家实验室实际上成为学科建设和基础研究发展的平台，任务导向型、战略性的前沿技术研究主体在中国的创新体系中有名无实。在共性技术研发方面，2002 年前后开始实施的科研院所改制使得中国国家层面的共性技术研发机构从有到无。而专业的技术扩散机构或机制在中国的产业政策体系中始终是缺失的，目前的产业政策主要聚焦于鼓励和促进前沿技术的突破，而忽视了先进适用技术在广大企业特别是中小企业中的应用，而这正是近年来中国工业生产效率下降的重要原因。建议在技改政策方面，借鉴日本"技术咨询师"和澳大利亚"管理顾问"的做法，培育、认证专门的具备丰富的生产管理经验和现代工艺知识的专家队伍，为企业提供质量管理、现场管理、流程优化等方面的咨询与培训，从生产工艺而不是生产装备的层面切实提高企业制造水平。综上，独立的国家实验室建设、国家层面的共性技术研发机构、技术扩散机构和机制建设，是未来中国政府以提供服务的方式弥补市场失败和系统失败的重要内容，是产业政策资源投入的重点领域。

（三）财政政策由补贴转向多元政策组合

在财政性政策工具的设计方面，应根据不同的财政性政策措施的优缺点进行灵活组合，而不是过度依赖财政补贴或税收优惠等少数政策工具。GaUini 等[①]的研究表明，任何产业政策工具都不能完全解决信息不对称问题，也根本不存在按照社会福利标准判断绝对占优的产业政策工具。即便是功能性产业政策主导论或产业政策无用论所极力推崇的专利制度，也存在"浪费性模仿"、专利丛林和可能的滥用知识产权垄断等社会福利损失问题，而且从政治经济学的视角出发，专利审批部门的机会主义行为同样会导致"过度专利"现象。正因此，即便在法制建设较完善的美国，自专利局实行了自负盈亏的改革以来，其专利批准数量也出现了异常的快速增长[②]。因而，最优的鼓励创新的产业政策工具一定是环境特定的。例如，税收优惠可以降低政府对企业创新活动的信息要求，但税收优惠通常是与企业的研发支出挂钩的，所以税收优惠会激励企业更多地把资源投向可测度的研发支出方面，从而扭曲企业的研发投资结构。补贴直接针对企业的创新价值而不是研发支出，因此可以解决税收优惠的激励扭曲问题，但补贴政策也存在自身的不足：首先，被补贴的企业存在把补贴资金挪作他用的道德风险；其次，补贴的分配通常要借助专家评审，而即便不考虑评审专

---

① Gallini, N. and Scotchmer. S., Intellectual Property: When is it the Best Incentive Mechanism? *Innovation Policy and The Economy*, Vol. 2, No. 1, 2002.

② Jaffe, A., & Lerner, J., *Innovation and Its Discontents*, Princeton: Princeton University Press, 2004.

家的寻租行为，仅仅通过专家或同行评议等选择机制也不能保证遴选出最有效的创新者。可见，税收优惠和补贴都对政府的计算能力和道德水平有较高的要求，相对而言，市场化程度更高的产业基金可以一定程度上提高资金的使用效率，但产业基金的不足恰恰也在于其市场化的运营——由于参与产业基金的私人资本要求最高的投资回报，因此产业基金不能有效促进投资周期长、投资风险大的通用技术和共性技术的投资和发展。可见，每一项政策工具都有自身的优势和局限。因此，根据不同的结构性产业政策工具适用的具体情境，灵活地选择政策工具组合，有效发挥不同政策工具的互补性，而不是过度依赖财政补贴等个别政策工具，是完善中国产业政策工具体系、提高政策科学性和有效性的重要内容。财政性的结构性产业政策重在"通过适度干预价格"提升企业创新驱动发展的动力，而科技服务体系建设则旨在通过促进技术扩散和提供共性技术提升企业创新发展的能力，两者相互补充。

（四）政策实施由行政指令转向"政企合作"

在产业政策的制定和实施机制方面，超越传统的"政府或企业二分法"，突出政府和企业的紧密合作，强化全社会的充分参与和监督。充分调动政策利益相关方的积极性，明确政策责任主体，制定科学的总体目标和阶段性目标，细化政策的措施和工具，提升政策制定、实施和评估的精细化，实现产业政策的精准化。在政策制定过程中，通过优势企业、典型企业、科研院所、社会性组织和各级政府广泛参与，自然科学、工程科学和社会科学（甚至人文科学）等各领域知识的广泛吸收，提高政策制定的社会化参与程度，以"政策项目"的形式提高政策实施的精细化程度，通过制定、实施和评估各个环节的科学管理来提高结构性产业政策的政策效率。目前中国产业政策在制定、实施中存在的主要问题包括以下几点。一是产业规划和政策的社会化参与度不高，政策制定要么完全由技术专家主导，政策内容缺乏对微观激励的考虑和制度性分析的支撑；要么完全由产业专家牵头，对技术和产业内在发展规律把握不准。更重要的是，在规划和政策的制定过程中，缺乏来自不同专业、不同身份的社会群体的广泛争论和讨论，最后出台的政策缺乏共识基础。二是政策资源分配缺乏透明性，政策制定、政策实施和政策评估通常三位一体，缺乏独立第三方的监督、评估和约束。三是政策执行精细化程度不够，一个突出的表现是一个产业规划常常涉及大量的财政、税收、产业基金、服务体系建设等产业政策措施，而不同的产业政策措施不仅实施主体不同，实施周期也千差万别，因而很难对规划或行动计划实施管理和后期评估。而发达国家提高产业政策实施效果的通行做法是，在产业发展战略之下设置不同的配套政策项目，每个政策项目有明确的项目负责人、项目绩效目标以及分阶段实施的里程碑。以政策项目制的方式实施产业政策，有助于一定程度上打破部门分割和扯皮，有助于明确每项政策措施的负责人和项目的具体权利、义务，可以大大提高项目的管理效率和实施效果。

中国要与发达工业国家和其他后发国家在国际制造业舞台上同场竞技，就不应当放弃产业政策这个设计得当、应用恰当就可以发挥积极作用的竞争"武器"。根据经济学理论和发达国家的普遍经验，推进建设性的、问题特定的产业政策研究，在政府、企业界和学界的共同努力下不断优化中国的产业政策实践，是加快实现产业转型和民族复兴的必然选择。

第　三　章

竞争政策的基础性地位

近年来，党中央和国务院发布的几乎所有涉及体制改革的政策文件都强调要进一步强化竞争政策的基础性地位，同时，国内外几乎所有的有关中国产业政策的学术研究都认为，在中国由制造大国迈向制造强国的过程中，结构性政策主导的产业政策体系要相应地向竞争政策主导的产业政策体系转变①。但遗憾的是，目前学术界并没有深入反思和正面回答"为什么竞争政策基础地位没有确立"和"竞争政策基础地位如何确立"等建设性的问题，而多是从经济发展阶段转变和政策体系变革的角度论述"为什么要确立竞争政策基础地位"这样的规范性问题。鉴于此，本章从政策组织体制、政府行为选择以及政府治理能力等方面揭示制约竞争政策基础地位确立的因素、竞争政策如何与结构性产业政策有效协调，进而提出促进竞争政策基础地位确立的路径和建议。

一　"竞争政策基础地位"的一般含义及其中国特定性

目前学术界关于"竞争政策"内涵和体系的界定要么照搬西方成

---

① 中国社会科学院经济所课题组：《"十四五"时期深化工业化进程的产业政策与竞争政策研究》，《经济研究参考》2020 年第 11 期。

熟市场经济体政策实践,没有融入中国转型经济体特有的政策诉求;
要么从保护市场竞争和维护市场机制层面笼统概括,未能清晰界定竞
争政策的具体框架体系,使得竞争政策及其基础地位的讨论流于空泛,
缺乏落地支撑。本部分综合分析成熟市场经济体竞争政策实践以及中
国转型经济体的政策特殊性,厘清中国情景下竞争政策体系的框架和
体系;在此基础上,探讨"基础地位"的内涵和实现标准,为竞争政
策基础地位的落地提供支撑。

(一) 当前学术界对竞争政策的认识

自由竞争是优化资源配置、降低市场价格、增加产品种类、提升
产品质量、增进社会福利的重要方式,但与此同时竞争也会降低企业
超额利润,因此企业天生具有排斥、限制市场竞争,寻求市场垄断的
动机。狭义的竞争政策就是规制企业垄断及限制市场竞争行为的政策。
于立和刘玉斌[1]指出狭义竞争政策规制的企业行为包括垄断协议、滥用
市场支配地位和经营者集中三个方面。尽管狭义的竞争政策以强化企
业之间竞争为目标,但并不是机械地将限制市场竞争作为规制的充分
条件。如果企业限制竞争的根本动机是提升市场效率,并且带来了社
会福利的改善,则不受狭义竞争政策的规制。例如企业为了防止零售
商之间服务搭便车、激励零售商提供服务而采取限制销售价格行为一
般不受规制[2]。正是基于这一原因,欧盟委员会前首席经济学家莫塔将
竞争政策定义为"为确保市场竞争不被以降低经济福利的方式而限制
的政策和法律总和"[3]。从实践层面来看,反垄断法和反垄断执法是狭

---

[1] 于立、刘玉斌:《中国市场经济体制的二维推论:竞争政策基础性与市场决定性》,《改革》
2017 年第 1 期。

[2] Winter R A, "Vertical control and price versus nonprice competition", *The Quarterly Journal of Economics*, Vol. 108, No. 1, Feb. 1993, pp. 61 – 76.

[3] Motta M, *Competition Policy: Theory and Practice*, Cambridge: Cambridge University Press, 2004.

义竞争政策的核心内容和工具①，美国反垄断法主要是《谢尔曼法》《联邦贸易委员会法》《克莱顿法》，韩国反垄断法主要是《禁止私人垄断及确保公平交易法》。除了寻求垄断、限制竞争之外，企业往往还采用一些不正当手段破坏市场竞争秩序，例如仿冒侵权、商业贿赂、虚假宣传、侵犯商业秘密、不正当有奖销售等。国内部分学者将规制企业不正当竞争行为的《反不正当竞争法》也纳入竞争政策范畴。② 不管是反垄断还是反不正当竞争，狭义竞争政策的核心都在于以企业行为作为规制的对象。

　　除了狭义层面竞争政策外，还有学者从保护市场竞争机制的角度界定了广义的竞争政策，即保护市场竞争、促进和强化市场机制作用的政策总和。洪银兴③认为，竞争政策就是政府为保护、促进和规范市场竞争而实施的经济政策。白树强④指出竞争政策是指由政府使用的旨在建立竞争条件的一系列措施和工具。李丹⑤认为广义竞争政策是国家或者政府为了维护市场竞争秩序、避免放任其发展为垄断而制定和实施的一系列政策的总称，包括行动措施、相关文件、部门机构的综合。魏加宁和杨光普⑥认为，竞争政策是指为维护和发展竞争性市场机制所采取的各种公共措施，主要包括实现竞争、促进竞争和规范竞争的政策措施和制度体系。与狭义竞争政策以规制企业垄断行为为重点不同，广义竞争政策的重点在于保护市场竞争机制，创造确保市场竞争有效

---

①　国家市场监督管理总局反垄断局：《中国反垄断执法年度报告（2019）》，法律出版社 2020 年版。

②　2018 年 11 月 29 日，国务院发展研究中心"中国竞争政策的实施路径"课题组《加快确立竞争政策的基础性地位》指出："竞争政策主要由反垄断和反不正当竞争两大支柱构成""竞争政策的第二个支柱是反不正当竞争。"

③　洪银兴：《论强化竞争政策的基础地位》，《中国价格监管与反垄断》2020 年第 8 期。

④　白树强：《全球竞争政策——WTO 框架下竞争政策议题研究》，北京大学出版社 2011 年版。

⑤　李丹：《论加强中国竞争政策与产业政策的协调——基于反垄断法的角度》，《宏观经济研究》2016 年第 12 期，第 21—27 页。

⑥　魏加宁、杨光普：《新时代产业政策必须服从竞争政策》，

进行的条件，而不是仅仅放在惩治企业垄断行为上。狭义的竞争政策强调破坏市场竞争行为的事后规制，广义竞争政策不仅强调事后规制，更注重市场竞争秩序的建立和完善。从内容体系上来看，广义竞争政策范围较为宽泛，不仅包括反垄断法和反不正当竞争法在内的竞争法体系，还包括放松管制、特定企业的补贴、市场准入、产权保护政策以及平等使用生产要素等①。

（二）中国问题情境下的竞争政策体系框架

"强化竞争政策基础地位"中的"竞争政策"究竟是指狭义层面的竞争政策还是广义层面的竞争政策，学术界存在一定争议。第一种观点认为强化竞争政策基础地位是指狭义层面的竞争政策，即强化企业垄断行为的规制。这种观点主要受美国等成熟市场经济体竞争政策体系和实践的影响。竞争政策最早起源于美国，19 世纪中后叶，美国资本主义工业快速发展，自由竞争市场体系逐步形成并壮大，市场竞争也越来越激烈，为了降低市场竞争带来的利润损失，很多行业内的企业都自发形成了托拉斯形式的垄断组织，通过统一定价、限产等协同行为降低市场竞争程度、提高市场价格。为了应对托拉斯的垄断，提升市场竞争效率，1890 年美国出台了世界上第一部反垄断法《谢尔曼法》，并逐渐形成了以规制企业垄断行为为核心的竞争政策体系。美国的竞争政策之所以以反垄断为核心是因为美国的市场竞争体系较为完善，市场可竞争程度较高，很少存在非市场性进入退出壁垒，市场中的竞争问题主要是企业垄断和限制竞争的问题。但是我国是转型经济体，完善的市场体系还没有完全建立，市场中存在的竞争问题不仅包括企业垄断问题，还包括市场进入、国有企业垄断等市场可竞争性问

① 李晓琳：《市场经济体制背景的竞争政策基础体系解构》，《改革》2017 年第 3 期。

题。从这一角度来看，狭义竞争政策的观点没有考虑到我国竞争政策基础地位确立的特殊性。第二种观点认为，强化竞争政策基础性地位中的竞争政策是广义层面的竞争政策，即促进市场机制作用的竞争政策。这类观点虽然为融入中国竞争政策内涵和体系的特殊性提供了空间和可能性，但并没有明确给出我国竞争政策的体系框架和内容结构。由于广义层面上的竞争政策包含促进市场竞争和市场机制作用的所有政策，是一个庞大的政策体系。如果笼统地认为强化竞争政策基础地位就是促进市场机制的作用，那么就会导致讨论对象流于空泛，无法形成竞争政策基础地位确立的有力支撑。

本章认为我国竞争政策体系包含三个层面的内容体系：首先是垄断行为规制型竞争政策，即以规制企业垄断行为为核心的反垄断政策，包括垄断协议、滥用市场支配地位、经营者集中等垄断行为和不正当竞争行为，这一层面竞争政策是与美国等成熟市场经济体接轨的部分。除了企业垄断行为规制政策外，我国竞争政策体系还包含以下两个具有中国独特特征的部分：一是可竞争市场创造型竞争政策，即创造可竞争、公平竞争市场体系，保障各类市场主体拥有同等进入和竞争权利的政策。我国是从计划经济向市场经济转型过程中，可竞争市场体系还没有完全形成，还存在一些垄断性的行业没有完全对外开放，不同性质的企业在市场进入方面还存在差异化待遇。这些问题决定了我国竞争政策的内涵不仅在于规制企业垄断行为、防止市场垄断行为出现，更为重要的是要在更广泛层面上引入市场竞争，创造可竞争、公平竞争的市场。本书称这类政策为可竞争市场创造型竞争政策，主要包括垄断行业改革、国有企业改革、行政审批改革等。二是经济政策可竞争转型的竞争政策体系，即约束其他经济政策，防止其他经济政策妨碍市场竞争的政策、制度和规章等。成熟市场经济国家政府对市场干预范围和强度都相对较小，市场竞争和市场机制是资源配置的主要方式。我国受传统计划经济思维的影响较为严重，政府干预市场的行为还广泛存在，突出地表现在产业政策对市场微观行为的干预。我国产业政策具有政策工具繁多、规模庞大、影响范围广泛等特征。在政府干预和产业政策占据主导地位的情况下，市场竞争不可避免地会受到抑制。在此背景下，竞争政策还要担负协调产业政策等其他经济政策、防止其他经济政策损害市场竞争的作用，本书将这类政策界定为经济政策竞争转型的竞争政策，目前主要政策工具为公平竞争审查制度。

（三）竞争政策基础地位的理论内涵

厘清竞争政策基础地位的内涵是推动竞争政策基础地位确立的又一重要前提，目前学术界普遍认为竞争政策基础地位的内涵就是将竞争政策所倡导的竞争理念作为经济主体行为和经济政策制定的指导原则，竞争政策优先于其他经济政策，其他经济政策的制定和实施不得与竞争政策相违背①。这种观点本质上是一种竞争政策绝对优先的思路。本章认为竞争政策基础地位有两层含义：首先，对于竞争市场创造型竞争政策和垄断行为规制型竞争政策，其"基础地位"的含义就是要推动市场进入改革、加快垄断行业以及要素市场改革，同时强化反垄断法的规制范围和作用强度，构建平等进入、公平竞争的"高标准市场体系"；其次，对于经济政策改造型竞争政策体系，其"基础地位"的内涵是当竞争政策与其他竞争政策发生冲突时，政策的主导地位能够相机抉择。"基础地位"不等于"绝对优先地位"，而是要兼顾竞争政策的前置性和发展导向：一方面，竞争政策是否实现"基础性地位"的评判标准，应是当竞争政策与产业政策在制定和实施过程中

---

① 于立、刘玉斌：《中国市场经济体制的二维推论：竞争政策基础性与市场决定性》，《改革》2017 年第 1 期；李晓琳：《市场经济体制背景的竞争政策基础体系解构》，《改革》2017 年第 3 期；魏加宁、杨光普：《新时代产业政策必须服从竞争政策》，

发生冲突时，是产业政策服从于竞争政策，还是竞争政策让位于产业政策；只有当竞争政策成为产业政策制定、实施的前置性政策和约束性政策，我们才可以说竞争政策实现了"基础性"地位。另一方面，也要注意，不能把竞争政策"基础性地位"绝对化，考虑到我国后发赶超的基本国情，竞争政策虽然以维护公平竞争为直接目标，但竞争政策根本上应服务于产业发展和消费者福利改善①；在极特定的情形下（如集成电路产业后发赶超的初期），短期的公平竞争可能演化为过度竞争从而损害创新者的利益和抱负，如果政策协调不当可能导致竞争政策基础性地位的"滥用"。因此，竞争政策基础性地位的确立是一个在坚持基本制度稳定性前提下的相机决策事项，组织结构和政策体系必须在总体保持刚性和稳定性的基础上又保留必要的灵活性和自由裁量权。

二　制约竞争政策基础地位确立的利益冲突与政策惯性

虽然确立竞争政策的基础性地位对于推动制造强国建设具有合意性，也已经成为学术界、甚至政策制定部门的共识，然而在改革实践中竞争政策基础性地位却长期无法实现，这必然涉及深层次的利益和能力约束。

---

① 虽然在多数情况下产业发展目标与消费者福利改善目标是一致的，然而在特定的情况下产业发展（主要考虑厂商利益）与消费者福利（主要考虑消费者利益）也可能发生冲突。根据各国工业化的一般经验和发展经济学的基本理论，在后发赶超阶段，产业发展相对于消费者福利改进，在评估竞争政策的合理性时具有一定的优先性；而当一国的发展水平接近技术前沿时，消费者利益保护相对于产业发展则具有优先性。

（一）权力主体缺位形成的障碍

我国竞争政策体系应包括可竞争市场创造政策、企业垄断行为规制政策和经济政策竞争性转型政策三个层面。从理论上来说，多层次的竞争政策体系必须构建统一、协同、高效的竞争政策实施体系，才能促进其基础地位确立。但目前我国还没有建立起与竞争政策基础地位相匹配的竞争政策组织体制。目前我国竞争政策的实施由多个行政部门独立负责，彼此之间缺乏必要协同：垄断行为规制性竞争政策方面由国家市场监督管理总局负责实施；竞争市场创造型竞争政策主要由发改委、工信部、国资委等行业主管部门实施；经济政策竞争性改造型竞争政策主要由各政策制定主体各自负责实施，反垄断执法部门只负责指导。这种政策实施模式的弊端在于：首先，在行业监管部门监管的产业领域，竞争政策会成为其他政策目标的牺牲品。除了国家市场监督管理总局以外，工信部、发改委等行业监管部门都不是竞争政策实施的专业机构，其直接目标和主要职责不是推动竞争政策的实施，而是强化行业监管，促进产业发展和技术赶超。当竞争政策与行业监管部门的主要职能冲突时，监管部门必然会牺牲竞争政策而强化其他职能的发挥。其次，作为竞争政策实施主体的国家市场监督管理总局行政地位相对较弱，对其他强势部门的政策约束有限。根据《国家市场监督管理总局职能配置、内设机构和人员编制规定》，国家市场监督管理总局（简称"总局"）"统筹推进竞争政策实施"。这一定位决定了总局在竞争政策实施过程中应该起统筹作用。根据本章构建的竞争政策框架，在竞争市场创造型竞争政策体系中，总局应该扮演竞争市场创造的主导者和监督者的作用；在经济政策改造型竞争政策体系中，应该扮演引领者的作用，即引领经济政策竞争性改革，利用竞争的理念和思想约束、监督和规范其他部门政策制定，防止其他经济政策妨碍市场竞争。但在政策实践中，总局行政地位相对较弱，很难构成对其他部门政策行为的强有力约束，也很难在其他部门行为偏离竞争政策要求时对其进行必要的纠正。

（二）长期效率与短期利益冲突形成的障碍

竞争政策主要通过市场机制实现优化资源配置、增进市场效率的目的，其政策效果需要在较长时间才能显现。产业政策主要通过政府直接干预发挥作用，政府强制力保证了产业政策在很短的时间内就能发挥效果。这两种政策作用时效的差异使得政府不得不进行短期和长期的选择，而很多情况下，长期才能见效的竞争政策并不是政府的第一选择。一是在面临短期外部冲击和经济下行压力时，即便产业政策会妨碍市场竞争和市场机制的作用，出于短期恢复经济增长的需要政府也会强化产业政策的使用。例如，尽管理论研究已经表明，结构性产业扶持政策会破坏市场机制作用，但面临金融危机对经济的短期冲击，政府还是实施了装备制造、有色金属、汽车、钢铁、纺织等十大产业振兴计划，以实现"保增长，扩内需"的政策目标。此外，在经济下行周期，政府可能还会直接弱化竞争政策的使用，以达到提升市场主体活力的目的。Peltzman[1]的研究就表明，在经济收缩时期，政府会放松反垄断执法，更多地实施"生产者保护"的经济政策。二是国家之间的赶超压力也迫使政府强化结构性干预政策的使用。当前，全球经济正处于新一轮科技革命和产业革命的深入拓展期，能否在5G、人工智能、区块链、大数据等新兴技术的研发和产业化方面实现率先突破直接决定了能否在大国竞争中取得领先优势。在此背景下，各国政府都强化了政府干预政策的使用，加大对新兴技术和产业的扶持，

---

[1]　Peltzman S，"Toward a more general theory of regulation"，*The Journal of Law and Economics*，Vol. 19，No. 2，Aug. 1976，pp. 211 – 240.

例如德国发布工业 4.0 计划，美国发布《先进制造伙伴计划》，我国也发布了《中国制造2025》。三是经济增长考核压力也促使政府部门具有强烈的干预动机。在面临绩效考核压力时，政府部门政策选择会向显示度更高、政策效果更显著的政策工具收敛。例如，在推动供给侧结构性改革过程中，很多地方政府一刀切地强制性关停规模较小的钢铁、水泥企业，而不通过强化市场机制实现优胜劣汰。另一方面财政分权和 GDP 考核的压力也促进各地政府直接限制区域之间的产业和企业竞争。例如，地方政府会通过滥用投资审批、制订更高进入标准等方式限制外来企业进入。

除此之外，虽然长期看，竞争政策的实施有利于形成公平竞争的市场环境，从而提高国民经济的配置效率和动态效率；但短期内，特定的竞争政策强化也可能对经济增长产生局部的抑制效应。例如，减少政府补贴和优惠政策有可能抑制企业投资积极性，强化知识产权保护、施行更加严格公正的环保标准有可能导致低效率企业的较大规模退出。更重要的，如果配套的区域政策不能跟进，更加公平的竞争政策有可能进一步削弱落后地区的政策吸引力，造成区域发展差距的拉大。这些因素都降低了政府实施竞争政策的内在激励，阻碍了竞争政策基础地位的确立。

（三）政策惯性和能力锁定形成的障碍

我国是从计划经济向市场经济转型国家，不管是在传统计划经济时期，还是在社会主义市场经济时期，直接干预都是政府管理经济运行的重要手段。这种独特的经济管理体制一方面形成了严重的政府干预思维惯性，另一方面也使得政府政策制定和实施能力锁定在产业政策领域。干预型经济政策的政策惯性和能力锁定也是阻碍竞争政策基础地位确立的重要因素。

　　第一，长期施行结构性产业政策形成的"光环效应"使得政府部门产生了较强的政策惯性。改革开放四十余年以来，我国广泛地、长期地通过较大规模的补贴、税收优惠、政策性金融等结构性产业政策支持特定产业、企业、技术、产品的发展。这些结构性产业政策总体上对加快和促进产业的发展发挥了积极的作用，对高铁、大飞机、集成电路等高技术复杂度产业的赶超甚至发挥了关键作用，形成了强烈的"光环效应"。因此，相关政府管理部门和地方政府都不同程度地存在沿用传统产业政策实现经济发展的思维惯性，阻碍了竞争政策基础性地位的确立。第二，长期实施产业政策造成的能力锁定也影响了竞争政策的实施和基础地位的确立。从20世纪80年代末期我国开始大规划实施产业政策至今，产业政策实施已有三十多年历史和经验，形成了较为完整的政策制定和实施体系，积累了深厚的产业政策能力。而我国竞争政策的系统实施始于2008年的《反垄断法》出台后，政策实践不过十多年，竞争政策的体系框架、实施模式还不成熟。相比于产业政策而言，竞争政策的实施不仅需要相应的配套体制跟进，还需要经济学、法学等交叉学科知识。竞争政策和产业政策实施所需的能力差异以及长期实施产业政策造成的能力锁定都在一定程度上限制了竞争政策基础地位的确立。此外，作为中国特色社会主义市场经济体制的一部分，后发赶超和体制转轨的基本国情决定了我国竞争政策建设并无现成的模式可以复制。竞争政策体系的完善是一个涉及多个政策层面改革、多方利益主体互动的牵一发而动全身的复杂过程。竞争政策基础性地位能否确立，强化竞争政策基础性地位的成效如何，不仅受到竞争政策本身体系完善和组织建设的影响，也取决于各项配套改革能否到位、政府整体治理能力能否有效提升。

三　竞争政策与结构性产业政策的有效协调

与我国制造强国战略相适应，未来我国产业政策体系需要适时由结构性产业政策主导向竞争政策主导转变。然而考虑到我国制造强国建设所面临的后发赶超的竞争情境，结构性产业政策必将长期存在。在这样的情况下，如何有效协调竞争政策和结构性产业政策，就成为未来我国产业政策能否有效发挥作用的关键一环。

（一）明确结构性产业政策的边界

在有效协调竞争政策和结构性产业政策的基础上确立竞争政策的基础地位，首先要明确结构性产业政策发挥作用的边界。按照制造强国建设的要求，未来我国结构性产业政策的制定和实施应遵循以下主要原则：

一是严格控制结构性产业政策数量。我国已基本过了继续大量开展产业政策的阶段，产业政策要强调"少而精"。要大幅减少重复性的、低效的产业政策和政策规划，产业政策的研究、制定和出台要归口管理，未经国务院审议，各部门不得发布产业政策。二是强调产业政策质量为先。要进一步健全科学、民主、依法决策机制，完善公众参与、专家讨论、风险评估、合法性审查、集体讨论决定等制度，充分考虑各个利益相关主体诉求，在提高政策质量和含金量上下大功夫。三是强化产业政策的协同配套。政出多门、政策效应相互抵消是很多产业政策效果不好的重要原因。要健全部门协调配合机制，强化政策协同配套，制定和调整政策要充分考虑关联行业和领域实际情况，避免简单化"一刀切"。要抓住数字经济、平台经济机遇并管控其负面影响，产业政策还必须与就业等相关政策进一步协同，以达到相互促进、相得益彰的效果。四是加强对产业政策全程管理。强化全过程管理，对提高产业政策质量和确保实施效果意义重大。要寓管理监督于产业政策，从研究、决策、执行、组织到评估的全过程中，不断提高产业政策法治化水平和权威性。同时，把开展全过程成本收益分析作为加强管理的重要方面。

基于上述原则，未来结构性产业政策转型的方向，概括起来是"三个最大限度"和"一个始终坚持"。"第一个最大限度"是最大限度地从结构性产业政策转向功能性产业政策。产业政策一般分为结构性产业政策和功能性产业政策。结构性产业政策是政府选择特定的产业或企业，通过行政性干预要素市场和产品市场以促进资源向特定产业和企业集中的产业政策（如针对特定产业和企业的补贴政策）。功能性产业政策，也就是服务于整体产业的政策，是政府通过市场或非市场的方式为产业提供科学技术、人力资本等公共服务（核心是制造业创新体系），从而直接提升行业中整体企业能力的产业政策。从政策合理性看，结构性产业政策是扭曲市场，其适用情境是当出现市场失灵时，政府通过干预要素市场和产品来矫正市场失灵。功能性产业政策基本的政策目标是增强市场，其合理性是当出现"系统失败"时政府通过创新体系建设或公共服务体系建设，为产业和企业提供特定的服务以提升其能力。从政策工具看，结构性产业政策的政策工具主要是目录指导、税收优惠、财政补贴等，功能性产业政策的主要政策工具是产业创新体系建设和公共服务体系建设，如共性技术研发机构、技术扩散服务机构和项目、针对中小企业的法律、会计服务等。可见，结构性产业政策更多通过"行政指令"的方式干预市场，而功能性产业政策则主要以"非强制性的服务提供"的方式弥补市场。面向制造强国建设的产业政策要以功能性产业政策为基本框架，重点是推动高质量要素形成，尽量避免对要素组合方式进行干涉，建立完善一整套符合国家治理体系现代化要求的产业政策体系。要大幅度减少政府通过"产业指导目录"等方式直接选择产业、指定企业的做法，全面实施市场准入负面清单制度，改革生产许可制度，实质性减少绝大多数行业的前置性准入限制，减少政府对市场资源的直接配置和对市场活动的直接干预。强化产业政策完善市场功能和弥补市场失灵的作用，重点包括完善优胜劣汰机制和落后产能退出机制、健全破产制度、产业发展重要信息公开机制、走出去平台搭建工作、健全公共科技资源开放共享机制等。支持基础研究，提高研发税收抵免，鼓励企业开展技术创新和成果转化等。

"第二个最大限度"是最大限度地从"刚性"产业政策转向"柔性"产业政策。产业政策制定和实施要充分体现竞争政策的基础性地位，营造公平竞争的市场环境。加大知识产权保护力度，建立知识产权侵权惩罚性赔偿制度，加强企业商业秘密保护。与其他政策工具协同配合，引导地方政府减少在招商引资、吸纳人才等方面的"优惠条件竞赛"，鼓励地方政府塑造良好产业生态和竞争环境，因地制宜发展本地区优势特色产业。强化各类标准的引领作用，提升产业基础能力和产业链现代化水平。

"第三个最大限度"是最大限度地从封闭环境下的产业政策转向开放条件下的产业政策。把产业政策的高开放性作为对外开放的重要内容。要实现产业政策与国际通行规则惯例的兼容，提高产业政策的普惠性，减少针对一般竞争性行业的财政补贴、税收优惠等政策。及时清理一批过时、空泛、粗放、低效的产业政策，加强规范性文件备案审查，建立相关政策清理的长效机制。完善政企沟通机制，充分听取国内外各类企业和行业协会商会意见，增强产业政策制定透明度和公众参与度。在我国牵头组织的国际大科学计划和大科学工程中，面向全球吸引和集聚高端人才。健全外商投资国家安全审查、反垄断审查、国家技术安全清单管理、不可靠实体清单等制度。

"一个始终坚持"是坚持在极个别关乎国家发展全局和国家产业安全的关键领域实施结构性产业政策。在当前及今后相当长一段时期内，我国在少数关键核心技术领域被西方国家"卡脖子"的危险性会越来越大。面对非常之势，必须要有非常之举。要在持续加大基础研究投入、健全鼓励支持基础研究和原始创新体制机制的同时，充分发挥我国制度优势和经济规模优势，通过健全国家实验室体系、开展全产业链协同等多种方式，在尽可能结合市场机制的前提下开展实施结构性产业政策。

（二）竞争政策与结构性产业政策的相机选择

与结构性产业政策的核心作用是矫正市场失灵不同，竞争政策是维护市场公平竞争，核心是反垄断和反不正当竞争。竞争政策的合理性是恢复市场，其基本假设是公平竞争是最有效的资源配置方式，作用是防止市场和非市场的力量破坏公平竞争。竞争政策更多通过"法律"的方式干预市场的核心作用。结构性产业政策和竞争政策的有效协调，是一个复杂、动态的相机选择过程，是与其工业化阶段和国际竞争规则相适应的，也就是说，一国工业化的阶段（产业发展水平）和国际竞争规则是塑造一国产业政策体系、竞争政策地位的主要因素。

从工业化阶段看，随着中国总体基本实现工业化，开始高质量工业化深化时期，补贴等结构性产业政策越来越不适用了，产业政策资源应更多地导向科技服务体系建设，产业政策应该从选择性向功能性转型，而竞争政策将越来越发挥基础性作用。在机理上，一国的产业结构越不完备、产业技术水平越低，结构性产业政策愈积极，而随着产业结构的完备和产业技术水平接近全球技术前沿，竞争政策和功能性政策越应该占据主导。之所以如此，原因是当产业结构不完备、技术水平较为落后时，政府可以发达工业国家为对标，更有效地选择应当优先发展的产业和技术，而到了工业化后期或者后工业化时期，需要原始性创新和颠覆性创新，竞争政策和功能性产业政策更为有效。

从国际竞争规则看，当前面对全球化的的"大变局"，全球贸易规则和竞争秩序正处于不断变化甚至秩序重构过程中，各大国都在努力掌握和增强其在新兴技术和新兴产业领域的主导权。在这种情况下，未来中国要通过更大范围、更高水平的市场开放、加强知识产权保护、强化竞争政策等手段积极融入新的多边贸易投资规则。以 WTO 协定为核心的国际贸易投资规则的宗旨在于维持自由、公平、透明的全球市场秩序，致力于形成一套符合市场经济发展的规则。在没有合法性目的的前提下，我国产业政策不应违背 WTO 协定所确立的最惠国待遇原则、国民待遇原则和透明度原则，我国政府或公共机构对企业或行业给予的补贴应避免具有专向性。唯有如此，我国产业政策特别是补贴政策才能获得国际多边贸易规则的合法性。

四 构建与竞争政策基础地位相匹配的政策体系和治理架构

针对确立竞争政策基础性地位面临的体制性和能力性障碍，未来我国的政策体系调整，在宏观层面要加强强化竞争政策地位的战略性引导，微观层面要加快推进强化竞争政策地位战略的路线图和时间表制定，形成机理相容的改革机制。

（一）保障竞争政策实施主体权力的可实施性

加快完善我国竞争政策体系，构建可竞争市场体系建设、企业垄断行为规制、经济政策转型全链条、全覆盖的竞争政策体系，提升竞争政策的科学性和精细度。

首先，健全竞争政策主管机构对行业监管部门的监督和协调机制，加快形成可竞争市场体系。可竞争市场创造型竞争政策是我国竞争政策的重要组成内容，目前这类政策实施主体主要是发改委、工信部、科技部等行业监管部门。这些部门的主要职能和目标并不是推动竞争政策的实施，而是促进产业发展和技术赶超，虽然长期来看这两个目标并不矛盾，但出于扩大部门行政权力、促进产业短期发展等目的，行业监管部门往往会更偏重干预政策的使用，弱化竞争政策的实施。为此，建议建立竞争政策主管机构对行业监管部门的监督和协调机制，强化竞争政策主管机构在行政审批、市场准入、国企改革等相关政策制定和实施过程中的参与、监督和约束作用，构建行业监管部门推动竞争政策实施的激励相容约束，加快形成可竞争、高标准市场体系。例如，可以借鉴日本 20 世纪 90 年代电力监管部门和反垄断执法部门共同执法制度，在电力、电信、铁路等垄断行业探索共同执法模式，合力推动垄断行业竞争性改革。

其次，加快推动政策工具创新，强化竞争政策对产业政策的约束和协调。产业政策（包括其他经济政策）与竞争政策的协调是强化竞争政策基础地位的重要内容，但当前存在协调工具不足、协调效果不明显的问题。为此，要以增量工具创新和存量工具改革为重点，加快推动产业政策和竞争政策协调。一是尝试建立"产业政策负面清单制度"。产业政策制定和实施部门往往不具备竞争相关的专业化知识，对产业政策是否符合竞争机制要求并不能进行准确判断，加之思维惯性和能力锁定，不可避免会出现一些"非主观"妨碍市场竞争的政策条款。竞争政策主管部门要发挥专业优势和指导作用，以产业政策工具对市场竞争的损害程度为标准，对常见政策工具进行分类（例如可以将产业政策工具分为竞争友好型、竞争不确定性和竞争损害型三类），对于那些严重损失市场竞争的政策工具以负面清单的形式指导相关部门不予使用。二是加快公平竞争审查制度改革，强化政策冲突的事后协调。当前公平竞争审查多由政策制定部门自我审查，竞争政策主管机构介入不及时、不充分，进而导致竞争政策对产业政策的约束性不强。为此，一方面要加快引入第三方审查制度，推动公平竞争审查主体、对象、程序、方法等制度化和法制化；另一方面要健全政策冲突的事后协调机制，建立跨部门工作组，强化竞争政策主管机构在政策冲突事后协调中的主导作用。

（二）"竞争政策基础地位"条件下的组织架构设计

确立和强化竞争政策基础地位根本上还是要推动竞争政策组织体制变革和治理模式重构，理顺竞争政策制定和实施部门与其他部门的职权范围和关系，构建与竞争政策基础地位相适应的组织体制。首先，提升竞争政策制定和实施主体在行政体系中的地位，强化其权威性和独立性，加大竞争政策对其他经济政策的统领和协调作用。确立竞争政策在经济政策体系中的基础性地位，就是要用竞争政策来统领和协调其他各项经济政策，就是要实现所有的经济主体（包括政府部门、企业和消费者）及其经济活动，都受到竞争政策的约束。但当前产业政策主管机构、行业监管机构的强势地位制约了竞争政策基础地位的确立。建议将现有国务院反垄断委员会转型为国家竞争政策委员会，通过委员会成员扩充和强化委员会职能的方式夯实竞争政策实施的顶层制度基础。在机构职责方面，竞争政策委员会要突出竞争政策的统筹制定和不同政策主体之间的沟通和协调，竞争政策委员会下设竞争市场建设领导小组、反垄断领导小组和经济政策协调小组，分别负责可竞争市场形成、企业垄断行为规制、竞争政策与其他经济政策协调工作。其次，理顺中央与地方竞争政策主管机构的关系，打通推动竞争政策自上而下实施的堵点。目前，地方竞争政策主管机构直接受地方政府领导，国家竞争政策主管机构（市场监管局）只是业务指导单位。在此条件下，地方竞争政策的实施易受到地方政府的干预，地方竞争政策实施主体很难对地方政府干预市场、妨碍竞争的行为形成实质上的约束和限制。可以借鉴国际上的做法，建立区域性的竞争政策派出机构，负责统筹负责区域反垄断执法和公平竞争审查等工作的推进，强化对地方政策行为的约束作用。为保证独立性和权威性，竞争政策派出机构的"人、财、物"和工作应由国家竞争政策主管部门配置和监管，也可以从各地区市场监管局抽调人手，但需要统一接受国家市场监管总局的领导和调配。

（三）提升反垄断法作为前置性政策的执法力度

第一，加强反垄断执法力量，提升反垄断执法的专业化能力。与国外反垄断执法机构相比，我国反垄断执法机构的规模相对较小，比如美国司法部反垄断局和联邦贸易委员会职员规模达到一千人以上，而我国反垄断执法机构的人员则只有几十人。此外，美国反垄断执法机构有大批的经济学、法学专家负责提供专业性的分析工作，而我国反垄断机构尚未建立专业化的经济学、法学分析部门。强有力的人员支撑是强化反垄断执法、确立竞争政策基础地位的重要保障。建议一方面扩充反垄断机构的人员编制，壮大反垄断执法部门规模；另一方面通过内部建立反垄断研究院、外部建立反垄断规制专家咨询组的形式，加强对企业垄断行为规制的理论支撑，提升反垄断执法的专业性。

第二，完善反垄断私人诉讼的激励机制和制度保障，建立行政和司法并重的反垄断执法模式。健全垄断行为的投诉举报机制，完善对垄断行为举报的查处和回应制度。完善垄断行为的私人诉讼制度和程序，建立私人反垄断损害赔偿制度，推动垄断行为司法执法模式的发展，建立行政执法和司法执法双举并重的反垄断执法模式。

第三，加强反垄断学科的建设，为反垄断执法提供人才储备。垄断规制属于经济学、法学、公共政策等多学科交叉研究范畴。反垄断执法部门应加强与高校产业组织、公共政策、经济法等学科的联系与合作（与国内顶尖高校合作，共建产业组织理论学科和反垄断学科，推动产业组织和反垄断建设世界一流学科，形成良好的合作机制），建立与高校合作的长效机制，共同推动学科的发展，为反垄断执法的科学性和反垄断执法的发展提供后备支撑。

第四，设置新兴产业反垄断工作组。新一代信息技术、人工智能、工业互联网等新兴基础产业不断涌现，催生一批新业态、新模式、新产业，这些产业在组织模式、行为模式、垄断特征以及经济效应上与传统产业存在较大区别，为反垄断执法提出了新的挑战。比如平台模式是新技术催生新商业模式的典型代表，随着平台模式的兴起，企业之间的组织形态和企业消费者之间的交易结构发生了根本性的变化：一方面平台的网络效应和锁定效应使得少数具有先发优势的平台企业率先积累起足够的消费者规模，获取平台垄断地位，并借助网络效应构筑起更高的进入壁垒，对新企业创业和新兴发展形成了严重的抑制效应；另一方面平台企业可以掌握充足的消费信息，并借助强大的计算和分析技术优势，对终端消费者实施更加精准和更深程度的价格剥削。因此，需要新兴产业反垄断工作组，针对新兴产业中企业行为特征和垄断特征进行研究，前瞻性部署反垄断执法力量，以更好应对技术发展对反垄断带来的挑战。例如，美国联邦贸易委员会（FTC）已经成立了一个区块链工作组来研究该技术（尤其是加密货币）对企业行为和消费者的影响，以及相应的反垄断策略。

第 四 章

贸易摩擦下的中国产业政策调整

　　2017 年 4 月 26 日，美国时任总统特朗普公布了自 1986 年以来规模最大的税收改革方案。特朗普计划将企业所得税税率从 35% 大幅削减至 15%，将个人所得税级数（Tax Bracket）从七个减少到三个（最高税率为 35%，其次为 25%，最低税率为 10%）。再加上 2017 年 1 月特朗普就任总统职位时允诺的超万亿美元投资的大规模基建计划，这三个方案构成了"特朗普新政"的主要经济手段。特朗普企图凭借这三个方案进一步推进美国"再工业化"战略，引导制造业回流，创造就业岗位，重振实体经济。与此同时，近年来，随着中国国内劳动力、土地等方面成本不断上升，一些企业加快向海外转移，特别是福耀玻璃投资美国的决策等事件引发有关中国制造业回流美国的热议。"特朗普新政"是否会加速制造业从中国回流成为社会舆论的焦点。面对特朗普的"重振美国制造业"战略，中国应采取何种产业政策应对，减少外部环境冲击，保障"制造强国"战略目标的实现，也是当前产业政策研究的核心问题。

一　"特朗普新政"与美国制造业回流

　　特朗普如此重视振兴美国制造业的事实表明，制造业在国民经济中起到了服务业所无法替代的作用，这已在学术界达成普遍共识。首先，当前在全球市场中，制造业占据了最大的出口份额。尽管美国在许多服务型制造领域获得了不少贸易盈余，但并不足以帮助其抵销持续的巨额贸易赤字。唯有提高制造业占比和商品生产能力，成为制造业商品出口国，才可能帮助美国减少贸易赤字，增加贸易盈余[1]。其次，强大的制造业部门可以提高对抗全球经济风险和政治风险的能力。长期以来对进口的过度依赖和巨额贸易赤字，导致美国在面临汇率波动、贸易冲突、由自然灾害造成的供应链断裂等问题时缺乏抵御能力[2]。再次，尽管制造业经常被认为是为了给公司研发创新提供土壤，但生物医药和消费电子等行业的快速增长表明，制造业本身也具有较大的增长潜力[3]。最后，制造业就业占比的长期下降意味着对缺乏高等教育的美国普通工人而言，能提供较好薪酬的岗位越来越少。这不仅损失了一部分重要的劳动力，还容易加剧美国社会的不稳定性[4]。

尽管美国制造业衰退是产业结构升级的必然规律，但在 2010 年后，国外学者开始重新审视美国制造业衰退的原因。1965—2000 年，美国制造业劳动力人口一直保持在 1800 万的规模上波动，但从 2001 年至 2007 年，制造业劳动力人口骤然下降了 18%。对此，一些研究认为，

① Feenstra, R. , B. Mandel, M. Reinsdorf and M. Slaughter, "Effects of Terms of Trade Gains and Tariff Changes on the Measurement of US Productivity Growth", American Economic Journal: Economic Policy, Vol. 5, 2013.

② Koopman, R. , Z. Wang and S. Wei. , "Estimating Domestic Content in Exports When Processing Trade Is Pervasive", Journal of Development Economics, Vol. 99, 2012.

③ Bosworth, B. and S. Collins. , "Rebalancing the U. S. Economy in a Post Crisis World", ADBI Working, 2010.

④ Goldin, C. and L. Katz, The Race between Education and Technology, Belknap Press, 2008.

中国加入 WTO 后，美国从中国进口规模的扩大导致了制造业岗位的流失[①]。在中国加入 WTO 前，尽管中国依托与美国签订的正常贸易关系（Normal Trade Relations，NTR）协议也能保持较低的关税水平，但对中国而言，这种关税优惠需要协议在每年自动续期后才能享受到，因此充满了不确定性且容易被政治因素影响。一旦没有续期，美国对中国产品的关税将飙升至非正常贸易关系水平。加入 WTO 后，美国给予中国的永久正常贸易关系（Permanent Normal Trade Relations，PNTR）完全消灭了这种不确定性，从而刺激了美国对中国商品进口激增[②]。Autor 等[③]估计，1991—2007 年至少有 25% 的美国制造业就业占比下降是由中国进口导致的。从中国进口的增加可通过以下三个传导机制对美国制造业就业产生影响：第一，进口增加刺激了中国制造商加大对美国市场的开发力度，导致美国制造业厂商面临更大的竞争压力，减少制造业岗位需求[④]；第二，对美国制造商而言，来自中国商品的进口压力迫使其加大资本密集型或技术密集型生产方式的投入力度，并减少劳动密集型生产投入，以更好地发挥美国比较优势，资本或技术对劳动力的替代进一步减少了制造业岗位需求[⑤]；第三，进口增加驱使美国企业投入更多资源与中国制造商建立联系，或者转变公司运营机制以更好地适应中国合作或竞争，由此带来较高的沉没成本，造成一旦减少

① Mion, G. and L. Zhu, "Import Competition from and Offshoring to China: A Curse or a Blessing for Firms?" *Journal of International Economics*, Vol. 89, 2013; Bloom, N., M. Draca and Reenen, "Trade Induced Technical Change? The Impact of Chinese Imports on Innovation, IT and Productivity", *Review of Economic Studies*, Vol. 83, 2016.

② Pierce, J. and P. K. Schott, "The Surprisingly Swift Decline of US Manufacturing Employment", *American Economic Review*, Vol. 106, 2016.

③ Autor, D., D. Dorn and G. Hanson, "The China Syndrome: Local Labor Market Effects of Import Competition in the United States", *American Economic Review*, Vol. 103, 2013.

④ Schott, P., "The Relative Sophistication of Chinese Exports", *Economic Policy*, Vol. 53, pp. 5 – 49, 2008.

⑤ Acemoglu, D., D. Autor, D. Dorn, G. Hanson and B. Price., "Import Competition and the Great U. S. Employment Sag of the 2000s", Journal of Labor Economics, Vol. 34, 2016.

了制造业就业岗位便很难增加的困境①。

可见，中美之间巨大的商品贸易顺差在一定程度上加剧了美国制造业衰退。"特朗普新政"的实施路径，便是借助减税等手段增强本土产品竞争力，替代同类的中国进口商品，从而增加美国制造业就业岗位，达到制造业回流的效果。因此，"特朗普新政"会对中美贸易结构产生怎样的影响，成为测算制造业回流的核心问题。由于比较优势不同，中国和美国的商品贸易结构存在较大差异。在国际贸易通常使用的广义经济类别（BEC）分类下，国际贸易商品可分为食品和饮料、未另归类的工业用品、燃料和润滑剂、资本品（运输设备除外）及其零配件、运输设备及其零配件、未另归类的消费品与未另归类的货品七大类。而在国民经济核算通常使用的国民经济账户体系（SNA）分类下，产品按最终用途可分类为资本品、中间产品和消费品三个门类，其中中间产品可分为用于消费品生产投入的中间产品和用于资本品生产投入的中间产品。为了更好地将贸易结构与经济结构进行比较，我们将 BEC 分类与 SNA 分类进行对应整理，发现美国以进口中国资本品和消费品最终产品为主，而中国则以进口美国消费品中间产品为主（见表4—1）。2016 年美国从中国进口的商品中，消费品占比达 35.62%，资本品占比达 35.02%，中间产品占比达 27.85%。与进口产品结构不同，超过一半的美国出口中国商品是由中间产品组成，消费品占比仅为 5.76%，资本品占比为 13.80%。

---

① Handley, K., "Exporting under Trade Policy Uncertainty: Theory and Evidence", *Journal of International Economics*, Vol. 94, 2014.

表4—1　　　　　　　　　　　**2016 年中美贸易商品分类**

产品分类	美国从中国进口额 （单位：亿美元）	所占进口比重 （单位：%）	美国向中国出口额 （单位：亿美元）	所占出口比重 （单位：%）
消费品中间产品	684.73	14.21	518.54	44.79

111. 食品和饮料，初级，主要用于工业

121. 食品和饮料，加工，主要用于工业

21. 未另归类的工业用品，初级

21. 未另归类的工业用品，加工

资本品中间产品	657.08	13.64	161.74	13.97

31. 燃料和润滑剂，初级

322. 燃料和润滑剂，加工

42. 资本品零配件（运输设备除外）

53. 运输设备零配件

消费品最终产品	1715.74	35.62	66.66	5.76

112. 食品和饮料，初级，主要用于家庭消费

122. 食品和饮料，加工，主要用于家庭消费

522. 运输设备，非工业

61. 未另归类的消费品，耐用品

62. 未另归类的消费品，半耐用品

63. 未另归类的消费品，非耐用品

资本品最终产品	1686.79	35.02	159.81	13.80

41. 资本品（运输设备除外）

521. 运输设备，工业

注：数字序号为 BEC 分类下的标准序号，数据源于联合国商品贸易统计数据库。

　　据我们所掌握的文献，目前国内外尚未有学者就美国制造业回流问题进行量化测算。既往研究国别间商品贸易的文献大多基于弹性分

析法，从实证分析而非一般均衡的视角来分析问题[1]。但就中美这两个最典型的贸易失衡国家而言，非均衡视角难以描述贸易与宏观经济间的传导机制，因此唯有基于一般均衡的两国模型考虑才更全面[2]。然而，对于中美贸易结构的这种特征，传统的两国开放宏观模型仅仅将进出口作为 GDP 的组成部分，从而无法刻画国内政策变动对商品贸易结构的影响，难以准确度量制造业回流的程度[3]。特别是在我国，现有文献中关于制造业回流及其对中国影响的研究均以定性为主，几乎没有相关定量研究。宋泓[4]认为未来国际产业格局的变化趋势是：制造业回流发达国家的趋势在加强，然而其规模仍然没有超过产业流出的规模，净回流尚未发生；中国制造的成本优势有所消减，但作为全球加工和制造中心的地位仍然会维持。周金凯[5]运用灰色关联法和相关数据，分析了特朗普的政策主张给中美直接投资带来的影响，指出美国贸易保护主义有助于推动中国企业迈过贸易壁垒增加对美直接投资，但美国国内严苛的国家安全审查制度又将部分投资企业拒之门外。毕吉耀等[6]认为，特朗普吸引制造业回流、构建所谓公平双边经贸关系等措施将对我国外贸发展构成较大制约。对此，我国要坚持妥善应对和主动引导相结合、对称应对和非对称应对相结合、应对风险挑战和加快外贸转型升级相结合。

在以往研究的基础上，本书力求对此问题进行突破，通过对 Erceg

---

① Koopman, R., Z. Wang and S. Wei, How Much of Chinese Exports is Really Made in China? NBER Working Papers 14109, 2008.

② Devereux, M. and H. Genberg, "Currency Appreciation and Current Account Adjustment", *Journal of International Money and Finance*, Vol. 26, 2007, pp. 570 – 586.

③ Erceg, C. and J. Linde, "Is There a Fiscal Free Lunch in a Liquidity Trap", *Journal of the European Economic Association*, Vol. 12, pp. 73 – 107, 2014; Nakamura, E. and J. Stession, "Fiscal Stimulus in a Monetary Union: Evidence from US Regions", *American Economic Review*, Vol. 104, pp. 753 – 792, 2014.

④ 宋泓:《国际产业格局的变化和调整》,《国际经济评论》2013 年第 2 期。

⑤ 周金凯:《特朗普上台对中美直接投资的影响分析》,《经济学家》2017 年第 2 期。

⑥ 毕吉耀、张哲人、李慰:《特朗普时代中美贸易面临的风险及应对》,《国际贸易》2017 年第 2 期。

和 $Linde$[①] 的模型框架进行扩展，构建一个内嵌贸易结构的中美开放动态随机一般均衡模型（DSGE），在国内首次从实证层面量化分析特朗普政策冲击对美国制造业从中国回流的影响。本书的创新之处在于，我们在生产技术和消费中将资本品和消费品进行区分，在最终产品生产中考虑消费品和资本品中间产品的进口问题，在消费需求端考虑消费品和资本品最终产品的进口问题，以此反映资本品和消费品在生产和消费过程中对进口产品的不同依赖程度。在此基础上，加入消费习惯形成、库存调整成本等影响进出口的相关因素，动态描述"特朗普新政"后美国本土产品对中国进口产品的替代机制，测算出美国制造业从中国回流的规模大小、产品倾向和增速变化。本书试图回答以下问题：特朗普新政会带来怎样的经济后果，对不同制造业的刺激效果有何区别，对中国的影响程度有多大？我国如何根据不同行业性质，采取不同产业政策应对制造业回流美国，减少对中国经济的冲击？

　　本章主要结构如下：第二部分给出了分析中美贸易摩擦的理论模型；第三部分探讨了美国相关政策调整对我国的影响；第四部分分析了美国制造业回流的可能性以及我国的应对策略。

二　中美贸易的理论架构与动态关系

　　本节将建立包含中美两国的开放动态随机一般均衡模型（见图4—1）。假定经济中存在中国和美国两个国家，每个国家都存在家庭、中间产品生产商、最终产品生产商、政府等市场主体。家庭为中间产品生产企业提供资本和劳动力，并通过最终商品消费获取效用，家庭消费存在一定程度的习惯形成。生产部门可分为中间产品生产部门与最

　　① Erceg, C. and J. Linde, "Is There a Fiscal Free Lunch in a Liquidity Trap", *Journal of the European Economic Association*, Vol. 12, pp. 73 – 107, 2014.

终产品生产部门两部分，且将中间产品和最终产品生产的产品种类分为生产资本品（I）和消费品（C）两类。中间产品生产部门为垄断竞争市场，最终产品生产部门为完全竞争市场。消费品和资本品的生产技术存在差异，并导致其对进口中间产品的需求也不同，中间产品进口存在一定的库存成本。美国经济系统与中国经济系统互相对称，本节的模型设定只刻画美国经济情况，中国相应的模型只需在美国变量上加 * 号即可。

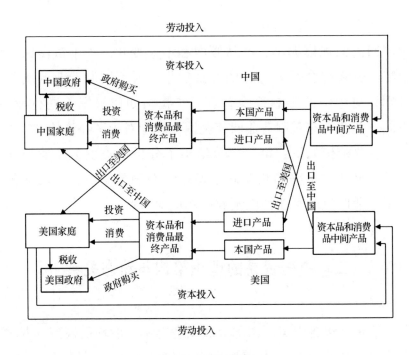

图4—1　模型框架

（一）家庭部门

假定有大量永续存在的同类型家庭，每个家庭都可提供劳动用于中间产品部门生产。代表性家庭通过消费与休闲来获取效用，且效用函数如下式所示：

$$U_t = E_t \sum_{t=0}^{\infty} \beta^t \Big[\frac{(C_t - bC_{t-1})^{1-\sigma} - 1}{1 - \sigma} - \frac{(L_t)^{1+\kappa}}{1 + \kappa} \Big]$$

其中，σ 为跨期消费替代弹性，κ 为跨期劳动供给弹性，$\bar{\omega}$ 为偏好权重，L_t 为每期家庭劳动供给。C_t 为家庭每期购买的消费品总量，b 为消费习惯形成参数，且有：

$$C_t = \Big[\alpha_{C,H}^{\frac{\vartheta}{1+\vartheta_c}} C_{H,t}^{\frac{1}{1+\vartheta_c}} + (1 - \alpha_{C,H})^{\frac{\vartheta}{1+\vartheta_c}} C_{F,t}^{\frac{1}{1+\vartheta_c}} \Big]^{1+\vartheta_c}$$

其中，$C_{H,t}$ 为家庭购买美国本土生产的消费品数量，$C_{F,t}$ 为家庭购买从中国进口的消费品数量，$\alpha_{C,H}$ 为家庭对美国本土消费品的偏好系数，参数 ϑ_c 为替代弹性。则家庭每消费一单位复合产品的最小花费为：

$$P_{C,t} = \Big[\alpha_{C,H}^{\frac{\vartheta}{1+\vartheta_c}} P^H \frac{1}{1+\vartheta_{cC,t}} + (1 - \alpha_{C,H})^{\frac{\vartheta}{1+\vartheta_c}} P^{F\frac{1}{1+\vartheta_{c,C,t}}} \Big]^{1+\vartheta_c}$$

其中，$P_{C,t}^H$ 为美国本土生产的消费品价格，$P_{C,t}^F$ 为从中国进口的消费品价格。同理，设定 I_t 为 t 期家庭新增加的资本品，则有：

$$I_t = \Big[\alpha_{I,H}^{\frac{\vartheta}{1+\vartheta_I}} I_{H,t}^{\frac{1}{1+\vartheta_I}} + (1 - \alpha)_{I,H}^{\frac{\vartheta}{1+\vartheta_I}} I_{F,t}^{\frac{1}{1+\vartheta_I}} \Big]^{1+\vartheta_I}$$

其中，$I_{H,t}$ 为家庭新增美国本土生产的资本品数量，$I_{F,t}$ 为家庭新增从中国进口的资本品数量，$\alpha_{I,H}$ 为家庭对美国本土资本品的偏好系数，参数 ϑ_I 为替代弹性。则家庭每新增一单位投资的最小花费为：

$$P_{I,t} = \Big[\alpha_{I,H}^{\frac{\vartheta}{1+\vartheta_I}} P_{I,t}^{H\frac{1}{1+\vartheta_I}} + (1 - \alpha_{I,H})^{\frac{\vartheta}{1+\vartheta_I}} P_{I,t}^{F\frac{1}{1+\vartheta_I}} \Big]^{1+\vartheta_I}$$

其中，$P_{I,t}^H$ 为美国本土生产的资本品价格，$P_{I,t}^F$ 为从中国进口的资本品价格。

代表性家庭面临的预算约束为：

$$P_{C,t}C_t + P_{I,t}I_t = (1 - \tau_t^l)W_tL_t + (1 - \tau_t^k)r_tK_t + \Gamma_t - T_t$$

其中，$\Gamma_t(h)$ 为每个家庭的企业分红，$T_t(h)$ 为一次性总量税，r_t 为家庭获得的资本租金比率，τ_t^k 为企业所得税，τ_t^l 为劳动所得税，资本积累 K_t 由下式所得：

$$K_{t+1} = (1 - \delta_k)K_t + \left[1 - \Phi_k\left(\frac{I_t}{I_{t-1}}\right)\right]I_t$$

由于 Christiano 等[①]认为当投资增速偏离稳态时，投资的调整成本便会显现，因此我们设定 $\Phi_k\left(\dfrac{I_t}{I_{t-1}}\right)$ 为投资的调整成本。具体表达式为：

$$\Phi_k\left(\frac{I_t}{I_{t-1}}\right) = \frac{1}{2}\varphi_k\frac{(I_t - I_{t-1})^2}{I_{t-1}}$$，且满足 $\Phi_k'' \geqslant 0$，$\Phi_k''(1) = 0$，这意味着在均衡增长路径下家庭的投资调整成本为 0。δ_k 为资本折旧率。可见，家庭部门的最优化问题即为上式约束下的效用函数最大化求解。

(二) 生产部门

1. 中间产品生产

对于美国中间产品生产而言，存在连续统的资本品（消费品）差别化厂商 i 分布在 $[0,1]$ 中，每个厂商都是垄断竞争型企业，且有本国货币定价。中间产品厂商 i 生产技术满足柯布道格拉斯生产函数：

$$M_{j,t}(i) = K_{j,t}(i)^\alpha [Z_{j,t}L_{j,t}(i)]^{1-\alpha}, j \in \{C,I\}$$

其中，参数 $\alpha > 0$，$Z_{j,t}$ 为技术水平，$K_{j,t}(i)$ 为资本投入，$L_{j,t}(i)$ 为本国劳动力投入。假定中间产品厂商面临着完全竞争型的要素市场，则

---

① Christiano, L. J., M. Eichenbaum, and C. L. Evans, "Nominal Rigidities and the Dynamic Effects of a Shock to Monetary Policy", *Journal of Political Economy*, Vol. 113, 2005, pp. 1 –45.

每个厂商均能无成本地自由调整要素投入，这就意味着其边际产出成本均相同，设定为 $MC_{j,t}$。为了方便处理，我们将所有中间产品集聚成 $M_{j,t}$，则其具备 Dixit-Stiglitz 形式的表达式：

$$M_{j,t} = \left[\int_0^1 M_{j,t}(i)^{\frac{1}{1+\theta_j}} \right]^{1+\theta_j}, j \in \{C,I\}$$

其中，θ_j 为美国各中间产品之间的替代弹性。通过最优化求解，可得中间产品需求函数：

$$M_{j,t}(i) = \left[\frac{Q_{j,t}^H(i)}{Q_{j,t}^H} \right]^{-\frac{1+\theta_j}{\theta_j}} M_{j,t}, j \in \{C,I\}$$

其中，总量中间产品价格指数 $Q_{j,t}^H$ 为：$Q_{j,t}^H = \left[\int_0^1 Q_{j,t}^H(i)^{-\frac{1}{\theta_j}} di \right]^{-\theta_j}$

同理，对于从中国进口的中间产品而言，其面临的需求函数为：

$$X_{j,t}(i) = \left[\frac{Q_{j,t}^F(i)}{Q_{j,t}^F} \right]^{-\frac{1+\theta_j}{\theta_j}} X_{j,t}, j \in \{C,I\}$$

其中，$X_{j,t}$ 为美国对中国中间产品的进口需求，$Q_{j,t}^F$ 为从中国进口的总量中间产品价格指数，可表达为公式：

$$Q_{j,t}^F = \left[\int_0^1 Q_{j,t}^F(i)^{-\frac{1}{\theta_j}} di \right]^{-\theta_j}$$

由于厂商商品定价存在黏性，我们设定美国的中间产品厂商黏性定价模式符合 Calvo[1]（1983）所述的特征，即在每期存在 $1-\xi_U$ 的厂商能够根据市场情况最优化商品定价为 $Q_{j,t}^H(i)$，其他厂商则根据通胀情况重置价格 $Q_{j,t}^H(i) = \pi_{t-1} Q_{j,t-1}^H(i)$，其中通货膨胀率 $\pi_t = Q_{j,t}^H/Q_{j,t-1}^H$。中间产品厂商最优化商品定价策略由下式决定：

① Calvo, G. A., "Staggered Prices in a Utility – Maximizing Framework", Journal of Monetary Economics, Vol. 12, 1983.

$$E_t \sum_{\gamma=0}^{\infty} \beta^{\gamma} [V_{j,t+\gamma} Q_{j,t}^H(i) M_{j,t+\gamma}(i) - MC_{j,t+\gamma} M_{j,t+\gamma}(i)] \ , j \in \{ C,I \}$$

其中，β 为贴现率，$V_{j,t+\gamma}$ 为前期通胀率之积，即 $V_{j,t+\gamma} = \prod_{h=0}^{\gamma-1} \pi_{t+h}$。则可得一阶最优化条件为：

$$E_t \sum_{\gamma=0}^{\infty} \beta^{\gamma} (Q_{j,t}^H)^{\frac{1+\theta_{j,t+\gamma}}{\theta_{j,t+\gamma}}} M_{j,t+\gamma} \left\{ \begin{array}{l} \dfrac{-1}{\theta_{j,t+\gamma}} V_{j,t+\gamma} [Q_{j,t}^H(i) V_{j,t+\gamma}]^{-\frac{1+\theta_{j,t+\gamma}}{\theta_{j,t+\gamma}}} + V_{j,t+\gamma} \dfrac{1+\theta_{j,t+\gamma}}{\theta_{j,t+\gamma}} \\[3mm] [Q_{j,t}^H(i) V_{j,t+\gamma}]^{-\frac{1+\theta_{j,t+\gamma}}{\theta_{j,t+\gamma}}-1} MC_{j,t+\gamma} \end{array} \right\} = 0$$

2. 最终产品生产

对于美国的代表性最终产品厂商而言，其所处市场性质是完全竞争的，且通过整合一篮子美国本土产的中间产品和进口一篮子中国产的中间产品加工成最终产品。资本品（消费品）最终产品的生产技术满足以下 CES 生产函数：

$$Y_{j,t} = [\lambda_j^{\frac{\rho_j}{1+\rho_j}} M_{j,t}^{h\frac{1}{1+\rho_j}} + (1-\lambda_j)^{\frac{1}{1+\rho_j}} (\varphi_{j,t} X_{j,t})^{\frac{1}{1+\rho_j}}]^{1+\rho_j} \ , j \in \{ C,I \}$$

其中，$Y_{j,t}$ 为美国 t 期生产的资本品（消费品）最终产品，$M_{j,t}^h$ 为美国 t 期用于资本品（消费品）生产的本土中间产品，$X_{j,t}$ 为美国 t 期从中国进口的资本品（消费品）中间产品，参数 λ_j 为美国厂商在资本品（消费品）生产过程中对本土产品的偏好系数，参数 ρ_j 为资本品（消费品）生产过程中本土产品与进口产品之间的替代弹性。参数 $\varphi_{j,t}$ 为衡量调整进口商品数量的成本，我们参考 McDaniel 和 Balistreri[1] 的设定，设定其满足二次函数：

$$\varphi_{j,t} = 1 - \frac{\varphi}{2} \left(1 - \frac{\dfrac{X_{j,t}}{Y_{j,t}}}{\dfrac{X_{j,t-1}}{Y_{j,t-1}}} \right)^2$$

① McDaniel, C. and E. Balistreri, "A Review of Armington Trade Substitution Elasticities", *Integration and Trade Journal*, Vol. 7, 2003, pp. 161-173.

该式表明厂商在生产过程中会存在一定的中间产品库存，若调整进口中间产品的使用量，将会面临一定的成本。这种调整成本将会随着国内外产品相对价格的变化而改变，并会在短期内影响到本土产品与进口产品之间的替代弹性[①]。

由此，在给定调整成本的情况下，最终产品厂商将通过选择使用多少国内中间产品和进口中间产品来实现生产成本最小化：

$$\max_{M_{j,t},X_{j,t}} E_t \sum_{k=0}^{\infty} \beta^k [P^H_{j,t+k} Y_{j,t+k} - Q^H_{j,t+k} M_{j,t+k} - Q^F_{j,t+k} X_{j,t+k}] , j \in \{C,I\}$$

（三）政府部门

政府部门会通过政府支出 G_t 从私人部门里购买产品，并通过企业所得税和劳动所得税来弥补财政支出。则政府面临的预算约束为：

$$G_t + T_t = \tau^l_t W_t L_t + \tau^k_t r_t K_t$$

对于政府支出 G_t，我们设定满足以下随机过程：

$$G_t = G_0 + \pi_g [\tau^l_t W_t L_t + \tau^k_t r_t K_t] + \varepsilon^g_t$$

其中，G_0 是初期政府支出，π_g 是政府从要素税收收入中用于政府支出的比重，$\varepsilon^g_t \sim N(0,\sigma^2_g)$。参考 McGrattan[②]，设定劳动所得税 τ^l_t 和企业所得税 τ^k_t 满足 $AR(2)$ 随机过程：

$$\tau^l_t = (1 - \mu^l_1 - \mu^l_2)\tau^l + \mu^l_1 \tau^l_{t-1} + \mu^l_2 \tau^l_{t-2} + \varepsilon^l_t$$

$$\tau^k_t = (1 - \mu^k_1 - \mu^k_2)\tau^k + \mu^k_1 \tau^k_{t-1} + \mu^k_2 \tau^k_{t-2} + \varepsilon^k_t$$

---

① 在稳态环境下，这种进口的调整成本为 0，同时生产过程中本土产品与进口产品之间的替代弹性为 ρ_j。

② McGrattan, E. R., "The Macroeconomic Effects of Distortionary Taxation", *Journal of Monetary Economics*, Vol. 33, 1994, pp. 573 – 601.

其中，常数 $\tau^l, \tau^k \in [0, 1)$，分别表示劳动所得税和企业所得税的长期非条件均值。$AR(2)$ 随机过程中的参数 μ_1^l、μ_2^l、μ_1^k、μ_2^k 分别满足 $|\mu_1^l + \mu_2^l| < 1$ 和 $|\mu_1^k + \mu_2^k| < 1$。劳动所得税和资本所得税的新息 ε_t^l、ε_t^k 分别满足 $\varepsilon_t^l \sim N(0, \sigma_l^2)$ 和 $\varepsilon_t^k \sim N(0, \sigma_k^2)$。

（四）市场均衡

设定 $C_{H,t}^e$ 为美国出口至中国的消费品，$I_{H,t}^e$ 为美国出口至中国的资本品，$M_{C,t}^e$ 为美国出口至中国的消费品中间产品，$M_{I,t}^e$ 为美国出口至中国的资本品中间产品，则美国经济在市场均衡时满足约束条件：

$$Y_t = C_t + I_t + G_t + NX_t$$
$$M_{C,t} = M_{C,t}^h + M_{C,t}^e$$
$$M_{I,t} = M_{I,t}^h + M_{I,t}^e$$
$$Y_{C,t} = C_{H,t} + C_{H,t}^e$$
$$Y_{I,t} = I_{H,t} + I_{H,t}^e$$
$$K_t = K_{C,t} + K_{I,t}$$

其中，NX_t 为美国与中国之间的净出口额，且满足：

$$NX_t = C_{H,t}^e + I_{H,t}^e + M_{C,t}^e + M_{I,t}^e - C_{F,t} - I_{F,t} - X_{C,t} - X_{I,t}$$

对于中国经济的建模结构，其与美国的主要区别在于具体参数大小，由此可构建完全类似的对称模型，在此省略。

（五）相关参数校准与估计

为了对上述宏观经济模型进行数值模拟，我们根据 Uhlig[1] 的方法

---

[1]　Uhlig, H., "A Toolkit for Analyzing Nonlinear Dynamic Stochastic Models Easily", in Marimon, R. and Scott, A., Computational Methods for the Study of Dynamic Economics, 1999.

首先对模型进行对数线性化，并对模型中的参数进行赋值。我们使用季度数据对模型参数进行校准与估计。由于中美两国从经济发展阶段上看存在一定差距，这就导致模型参数数值也存在差异，因此需分别对其进行处理。我们将所有参数分为两类：$\Omega = [\Omega_1', \Omega_2']'$，其中 Ω_1 是所有需要通过校准得出的参数向量，Ω_2 是所有需要通过估计得出的参数向量。Ω_1 中的参数在校准过程中将尽可能地与稳态时的变量数值相匹配，并对两国差异不大或非重点关注的参数进行统一设定[1]。

家庭部门方面，我们借鉴微观文献中对效用函数的估计，参考 Attanasio 和 Weber[2] 取值美国跨期消费替代弹性 σ 为 2，参考黄宇[3] 取值中国跨期消费替代弹性 σ 为 0.75。跨期劳动供给弹性 κ 为 Frish 劳动供给弹性系数的倒数，鉴于 Pencavel[4] 估计的美国 Frisch 劳动供给弹性系数为 0.2，则 κ 取值为 5。李雅楠[5]估计的中国 Frisch 劳动供给弹性系数为 0.35，则 κ^* 取值为 3。由于稳态时劳动时间比重为 0.25，则美国和中国效用偏好权重 $\bar{\omega}$ 和 $\bar{\omega}^*$ 均取值为 0.25。美国和中国贴现率 β 均取值为 0.99。美国资本折旧率 δ_k 取值为 0.025，中国资本折旧率 δ_k^* 要较美国高一些，参考吴利学[6]的设定取值为 0.05。美国与中国工资加成参数 θ_w 和 θ_w^* 参考 Amato 和 Laubach[7]均设定为 0.2。

生产部门方面，美国与中国中间产品厂商柯布道格拉斯生产函数

① 需要强调的是，这些参数只要在合理范围内取值，便不会影响本书数值模拟的结论。

② Attanasio, O. and G. Weber, "Humps and Bumps in Lifetime Consumption", Journal of Business and Economics Statistics, Vol. 17, 1997.

③ 黄宇：《我国城镇居民跨期消费行为实证分析》，《财经科学》2010 年第 3 期。

④ Pencavel, J., "A Cohort Analysis of the Association Between Work and Wages Among Men", Journal of Human Resources, Vol. 37, 2002.

⑤ 李雅楠：《中国城市劳动供给弹性估计》，《经济学动态》2016 年第 11 期。

⑥ 吴利学：《中国能源效率波动：理论解释、数值模拟及政策含义》，《经济研究》2009 年第 5 期。

⑦ Amato, J., and T. Laubach, "Estimation and Control of an Optimization – Based Model with Sticky Prices and Wages", Journal of Economic Dynamics and Control, Vol. 27, 2003.

中的资本弹性系数 α 和 α^* 均取值为 0.35 和 0.3。中间产品替代弹性 $\theta_C = \theta_I = 0.2$，$\theta_C^* = \theta_I^* = 0.2$。美国与中国价格黏性的厂商比重 ξ_U 和 ξ_U^* 均取值为 0.75，即意味着美国和中国平均商品价格黏性持续期均为 1 年。对于最终产品厂商，就其生产过程中的进口需求而言，由于稳态时美国消费品中间产品进口份额占消费比重为 0.1，资本品中间产品进口份额占投资比重为 0.3，则我们设定 λ_C 为 0.2，λ_I 为 0.3。同理，中国可分别取值为 0.15 和 0.4。由于在长期美国资本品和消费品进口需求价格弹性为 1.5，则可设定美国资本品和消费品在生产过程中本土中间产品与进口中间产品之间的替代弹性一致，即有 $\rho_C = \rho_I = 2$。中国则参考 Kang[1] 取值为 $\rho_C^* = \rho_I^* = 0.1$。美国与中国进口调整成本参数 φ 和 φ^* 参考 Adolfson 等[2]的设定均取值为 2.5。

对于剩下需要估计得出的参数向量 $\Omega_2 = [\varphi_k, \mu_1^l, \mu_2^l, \mu_1^k, \mu_2^k]'$，我们将借助脉冲反应函数进行匹配。对上节中的理论模型在稳态附近进行对数线性化展开，可整理得出下式：

$$Y_s = \tilde{A} + \tilde{B}s + \tilde{C}Y_{s-1} + \sum_{i=0}^{\infty} \tilde{D}_i \eta_{s-i}^{\varepsilon}, \quad \eta_{s-i}^{\varepsilon} = \left[\frac{\varepsilon_s^n}{\tau^n}, \frac{\varepsilon_s^k}{\tau^k}\right]'$$

根据上式，在给定参数 Ω_1 的基础上，可计算得出脉冲反应结果 $\Theta^e(\Omega_2 \mid \Omega_1)$。设定 Θ^r 为使用历史数据测算的脉冲反应结果，则可通过迭代算法估计出参数 Ω_2：

$$\widehat{\Omega}_2 = \arg\min_{\Omega_2}\{[\Theta^r - \Theta^e(\Omega_2 \mid \Omega_1)]' \Sigma_d^{-1} [\Theta^r - \Theta^e(\Omega_2 \mid \Omega_1)]\}$$

其中，矩阵权重 Σ_d^{-1} 为对角阵。模型中所有参数设定值见表4—2。

---

① Kang, H., "The Cointegration Relationships among G – 7 Foreign Exchange Rates", *International Review of Financial Analysis*, Vol. 17, 2008, pp. 446 – 460.

② Adolfson, M., S. Laseen, J. Linde, and M. Villani, "Bayesian estimation of an open economy DSGE model with incomplete pass – through", *Journal of International Economics*, Vol. 72, 2007, pp. 481 – 511.

表 4—2 　　　　　　　　　　　　　　模型参数设定

		美国		中国
跨期消费替代弹性	σ	2	σ^*	0.75
跨期劳动供给弹性	κ	5	κ^*	3
效用偏好权重	$\bar{\omega}$	0.25	$\bar{\omega}^*$	0.25
贴现率	β	0.99	β^*	0.99
资本折旧率	δ_k	0.025	δ_k^*	0.05
消费习惯形成	b	0.6	b^*	0.34
家庭对本土消费品的偏好系数	$\alpha_{C,H}$	0.8	$\alpha_{C,H}^*$	0.9
本土消费品与进口消费品之间的替代弹性	ϑ_C	2	ϑ_C^*	1.5
家庭对本土资本品的偏好系数	$\alpha_{I,H}$	0.9	$\alpha_{I,H}^*$	0.9
本土资本品与进口资本品之间的替代弹性	ϑ_I	2	ϑ_I^*	1.8
资本弹性系数	α	0.35	α^*	0.3
消费品中间产品替代弹性	θ_C	0.2	θ_C^*	0.2
资本品中间产品替代弹性	θ_I	0.2	θ_I^*	0.2
价格黏性的厂商比重	ξ_U	0.75	ξ_U^*	0.75
厂商在资本品生产过程中对本土产品的偏好系数	λ_C	0.2	λ_C^*	0.15
厂商在消费品生产过程中对本土产品的偏好系数	λ_I	0.3	λ_I^*	0.4
资本品生产过程中本土中间产品与进口中间产品之间的替代弹性	ρ_C	2	ρ_C^*	0.1
消费品生产过程中本土中间产品与进口中间产品之间的替代弹性	ρ_I	2	ρ_I^*	0.1
进口调整成本参数	φ	2.5	φ^*	2.5
投资调整成本参数	φ_k	8	φ_k^*	6.5
劳动所得税随机过程参数	μ_1^l	1.1	μ_1^{l*}	0.83
劳动所得税随机过程参数	μ_2^l	-0.05	μ_2^{l*}	-0.15
企业所得税随机过程参数	μ_1^k	1.9	μ_1^{k*}	1.2
企业所得税随机过程参数	μ_2^k	-0.9	μ_2^{k*}	-0.72

三　美国削减所得税与增加投资对中国的影响

（一）美国削减企业所得税对中国的影响

2016 年美国联邦财政收入中，企业所得税收入达到 2995.7 亿美元。特朗普减税方案通过后，美国企业税率将由原先的 35% 降至 15%，若以 2016 年税收收入为基准，这即意味着年减税金额可达到 1714.3 亿美元。鉴于 2016 年美国 GDP 为 185691 亿美元，则企业所得税减税金额占 GDP 比重约为 0.92%。考虑到政策实施的滞后性与经济增长，我们拟定特朗普减税将带来 1% 的企业所得税税赋（占 GDP 比重）削减冲击，并就此模拟出美国经济主要变量的变化趋势（见图 4—2）。

短期内削减企业所得税将显著刺激美国 GDP、消费和投资的增长，其可于 3 年后最高拉动美国 GDP 2.1 个百分点，拉动消费 1.8 个百分点，于 2.5 年后最高拉动投资 5.2 个百分点。尽管投资对削减企业所得税的反应较快，但 GDP 和消费的影响周期要较投资更长，这主要是因为消费具备较强的"棘轮效应"，消费习惯形成后便较难改变[①]。由于美国约 2/3 的 GDP 增长由消费贡献，因此一旦消费长时间稳定在高位，GDP 增长便可持续较长时间。削减企业所得税后，美国产品的价格竞争力将逐步凸显，短期内无论是对中国消费品和资本品最终产品的进口还是对消费品和资本品中间产品的进口，均有较大幅度的下降，呈现出本土产品对中国进口产品的替代趋势。美国从中国进口的消费品最终产品将在 2 年后最多下降 5.1 个百分点，从中国进口的资本品最终产品将最多下降 13.4 个百分点。美国从中国进口的消费品中间产品将

[①] 何强：《攀比效应、棘轮效应和非物质因素：对幸福悖论的一种规范解释》，《世界经济》2011 年第 7 期。

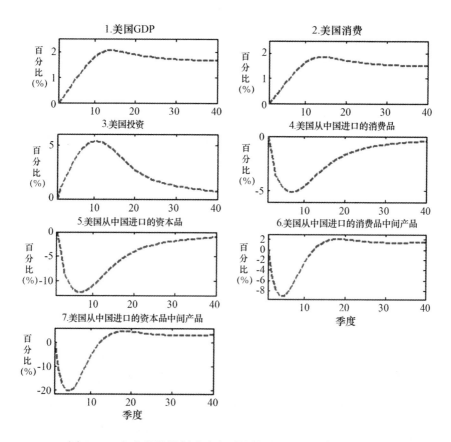

图4—2　企业所得税削减冲击下的美国主要经济变量波动情况

在1年半后最多下降9.6个百分点，从中国进口的资本品中间产品将在1年半后最多下降20.2个百分点。

从冲击幅度层面看，美国从中国进口的最终产品要弱于从中国进口的中间产品，但从影响持续时间层面看，从中国进口的最终产品要显著长于中间产品。对此，我们认为是消费习惯形成影响所致。通过调整设定不同的消费习惯形成参数b，我们设定强消费习惯形成、基准消费习惯形成和无消费习惯形成三种情景，依次模拟不同情景下美国从中国进口的消费品最终产品变化趋势（见图4—3），可发现，强消费习惯形成情景下美国从中国进口的消费品最大降幅为 2.4%，尚不到基准的一半。而无消费习惯形成情景下美国从中国进口的消费品最大降幅为 9.3%，已接近消费品中间产品的降幅。同时，无消费习惯形成情景下的消费品进口恢复速度要较有消费习惯形成情景下的更快。这是因为，引入消费习惯形成相当于模型中增加了一个缓慢调整的状态变量，外生冲击对未来消费将能产生持续的影响。消费习惯形成可通过影响偏好进而影响家庭的风险规避程度，消费习惯形成存量越高，消费的边际效用随着消费波动变化越大，导致风险规避程度越高[1]。消费习惯形成的力量越强，家庭平滑消费的意愿越强，致使消费对税率冲击的反应越平缓。相比之下，中间产品由于不存在家庭消费习惯的黏性影响，完全由市场化的厂商调整，因此在税率冲击下波动幅度大，恢复周期也短。

此外，由于生产过程中存在中间产品的进口库存，这导致厂商在调整中间产品进口时会出现减少原先库存、重新配置供应链和劳动力再培训等方面的成本[2]。对于这种进口库存调整成本，从我们的数值模拟结果来看，其对中间产品进口的影响并不大（见图4—4）。通过调整设定不同的进口调整成本参数 φ，我们设定高库存调整成本、基准库存调整成本和无库存调整成本三种情景。可发现，高库存调整成本情景下美国从中国进口的资本品中间产品最大降幅为 15.3%，而无库存调整成本情景下美国从中国进口的资本品中间产品最大降幅为 25.1%，与基准情景下 20.2% 的降幅相比差距并不大。这表明，削减企业所得税后美国本土中间产品相对于中国产品的价格优势将能逐步弥补进口库存调整成本。由于本土和进口中间产品之间存在较大的可替代性，

---

①　Rozen, K., "*Foundations of Intrinsic Habit Formation*", *Econometrica*, Vol. 78, pp. 1341–1373, 2010.

②　Neary, J., "Theory and Policy of Adjustment in an Open Economy", in Greenaway, D., *Current Issues in International Trade*, Macmillan, London, 1985.

中间产品生产加工所需生产产品的劳动力技能，其部门间的相似性也较高，劳动力不需要经历较多的再培训即可在同一产业内的企业间流动①。因此，库存调整成本对中间产品进口的影响较为有限。

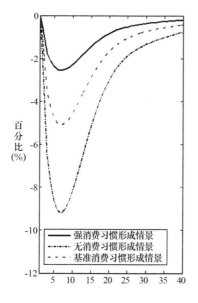
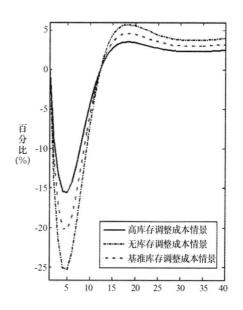

图4—3　消费习惯形成对消费品　　　　图4—4　库存调整成本对资本品中间产品
　　　　　进口的影响　　　　　　　　　　　　　进口的影响

　　在两国模型框架下，鉴于削减企业所得税后美国 GDP、投资和消费均呈现出增长的态势，美国减少的中国中间产品与最终产品进口必然是因为本土产品替代所致，即相关制造业市场重新"回流"到本土。因此，假定以 2016 年美国主要经济变量数值为稳态时的基准数据，可通过进一步量化数值模拟结果估算得出美国替代中国进口产品的规模，衡量出美国"制造业回流"的规模和程度（见表4—3）。测算结果表

　　①　Cabral, M. and J. Silva, "Intra – Industry Trade Expansion and Employment Reallocation between Sectors and Occupations", *Review of World Economics*, Vol. 142, 2005, pp. 496 – 520.

明，特朗普削减企业所得税后，美国消费品制造业最大回流规模将达到 153.2 亿美元，其中最终产品 87.5 亿美元，中间产品 65.7 亿美元；美国资本品制造业最大回流规模将达到 358.7 亿美元，其中最终产品 226.0 亿美元，中间产品 132.7 亿美元。制造业回流总规模达 511.9 亿美元，占中国出口美国商品贸易比重达 10.6%。若以 2016 年美国制造业人均产值 17.8 万美元为标准，这就相当于美国制造业从中国回流就业岗位达 28.8 万人。

表 4—3   削减企业税对美国 "制造业回流" 的影响   单位：%；亿美元

美国从中国进口的消费品最终产品最大下降比重	-5.1	美国从中国进口的消费品最终产品最大下降金额	87.5	美国消费品制造业最大回流规模	153.2
美国从中国进口的消费品中间产品最大下降比重	-9.6	美国从中国进口的消费品中间产品最大下降金额	65.7		
美国从中国进口的资本品最终产品最大下降比重	-13.4	美国从中国进口的资本品最终产品最大下降金额	226.0	美国资本品制造业最大回流规模	358.7
美国从中国进口的资本品中间产品最大下降比重	-20.2	美国从中国进口的资本品中间产品最大下降金额	132.7		

（二）美国削减个人所得税对中国的影响

2016 年美国联邦财政收入中，个人所得税收入达到 15460.8 亿美元。特朗普减税方案将个人所得税层级从原先的七个减少到三个，并将个税起征点加倍。由于个人所得税实施细则尚未出台，每个层级将包含哪些收入范围尚不能得知，故我们无法估算出个人所得税税赋削减金额。对此，我们同样拟定特朗普减税将带来1%的个人所得税税赋削减（占 GDP 比重）冲击，并就此模拟出美国经济主要变量的变化趋势[①]（见图4—5）。

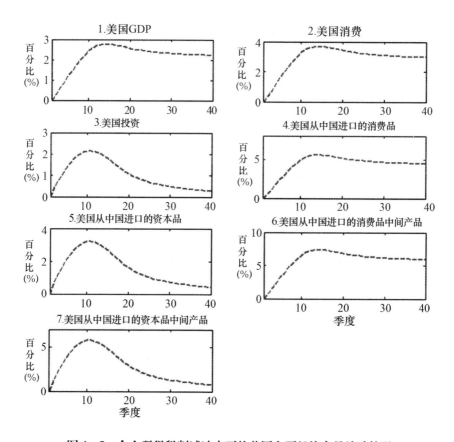

图4—5　个人所得税削减冲击下的美国主要经济变量波动情况

[①]　鉴于美国个人所得税金额比企业所得税要多得多，故预估个人所得税削减总额至少能达到企业所得税的水准。

短期内削减个人所得税同样将显著刺激美国 GDP、消费和投资的增长，其可于 3 年后最高拉动美国 GDP 2.8 个百分点，拉动消费 3.7个百分点，于 2.5 年后最高拉动投资 2.1 个百分点。可见，与企业所得税相比，个人所得税对经济增长的刺激更为显著，且对消费的刺激要大于投资。与人头税这种一次性总量税（lump-sum tax）相比，个人所得税属于一种扭曲性税收（distortionary tax），其主要通过产生财富效应来影响整个国民经济。个人所得税的减少会影响家庭部门在全生命周期中的期望效用，变相提高居民财富，从而让居民减少劳动供给，增加消费支出[①]。与此同时，削减个人所得税后并未出现减少从中国进口产品的情况。无论是从中国进口的消费品、资本品最终产品还是消费品、资本品中间产品，规模均得到一定幅度的提升。消费品最终产品和中间产品的进口增长速度均要高于资本品。这表明，美国削减个人所得税并不会造成"制造业回流"，有望给中美双方带来"双赢"的结果。

（三）美国增加基建投资对中国的影响

加大基建投资是"特朗普新政"中的重要一环。若特朗普十年超万亿美元的基建投资计划得到通过，则每年美国基建投资将超过 1000亿美元。由于计划实施初期的基建项目数量一般要多于后期，假定初期基建投资达到 1800 亿美元的规模，占 2016 年美国 GDP 比重约 1%，即可模拟出基建投资冲击下的美国经济主要变量变化趋势（见图 4—6）。

加大基建投资可在短期内对美国 GDP、消费和投资产生显著刺激效果，其可于 2 年后最高拉动美国 GDP 1.8 个百分点，拉动消费 1.5个百分点，于 1 年半后最高拉动投资 4.2 个百分点。同时，美国基建投

[①] King, R. G., "Value and Capital – In the Equilibrium Business Cycle Program", *RCER working paper* No. 207, University of Rochester, 1989.

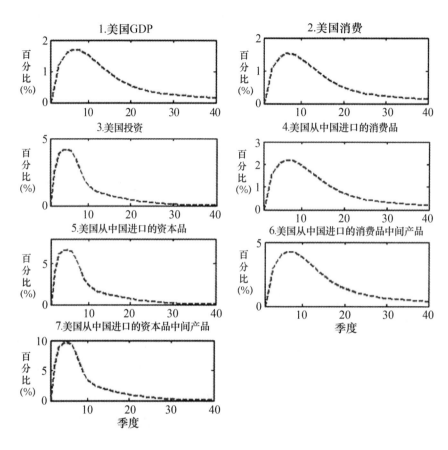

图4—6　基建投资冲击下的美国主要经济变量波动情况

资也对我国消费品和资本品出口产生短期利好。特别是对于资本品而言，最终产品进口最大增幅能达到6.4%，中间产品进口最大增幅能达到9.8%。可见，加大基建投资也不会造成"制造业回流"。基建投资对需求和经济增长的拉动主要通过以下两方面：首先，作为一种投资，基建投资可以通过直接拉动投资需求增加用支出法衡量的国内生产总值；其次，基础设施建设的完善具有规模效应和网络效应，这种效应既可以通过提高产出效率促进经济增长，又可以通过引导发达地区对落后地区经济增长的溢出效应来促进经济增长①。然而，相比减税，尽管基建投资对 GDP、消费和投资的拉动速度更快，但持续时间更短，拉动效果也更弱。这是因为，基建投资是政府对投资需求的一次性拉升，其并不能像减税那样通过市场调节机制长期有效地发挥作用。短期投资需求释放后，倘若没有后续的投资跟上，经济增长便会逐步恢复至稳态水平。

四 美国"制造业回流"的主要判断与应对策略

(一) 重要发现和结论

本书测算结果表明，就对中国的影响而言，"特朗普新政"中的削减个税和基建投资方案，不仅不会引发制造业回流，反而有利于中国出口，只有削减企业所得税才能引发制造业回流。而在制造业回流过程中，我国资本品所受冲击比消费品更大，中间产品所受冲击比最终产品更大。本研究揭示出"特朗普新政"是基于制造业大国竞争的深层次原因，并且与之后美国发动的中美经贸摩擦一脉相承，在战略战术的各个层面设计周密，有的放矢。

1. 美国意图制造业回流"准备周密"

2010 年后，美国在全球价值链中的参与度逐步收缩，意图回流壮大本土制造业的倾向十分明显。与此同时，美国在多数制造业中的投资回报均高于中国，从经济角度已经具备了吸引资本回流的条件。特朗普上任后，通过税改进一步降低了企业税负，调整了总成本结构中税负成本不断上升的趋势，巩固了美国制造业的投资回报优势。在此

---

① 刘生龙、胡鞍钢：《基础设施的外部性在中国的检验：1988—2007》，《经济研究》2010 年第 3 期。

推动下，美国宏观经济数据不断改善。2018 年第二季度，美国 GDP 增长率达到 4.1%，其中工业增速超过 6%，达到四年来的最高水平。在这些因素的支撑下，美国具备了发动经贸摩擦的现实条件和民意基础，而其制定的关税政策也与产业竞争力状况和税改政策一脉相承。在 500 亿美元商品关税清单中，美国选择的行业基本是较中国具备显著竞争力优势的机械行业、通信设备、计算机及其他电子设备制造业、电气机械及器材制造业、交通运输设备制造业等行业。即便与中国之间的经贸摩擦让这些行业供应链受到冲击，但在收缩全球价值链参与度的大趋势下，美国可以通过产业本身的竞争力吸引资本在本土重新建立供应链。在关税税率的制定上，由于前期税改企业受益较多，消费者受益较少，故美国在加征 25% 税率的 500 亿美元商品清单中以企业所需的资本品和中间产品为主，对涉及消费者的 2000 亿美元商品清单仅设定 10% 的加征税率。借助前期的特朗普税改和近期的美元对人民币升值，基本可以对冲加征关税对其的影响。尽管美国在华企业产值较高，但对美出口占业务的比重较低，经贸摩擦影响的行业出口占总出口的比重还在逐年下降，美国加征关税对其影响相当有限。而对那些受到经贸摩擦冲击的美国在华企业所处行业，也是美国具备较强竞争优势的行业。受此影响，这些在华企业的出口生产业务有着较大回流美国的可能性。

2. 美国重建制造业供应链体系仍面临诸多障碍

美国倚仗制造业的固有优势，试图通过建立新型贸易规则进一步夯实其制造业新一轮繁荣的基础。实际上，这种战略布局自奥巴马时代就已经启动。相对于上届美国政府"重返亚太"、主推 TPP 等举措，虽然特朗普采用了减税政策与更为极端的经贸摩擦手段，但二者的战略意图异曲同工，都是要借力"页岩气革命"和制造业复兴计划这两张"大牌"，实现美国制造业供应链体系的重构。然而，即便"步步为营"，美国通过经贸摩擦实现制造业供应链重构、维护提升其先进制造领域的核心利益并非易事。首先，全球化进程虽然遭遇波折和障碍，但总体上仍在推进。多边贸易体系面临严峻挑战，毕竟世界范围内贸易自由化已经深入人心。其次，尽管中国制造在全球价值链上尚处在中低端环节，但经过四十多年的改革开放，中国经济已经深度融入国际分工体系。作为世界第一工业大国，中国在工业产能、产业配套体系、技术集成、学习型创新、国际市场开拓等方面积累了越来越多的能力和经验，美国要想完全抛开中国重建制造业供应链体系的可能性很小，且要付出高昂的代价；再从微观层面来看，在经贸摩擦的压力下，中短期内跨国公司会采取更加多元化的投资策略，甚至将部分产能转出中国，这将大大增加其投资决策的风险。

3. 中美之间大国竞争全面升级

当今世界，中美关系是最复杂也是最重要的双边关系。特朗普就职美国总统之后，其"美国利益优先"的贸易政策导向明显趋于保守，持续收紧对华贸易政策，进而单方面发动了号称史上规模最大的经贸摩擦。毋庸置疑，现阶段中美两国产业体系仍具有一定的互补性，各领域尚有合作空间和潜力，但中美之间已然开启了全方位的大国竞争模式。中美两国在贸易逆差、高技术产品贸易、知识产权保护、服务业开放、政府产业补贴等方面存在较为严重的分歧。其中一些矛盾是全球化条件下价值链布局和要素分配格局变化的结果，解决这些问题不可能一蹴而就，美国发动经贸摩擦不仅无助于消除分歧，反而会放大矛盾。在未来相当长的时间内，中美两国从科技、能源、贸易、投资的硬实力比拼到国际话语权的争夺，并将在很大程度上主导未来的国际竞争。中美大国竞争的格局是真正考验中国综合实力的现实挑战，必须清醒认识到，中国虽然已成为世界第二大经济体和第一货物大国，但与其对世界经济增量的贡献相比，现阶段中国在政治、外交、军事、文化等方面的国际影响力和话语权尚未实现对等性的同步提升，科技创新、制造业竞争力等方面与美国仍有实质性差距。在"互为镜像"

的中美关系中，既不应妄自尊大，也无须妄自菲薄，而是要做好充分的战略和战术储备，避免将经贸领域的"田径赛"演变为制度层面的"搏击场"。

（二）"特朗普新政"冲击下的我国产业政策应对

制造业是立国之本、兴国之器、强国之基，中美之间围绕先进制造及其供应链体系的大国博弈具有长期性和战略性。为此，要立足推动国内实体经济高质量发展，做好全方位应对。

1. 加大力度，积极推进结构性减税

结构性减税符合党的十九大精神，有助于更好地发挥市场在资源配置中的决定性作用。特别是在特朗普税改法案引发全球减税浪潮的背景下，结构性减税可以实现对美国经济政策的战略盯住，提高制造业的资本投资回报，保持对国内外资本的吸引力。与此同时，在当前我国全社会消费品零售总额增速放缓的背景下，作为经济增长最主要引擎的居民消费必须通过减税加以刺激，以此实现保增长。为此，应继续推进增值税改革，加大简化税率力度，调整消费税征收范围、环节、税率，把高耗能、高污染产品及部分高档消费品纳入征收范围。对于不同行业，实行不同的减税标准。在重点扶持产业中，对企业利润转投资部分减免企业所得税，以此鼓励企业再投资。同时，对于行政性收费，低压电网维护管理费、教育附加费、城市建设费等附加费用，应有选择地对重点行业进行减免，吸引企业进入新经济领域和高技术产业，为企业提高国际竞争力提供更有针对性的政策支持。对于涉及居民的个人所得税，同步加大调减力度，以此刺激国内工业制成品消费。在减税的同时，再配合下调出口退税税率、压缩产业补贴范围的政策，有利于在规避贸易纠纷、保持我国产业税负竞争优势的同时，缓解减税带来的财政压力。

2. 鼓励研发创新，着力培育国际竞争新优势

当前，中美制造业竞争力存在较大差距，美国制造业突出的生产率优势让其投资回报效益普遍高于中国。"中兴事件"集中暴露了中国制造在尖端技术、重大装备、核心零部件、关键原材料等方面的短板，在制造业不少环节上完全受制于美国，缩小中美之间的差距是一个长期的过程，唯有"苦练内功"，加大国内制造业研发和创新投入，努力提高制造环节的劳动生产率，才能在中美大国博弈中立足站稳。为此，要把握新科技革命和新工业革命的战略机遇，深入研判新一轮科技革命与工业革命主导技术的发展方向以及生产方式变革的趋势，提升自主创新国家战略，建立完善国家创新体系，激发微观主体的创新活力，引导企业加大对新技术新产业新业态新模式的创新投入力度。大力发展新兴产业，着力突破核心技术和关键技术，加快重大科研成果的产业化进程，创新新产品的商业模式，鼓励国内企业引进实力强的国外投资者共同研发面向工业4.0的技术、工艺和产品。同时，以智能化、绿色化、服务化为引领，以工艺改造、设备更新和节能降耗为导向，加快传统产业升级改造，引导提升产品设计、品牌运作和渠道营销等向产业链上下游辐射的能力，挖掘传统产业的出口潜力，延长传统产业的优势期。加强知识产权保护，营造全社会尊重知识、鼓励创新的良好氛围，构建开放、合理的专利保护体系，确保企业自主创新的合理合法收益。加大人才引进和培养力度，为自主创新、转变外贸发展方式提供有力的智力支持。学习借鉴日本建设"母工厂"的经验，引导制造业企业加强管理创新，加强高技能和知识型员工及生产制造发展需求的高素质技术技能人才的培养。着力培育有中国特色的制造文化，增强制造业投资和就业的黏性和吸引力，不断优化完善制造业的产业生态。

3. 提高透明度和合规性，构建面向国际竞争新形势的产业政策体系

我国实施的选择性产业政策成为当前中美经贸摩擦的焦点。实际

上，在国内产业的扶持和调整上，各国并没有放弃对补贴政策的使用，如美国对航空和航天、汽车、造船和建筑等部门的补贴；日本对汽车、电子机械和设备等部门的补贴；欧盟对造船、汽车等部门的补贴；等等。然而，在市场主导型的国家中，政府补贴侧重于为企业营造一个良好的国内竞争环境，主要是信息、技术、组织、培训和制度方面给予企业辅助性的支持，而不干预企业的经营。与之相比，我国的产业政策无论对补贴力度、产业基金设置的规模，还是对市场的干预程度，均比欧美影响大得多，难免成为贸易纷争中的"把柄"。同时，产业政策本身也存在不足，税收优惠和补贴都对政府的计算能力和道德水平有较高的要求，产业基金在投资周期长、投资风险大的通用技术和共性技术方面投资动力匮乏。

因此，应尽快启动一轮全面的产业政策合规性审查，审慎清理有悖国际规则的产业补贴，深化政府采购、项目招投标、标准制定、公共服务等领域改革，取消各种隐性的强制性技术转让规定，维护公平市场秩序。减少对产业发展的直接干预，灵活选择政策工具组合，有效发挥不同政策工具的互补性，改进产业政策工具体系，提高政策科学性和有效性。充分借鉴发达国家的经验，不断增强产业政策的功能性，完善产业政策制定实施机制，将财政直接投向研发创新、竞争前环节和消费侧。强化产业政策的相关法律、法规和制度建设，用法规约束保障各类产业基金的合规运作和合理使用，严格控制直接补贴规模。建立从项目申报到审批以及验收各个环节的监督制度，减少财政补贴立项的"黑箱操作"。积极推行财政对企业直接补贴的公示制度，公开产品补贴、贷款补贴、税收补贴、基地建设补贴等信息，拓宽信息渠道，降低中小企业申报成本，发挥民众直接监督的作用。

第 五 章

产业政策制定的组织机制

长期以来，以直接干预市场、限制竞争、以政府选择代替市场机制为特征的产业政策，政策实施效果亦多不理想[①]。并且，这些政策带来日益严重的设租、寻租问题，对微观经济活力带来极为负面的影响[②]。这种选择性产业政策已经不符合现阶段制造业转型升级的需要，不能有效应对新的挑战。加快推进制造强国战略，需要推动产业政策的转型，需要设计更为精巧的产业政策。越来越多的研究表明，产业政策的制定程序与组织机制在很大程度上决定了产业政策的质量，因而有必要对我国产业政策的制定程序与组织机制进行系统性的研究。

[①] 江小涓：《经济转轨时期的产业政策：对中国经验的实证分析与前景展望》，上海人民出版社1996年版；江小涓：《体制转轨时期的增长、绩效与产业组织的变化：对中国若干行业的实证研究》，上海人民出版社1999年版；刘世锦：《市场开放、竞争与产业进步——中国汽车产业30年发展中的争论和重要经验》，《管理世界》2008年第12期；焦国华、江飞涛、陈舸：《中国钢铁企业的相对效率与规模效率》，《中国工业经济》2007年第10期；江飞涛、陈伟刚、黄健柏、焦国华：《投资规制政策的缺陷与不良效应——基于中国钢铁工业的考察》，《中国工业经济》2007年第6期；江飞涛、李晓萍：《当前中国产业政策转型的基本逻辑》，《南京大学学报》2015年第3期；江飞涛、李晓萍：《直接干预市场与限制竞争：中国产业政策的取向与根本缺陷》，《中国工业经济》2010年第9期；李平、江飞涛、王宏伟：《重点产业调整振兴规划评价与政策取向探讨》，《宏观经济研究》2010年第10期。

[②] Tak – Wing Ngo, Yongping Wu, eds., Rent Seeking in China, Routledge, 2009；巫永平、吴德荣：《寻租与中国产业发展》，商务印书馆2010年版；吴敬琏：《中国经济60年》，《比较》2010年第3期。

一　产业政策的复兴与如何提高产业政策的质量

近年来，产业政策重新成为各国政府发展经济的重要政策工具选项。发达国家纷纷将产业政策作为应对金融危机，实施其再工业化战略，充分利用新工业革命的机遇，重塑其在全球制造业领先地位的重要工具。例如，美国奥巴马政府承诺要"对于战略性产业采取策略"，白宫国家经济委员会对于采取产业政策也予以明确说明；德国推出"工业4.0"战略；欧盟委员会提出"产业政策的新方法"。同时，产业政策亦重新成为学界与研究机构关注的热点。以 Stiglitz、Rodrik、Justin Lin、Warwick 和 Wade 等为代表的经济学家指出，需要重新思考产业政策及政府在经济发展中的作用；经合组织开始重新审视产业政策在培育新的经济增长点中的作用；联合国贸易和发展会议开始对产业政策进行反思；世界银行重新把产业政策纳入其发展政策工具包；甚至国际货币基金组织也开始重新展开对产业政策的讨论。

然而，不同的产业政策工具选择会带来迥然不同的政策效果，甚至类似的产业政策在不同的国家或地区会带来完全不同的影响。大量研究表明，成功的产业政策在促进经济发展、产业转型升级与产业国际竞争力提升方面发挥了重要作用，大多数发达国家不同程度地采用过产业政策[①]。同时，亦有大量研究表明，失败的产业政策（尤其是

---

① Bairoch, P. , 1993, *Economics and World History: Myths and Paradoxes*, Brighton: Wheatsheaf; Baskin, E. , Krechmer, K. & Sherif, H. M. , "The Six Dimensions of Standards: Contribution Towards a Theory of Standardizaiton", selected papers from the seventh international conference on management of technology, 1998; Chang, H. -J. , *Kicking Away the Ladder: Development Strategy in Historical Perspective*, London: Anthem Press, 2002; Chang, H. -J. , "Kicking Away the Ladder: Infant Industry Promotion in Historical Perspective", *Oxford Development Studies*, 31 (1), 21 - 32, 2003; Reinert, E. , *How Rich Countries Got Rich and Why Poor Countries Stay Poor*, London: Constable, 2007.

"挑选胜者"直接干预微观经济的产业政策）会阻碍经济发展，不利于产业竞争力的提升，并带来严重的寻租与腐败行为[1]。

一些研究进一步指出，政策的制定者即使知道产业发展中问题的症结所在，以及针对问题最有效的政策方案，却往往受自身利益或者利益集团的影响采取效率较低的政策方案而非更为有效的政策方案[2]。也就是说，即使针对（影响产业发展的）特定市场失灵最有效的政策工具是显而易见的，但是政策制定者往往并非采用最有效的政策工具；其中，政策过程中各种力量的角力和抗衡、冲突的出现和解决、利益的分配和妥协对于最终政策选项具有重要影响，并且，掌控资源分配权力的政府官员与寻求政策支持的企业之间可能存在互相勾结，企业能够通过游说、寻租俘获政府以寻求利益代言，最终通过操纵政府权力达成偏好的利益分配、获取租金，而政府官员则通过为相应企业或者部门提供政策支持而获得政治拥护或经济利益。在此情况下达到的政策共识往往是政策部门偏好的与其利益相一致的政策。

因此，近年来越来越多的经济学家指出，产业政策研究的重点应该从"是不是应该实施产业政策"转到"如何实施成功的产业政策"上来，即应重点研究"如何确保政策部门沿着正确的方向，制定合意

① Trezise, P. H., "Industrial Policy is not the Major Reason for Japan's Success", *The Brookings Review*, 1983（3）; Wolf, Martin, "The Growth of Nations", *Financial Times*, 2007, 21; Baumol, W. J., "Entrepreneurship: Productive, Unproductive and Destructive", *The Journal of Political Economy*, 98（5）, 1990; Baumol, W. L., Litan, R. E., Schramm, C. J., *Good Capitalism*, *Bad Capitalism and the Economics of Growth and Prosperity*, Yale University Press, 2007; Tangri, R., *The Politics of Patronage in Africa*, Oxford: James Currey, 1999; ［美］沙希德·尤素福："新千年的东亚奇迹"，约瑟夫·E. 斯蒂格利茨、沙希德·尤素福编《东亚奇迹的反思》，王玉清、朱文晖等译，中国人民大学出版社 2003 年版。

② Robinson, J. A., "Industrial Policy and Development: A Political Economy Perspective", Paper presented at the 2009 World Bank ABCDE Conference, Seoul; Coate, Stephen T., Stephen E. Morris, "On the Design of Transfers to Special Interests", *Journal of Political Economy*, 103, 1210 – 1235, 1995; Acemoglu, D., James A. Robinson, "Inefficient Redistribution", *American Political Science Review*, 95, 2001.

有效的产业政策，并能使之得到有效实施"①。对于"如何确保政府制定实施成功的产业政策"，已有的一些研究也主要围绕"嵌入自主性"展开②。这些研究为深入解析产业政策开辟了极为重要的新研究领域，并揭示了对于政策制定过程及其制度基础进行深入研究的极端重要性，这无疑具有重要意义。但是，这些研究更多是对现象和特征的描述，缺乏严密的理论逻辑，并不能有说服力且一般性地阐述如何才能确保政策部门制定实施有效合意的产业政策。

近年来，新政治经济学的前沿进展表明，经济政策制定实施的组织基础与程序会对政策目标、政策取向、政策工具的选择与政策的有效性产生决定性影响③。在过去的 20 多年里，在公共政策与政治科学的研究中，政策过程理论得到了长足的发展，这些研究亦表明政策程序（或政策过程）会对政策方向、政策质量与实施效果产生关键性影响。这就为我们深入探讨"如何确保政策部门制定实施合意的产业政策"提供了重要的理论借鉴。本章试图在借鉴新政治经济学、政策过程理论前沿研究的基础上，初步构建能够系统、深入解析产业政策程序及其重要影响的理论框架，解析中国产业政策制定实施的体制基础与程序机制方面存在的根本缺陷，为中国工业管理体制改革的顶层设计寻求理论基础。

---

① Rodrik, D., "Normalizing Industrial Policy", Commission on Growth and Development Working Paper No. 3, Washington D. C., 2008; Naudé, W., "Industrial Policy: Old and New Issues", Working Paper No. 2010/106, United Nations University, World Institute for Development Economics Research, 2010a; Ciuriak, D., "The Return of Industrial Policy", Ciuriak Consulting Inc.; C. D. Howe Institute; BKP Development Research & Consulting GmbH, 2013.

② Johnson, C. A., *MITI and the Japanese Miracle*, Chicago: Stanford University Press, 1982; Amsden, A. H., *Asia's Next Giant, 1989: South Korea and Late Industrialization*, New York: Oxford University Press, 1989; Wade, *Governing the Market: Economic Theory and the Role of Government in East Asian Industrialization*, Princeton: Princeton University Press, 2004.

③ ［美］迪克希特：《经济政策的制定：交易成本政治学的视角》，刘元春译，中国人民大学出版社 2004 年版；［瑞典］佩尔森、［意］塔贝尼克：《政治经济学：对经济政策的解释》，方敏等译，中国人民大学出版社 2009 年版。

二 发展型国家与嵌入自主性能确保政策的合意性吗

(一) 发展型国家、嵌入自主性与克服政府失灵

政府可以通过实施产业政策来弥补市场机制的不足或矫正"市场失灵",并以此促进经济的繁荣和发展,这是产业政策存在的主要理据[1]。而能否克服"政府失灵",则是政府能否成功实施产业政策的关键。在不少国家和地区,"政府失灵"导致失败的产业政策,带来寻租腐败问题并阻碍经济的发展[2]。产业政策制定实施中的"政府失灵"主要体现在两个方面:一方面,政府受有限信息与有效理性的制约,其辨识产业发展中"市场失灵"的能力与寻求适当方法弥补并矫正"市场失灵"的能力,进而推行合意产业政策的能力均受到很大程度的限制;另一方面,政府并非旨在解决问题且完全中立的机构,而是具有特定利益和动因的内在参与者,在缺乏有效制约的情况下,政府很可能会在自身利益的驱使或利益集团的影响下,制定和实施不适当的产业政策[3]。

政府要成功推行产业政策,就必须克服自身有限信息与有效理性,同时必须避免被利益集团以及官僚阶层自身的利益所俘获。Johnson[4]、

[1] Stiglitz, J. E., "The Anatomy of a Murder: Who Killed America's Economy?", 2009, Critical Review, Vol. 21 pp. 2 - 3.

[2] Wolf, Martin, "The Growth of Nations", *Financial Times*, 2007, 21; Baumol, W. L., Litan, R. E., Schramm, C. J., *Good Capitalism, Bad Capitalism and the Economics of Growth and Prosperity*, Yale University Press, 2007;[美]沙希德·尤素福:"新千年的东亚奇迹",约瑟夫·E. 斯蒂格利茨、沙希德·尤素福编《东亚奇迹的反思》,王玉清、朱文晖等译,中国人民大学出版社 2003 年版。

[3] 江小涓:《经济转轨时期的产业政策:对中国经验的实证分析与前景展望》,上海人民出版社 1996 年版; Rodrik, D., "Normalizing Industrial Policy", Commission on Growth and Development Working Paper No. 3, Washington D. C., 2008.

[4] Johnson, C. A., *MITI and the Japanese Miracle*, Chicago: Stanford University Press, 1982.

Amsden[①]、Evans[②]认为日本、韩国等东亚国家（地区）成功推行了产业政策，其成功的关键在于通过构建具有"嵌入自主性"（Embedded Autonomy）政府及其官僚体系有效克服了政府失灵问题。Evans[③]在其代表性著作《发展型国家》中指出，东亚国家政府的内部组织更近似于一个韦伯式的官僚机构，聘任技术官僚精英并为其长期职业升迁提供了承诺和凝聚力，这使政府部门具有自主性。并且这些政府部门是嵌入社会关系网络中的，从而为政策目标进行不断的谈判和协商提供了制度化的渠道。他进一步指出：政府和商人之间的协作（嵌入性）对于经济发展非常重要，因为信息交换对于有效的政策制定、实施和建立信任以降低交易成本而言都是非常必要的；同时，政府的官僚体系又必须独立于强大的社会利益集团之外，在制定和实施政策时保持自主性，避免与商人勾结腐败，确保政策不被利益集团俘获，始终以增进公众利益为政策目标。只有当政府的嵌入性和自主性结合在一起时，才能同时克服有限信息与有限理性、被利益集团（包括自身利益）俘获这两方面的政府失灵，从而为政府成功干预产业转型提供极为重要的制度结构基础。Rodrik[④]则进一步指出，产业政策实践中存在的信息约束和官僚约束条件并非既定的，这些约束可以通过适当的制度设计予以缓解或者消除，良好产业政策设计必须具备三个属性，即嵌入性、激励性（胡萝卜和大棒）及可问责。产业政策的正确模式位于极端严密的自主性和私人俘获之间，该模式是政府部门与私人部门之间的战略合作与协调，其目的是发现最重要的瓶颈，设计最有效的干预措施，定期评估政策结果，从错误中学习。

---

① Amsden, A. H., *Asia's Next Giant*, 1989: *South Korea and Late Industrialization*, New York: Oxford University Press, 1989.

② Evans, P., *Embedded Autonomy*, Princeton, NJ, Princeton University Press, 1995.

③ Evans, P., *Embedded Autonomy*, Princeton, NJ, Princeton University Press, 1995.

④ Rodrik, D., "Normalizing Industrial Policy", Commission on Growth and Development Working Paper No. 3, Washington D. C., 2008.

Rauch 和 Evans（2000）、Li – Fang Yang[1] 等人沿着 Evans[2] 的思路展开研究。瞿宛文[3]在回顾以上文献的基础上，进一步阐述了"嵌入自主性"的思想，指出成功推行产业政策的东亚发展型国家具有以下特征：统治精英具有坚定的发展取向，经济官僚体系建制完整且具有专业能力，并发展出有效的干预方法，政府相对于私企业部门具有嵌入自主性。日、韩因一直维持市场经济的体制，经济官僚体系的变革幅度较小且较为稳定，产业政策的大方向也很早就清楚确定，同时产业政策是由中央政府直接面对企业部门，由中央经济官僚体系直接负责，并与私人企业部门有着绵密的双向信息流通的管道，但又能在此政商关系中维持政府政策的自主性。这样的政商关系被学者称为东亚国家独具的"嵌入自主性"。产业政策的有效性有赖于经济官僚体系所拟定出的政策的质量，以及其执行政策并监督成效的能力。要想拟定出优良的政策，政策部门必须掌握市场规律与市场信息，同时必须能持续监督政策实施成效并做与时俱进的修正。东亚模式成功的关键因素在于其政府的嵌入自主性，即在于政企之间信息的双向流通，政府对市场信息的掌握，进而能据此做出自主性决策。否则，政策必然难与市场机制配合，政策目标也难以实现。

（二）"嵌入自主性"真的克服了政府失灵吗：事实与质疑

这些围绕"嵌入自主性"与"发展型国家"而展开的研究，揭示

---

① Rauch, J., Evans, P., "Bureaucratic Structure and Bureaucratic Performance in Less Developed Countries", *Journal of Public Economics*, 2000, 75; Li – Fang Yang, "Embedded Autonomy and Ecological Modernization in Taiwan", *International Journal of Environment and Sustainable Development*, Vol. 4, 2005, pp. 310 – 330.

② Evans, P., *Embedded Autonomy*, Princeton, NJ, Princeton University Press, 1995.

③ 瞿宛文：《超赶共识监督下的中国产业政策模式——以汽车产业为例》，《经济学》（季刊）2009 年第 2 期。

出政府能否克服信息问题与被利益集团俘获问题对于能否成功推行产业政策至关重要，并试图从产业政策形成过程以及相应的政治基础的详细分析中找出克服"政府失灵"的关键要因，这些开创性的研究无疑具有重要理论价值。然而，这些研究通过总结分析日、韩等东亚国家推行产业政策的官僚体系与相应政治制度安排的特征，将克服被利益集团俘获的问题的关键归因于具有强烈发展意愿的统治精英、具有良好专业素养并清廉有效的技术官僚体系（即所谓"自主性"），将克服信息问题的关键归因于专业的技术官僚精英以及技术官僚体系与私有企业间绵密的双向信息交流与紧密协作（即所谓"嵌入性"），这些研究及相应结论（即东亚国家如何实现"嵌入自主性"的结论）均受到严重质疑。

　　许多研究指出，这些东亚国家（地区）的政府并不像"发展型国家"理论描述的那样，专业的技术官僚体系以及官商之间紧密协作与绵密的信息交流，并没有带来所谓的"嵌入自主性"，这些国家存在广泛的官商勾结与腐败行为，许多经济政策的制定并不是基于经济与技术因素的考虑，而是以政治为目的或者是被特定利益集团俘获的结果[①]。其中，韩国的裙带资本主义与腐败尤为广泛、严重，且几乎贯穿整个韩国战后历史[②]。在过去的半个多世纪里，韩国财阀卷入为数众多的腐败案件，财阀通过捐助政治献金、贿赂政客与政府官员、与

　　① Choi, Y., "Technology Roadmap in Korea", Session 5: foresight Activities in Asian countries, the second international conference on technology foresight – Tokyo, 27 – 28 Feb. 2003; Wedeman, A., "Looters, Rent – Scrapers, and Dividend Collectors: Corruption and Growth in Zaire, South Korea, and the Philippines", *The Journal of Developing Areas*, 1997, 31; Kang, David C., *Crony Capitalism: Corruption and Development in South Korea and the Phillipines*, Cambridge: Cambridge University Press, 2002; You, J. S., Sanjeev Khagram, "A Comparative Study of Inequality and Corruption", *American Sociological Review*, Vol. 70, No. 1, 2005, pp. 136 – 157. You, J. S., "Is South Korea Succeeding in Controlling Corruption?" *APSA 2009 Toronto Meeting Paper*, 2009.

　　② Kang, David C., *Crony Capitalism: Corruption and Development in South Korea and the Phillipines*, Cambridge: Cambridge University Press, 2002.

政客或官员的子女联姻等方式进行政策寻租的事件层出不穷。Khan[1]的研究则进一步揭示，东亚国家在其高速增长时期，腐败、裙带主义和其他形式的寻租行为普遍存在，并且这些国家的寻租行为非常广泛甚至是以非法形式存在的，对于未来的经济增长往往是破坏性的。腐败与寻租问题亦被认为是导致亚洲金融危机最为重要的原因之一[2]。显然，东亚国家技术官僚体系所谓的"专业、精英"特性，根本无法确保所谓的"自主性"，既无法避免其技术官僚体系在制定产业政策时被利益集团俘获，也无法避免技术官僚体系在政策制定过程中演变成"偏离公众利益而寻求自身利益的最大化"的特殊利益集团。

就中国台湾的发展经验而言，"发展型国家"命题具有过多"理想"色彩，20世纪90年代以前推行的产业政策着重扶植公营大企业和民营大企业，这批大型民营企业与公营企业共享岛内的垄断利润，而受到忽视的民营中小企业只能在国民党政治经济利益圈外自谋生路，但是正是这些中小企业通过开展加工出口参与国际竞争，成为中国台湾经济起飞的牵引力[3]。小宫隆太郎的研究则指出，"日本在各个时期并未提出明确的理论依据或指导思想，而只是在议会制民主主义原则的政治压力下，有目的地推行了一系列内容庞杂的中小企业政策"[4]。竹内高宏、波特[5]的研究指出，日本成功的产业大多没有产业政策的支持，而失败的产业恰恰是产业政策管束过多特别是限制竞争较多的部

① Khan, M. H., "Rent - seeking as Process", in M. H. Khan & K. S. Jomo (Eds.), *Rents, Rent - Seeking and Economic Development: Theory and Evidence in Asia*, Cambridge University Press, 2000.

② Jomo, K. S., "Financial Liberalization, Crises, and Malaysian Policy Responses", *World Development*, Vol. 26 (8), 1998; Stiglitz, J. E., "The Private Uses of Public Interests: Incentives and Institutions", *Journal of Economic Perspectives*, 1998, 12 (2): 3 – 22.

③ Yongping Wu, "A Political Explanation of Economic Growth: State Survival, Bureaucratic Politics, and Private Enterprises in the Making of Taiwan's Economy, 1950 – 1985", Harvard University Press, 2005.

④ 小宫隆太郎、奥野正宽等：《日本的产业政策》，黄晓勇译，国际文化出版公司1988年版。

⑤ ［美］迈克尔·波特：《日本还有竞争力吗》，中信出版社2002年版。

门。小宫隆太郎①、三轮芳郎②的研究更是指出，正是由于（政策）审议会、国会的反对，通产省（及其技术官僚）许多试图进一步直接干预微观经济、产业活动的不恰当产业政策草案（或法案），才未能得以通过与实施，例如《特定产业振兴临时措施法》、汽车产业"集团化构想"。

这些质疑文献揭示出这样一个事实，发展型国家理论里所阐述的那些发展型国家应具备的政治和制度特征，并不能确保政府在制定产业政策过程中具备"嵌入自主性"，更不能确保政府能设定正确的政策目标、制定合意的产业政策。简而言之，围绕发展型国家理论与"嵌入自主性"展开的研究，只是反复阐述和强调了"嵌入自主性"对于成功推行产业政策的重要性，对于如何确保政府在产业政策制定过程中具有并保持"嵌入自主性"方面并没有给出具有足够说服力的理论解说和经验证据。需要进一步指出的是，发展型国家理论过于专注经济政策制定者自身的特征（即政策制定者主要为政治精英与技术官僚）及其在社会网络中的特征，并将这些特征过度理想化，过高估计这些特征在成功制定实施产业政策中的重要性，缺乏对于整个产业政策程序、组织机制与制度基础的研究，也缺乏对于主要政策参与者在不同组织和程序约束下的行为研究。这种研究上的缺陷，使得发展型国家理论在探讨如何确保政府成功制定实施良好的产业政策时忽略了许多重要方面，例如忽略了日本产业政策制定过程中政策审议会、国会的重要作用，忽略了政策审议、国会讨论与批准（或否决）的过程是一个不同利益集团表达诉求、不断揭示相关信息的过程，忽略了正是政策审议会、国会制约了技术官僚体系（例如通产省）试图通过制定不当的产业政策扩充权力、寻求部门利益的企图。

---

① ［日］小宫隆太郎、奥野正宽等：《日本的产业政策》，黄晓勇等译，国际文化出版公司 1988 年版。

② 三輪芳朗、J. Mark Ramseyer：《産業政策論の誤解》，東洋経済新報社 2002 年版。

综上所述，对于如何确保政府制定合意产业政策的研究而言，仅仅强调政府应具有"嵌入自主性"是远远不够的，我们必须更为深入地研究和解析产业政策的政策过程及其组织机制与制度基础，探求如何从程序与制度安排上确保政府实现所谓嵌入自主性，这就需要我们为此寻求更为合适的理论构架。近20年来，在公共政策研究领域，政策过程理论以及与此紧密联系的政治经济学、制度经济学研究得到了长足的发展，对于公共政策程序及其制度基础的研究日趋深入，这就为我们更为深入地探讨产业政策程序及其制度基础提供了重要的理论基础与有益的借鉴。

三　中国产业政策制定的组织机制与程序调整

（一）政策制定的组织机制与程序安排的关键性作用

新政治经济学与政策过程理论的发展，尤其是政策过程理论中"制度分析与发展框架"以及"政策过程比较研究"的发展，越来越清晰、深入地揭示出，政策制定实施的制度基础与程序安排，在很大程度上决定了哪些人参与政策的制定与决策过程、权力如何在这些参与者中配置、不同类型政策参与者的行动空间与行为模式、不同政策参与者及政策相关利益者影响政策的方式与能力等；并进而在很大程度上决定了政策的取向、政策选择、政策质量及效果。近年来，产业政策制定实施的组织基础与程序及其对于产业政策产生的重要影响，开始受到学术界的关注。

大野健一[1]在其对于产业政策过程的开拓性研究中指出，对于成功

---

① Kenichi Ohno, "Learning from Best Practices in East Asia: Policy Procedure and Organization for Executing Industrial Strategies", presentation at the International Workshop on Aid and Development in Asia and Africa, 2011.

实施产业政策而言，选择合意的政策固然重要，但构建完善制定产业政策的程序和组织机制以确保好的政策被制定并得以有效实施更为基础，也更为关键。大野健一对于东亚国家制定产业政策的组织基础与程序进行解析与比较，试图从东亚所谓最佳的产业政策实践中，辨识出这些国家在政策制定程序与组织构架中存在的特征，尤其是那些保障政府制定良好产业政策所需要具有的重要特征。他指出，领导人对政策愿景可信赖的承诺是制定任何高质量政策的先决条件，确保不同部门间得以有效协调的具体组织安排是实现政策目标的关键；在进行相关的调查、分析和国际比较以及起草和评论政策文本时，要积极动员国内外学者、产业专家和咨询公司的参与，根据充分的信息和分析，通过说服和协调主要利益相关者在政策的所有关键内容上达成共识，利益相关者名义上的参与并不能有助于提高政策制定的质量。经过这样的程序所制定的政策，一旦被采用，将得到各参与方的坚决支持和自愿执行。大野健一的研究无论对于拓展产业政策研究的新领域还是对于理解真实世界中的产业政策，均具有较高的价值。但是，该研究还局限于对不同国家政策制定的组织构架、程序、政策主体的行为（尤其是政治领导与官僚体系的行为）及三者特征的描述、比较与分析，并试图从中寻找出好的产业政策制定程序与组织机制、政策主体行为应具有的特征。这在很大程度上是发展型国家与嵌入自主性相关理论研究思路的延续。而对于产业政策制定的组织机制与程序如何影响不同政策主体的行为空间与行为方式，进而如何影响产业政策的形成与质量的作用机制，缺乏进一步的研究。

公共政策研究领域政策过程理论的发展，尤其是制度分析与发展框架（Institutional Analysis and Development）的提出与发展，更为细致地揭示出政策制定的组织机制与程序（即政策制定的制度基础）对于（最终制定出台的）政策如何产生关键性影响。制度分析与发展框架从解决公共资源问题的集体行动入手，关注为集体选择和决策提供行动舞台场景的制度安排，强调正式、基于规则的制度的作用，以及其对公共组织或者团体参与者行为产生的影响[1]。基于制度分析与发展框架的研究表明，制度安排（政策制定的组织机制、规则与程序）决定了规范政策参与者关系、参与者行为与互动模式的准则，也决定了处于不同权力层级、不同政治职位的参与者之间的权力、资源、利益和互动关系，以及不同参与者在利益上的差别，从而决定了不同参与者各自行动的逻辑、不同参与者的行为，乃至这些行为最终产生的结果[2]。政策过程理论及制度分析与发展框架的研究对象虽然是更为广泛意义上的公共政策，但对于作为特定领域（产业领域）公共政策的产业政策而言，其理论及研究结论仍具有很强的适用性。

（二）中国产业政策制定的组织机制与程序的根本缺陷

产业政策的研究者虽然逐渐关注到政策制定的组织机制与程序及其重要作用，但对其仍缺乏系统、细致与深入的研究，对于中国产业政策过程与组织基础的系统、深入的研究亦很缺乏。不过，近年来国内外公共政策领域的研究者对于中国政策过程的研究逐渐增多，也逐渐深入，一方面这些研究为产业政策过程及其组织机制的研究提供了重要借鉴，另一方面其中部分研究甚至已经涉及某些特定产业政策制

---

① Heikkila, T., & Issett, K. R., "Citizen Involvement and Performance Management in Special – purpose Governments", *Public Administration Review*, 2006, 67 (2).

② Kiser, L., E. Ostrom, "The Three Worlds of Action: A Metatheoretical Synthesis of Institutional Approaches", In E. Ostrom (ed.), *Strategies of Political Inquiry*, Beverly Hills, CA: Sage, 1982; Ostrom, E., R. Gardner, J. Walker, *Rules, Games, and Common Pool Resources*, Ann Arbor: University of Michiggn Press, 1994; Ostrom, E., *Governing the Commons: The Evolution of Institutions for Collective Action*, Cambridge University Press, 1990; Ostrom, E., "Institutional Rational Choice: An Assessment of the Institutional Analysis", In P. A. Sabatier (ed.), *Theories of the Policy Process*, Boulder, CO: Westview Press, 1999; Elinor Ostrom, "The Quest for Meaning in Public Choice", *American Journal of Economics and Sociology*, 2004, 63 (1).

定过程的探讨，他们都从一些侧面揭示出中国产业政策过程与组织机制上存在的重要缺陷以及带来的不利影响。同时，近年来中国产业政策密集出台，政策制定过程中组织机制与程序方面存在的根本缺陷，以及由此带来政策质量不高、政策实施效果不佳等严重问题不断暴露出来。

相对于公共政策而言，中国产业政策及其政策程序还具有自身的特点。产业政策的直接影响面小，公众关注的程度低；多数产业政策以部门规章、行政法规的形式发布，极少上升到法律层面；对于少数利益相关者或利益群体而言，往往涉及的经济利益巨大。与之相应的是，产业政策程序相对于公共政策程序而言具有其自身特点：更少的公众参与和公众讨论，普通相关利益者难以参与到政策的制定过程，整个政策过程更为封闭、更为不透明[①]；行政部门是整个产业政策制定过程的核心，绝大多数情况下它们主导着整个政策的制定过程及政策的走向；产业政策的制定过程中，缺乏不同政策方案竞争的舞台；大多数产业政策的制定过程，不需要走立法程序，其制定程序相对简单；产业政策制定过程中，往往涉及多个部门的职权，这些部门之间的权责往往还有所交叉，不同部门之间往往围绕各自的权力与利益展开激烈的竞争。此外，正是由于这些特点，产业政策制定程序与组织机制的缺陷也表现得更为突出。

当前产业政策过程与组织机制下，中国"条块分割"的行政官僚体系是主导产业政策制定与执行过程的核心。这就使得各部门在政策制定过程中能为其自身利益最大化而尽其手段，政策的制定过程往往演化成各部委（及其官僚）进行博弈、缔约的过程，最终制定的政策往往是"以政策或法律的制定满足一群人，但又以政策或者法律的执行满足另一群人"[②]，进而使得政策具有强烈的政策部门（利益）化、

[①] Ahrens, "China Policy Making Process", A Report of the Hill Program on Governance, 2013.

[②] 王信贤：《谁统治？论中国的政策制定过程：以〈反垄断法〉为例》，（中国台湾）《中国大陆研究》2010 年第 1 期。

政策碎片化的特征。各部委在政策（尤其是产业政策）制定的过程中，不但寻求部门自身利益的最大化（即为本部门设置更多的权力、寻求支配更多财政资金与承担更少的责任），还会充分利用制定（或拟定）政策、行政法规甚至法律的职权，将本部门的权力与利益合法化、制度化甚至是法律化。政策的制定过程本应是政策相关利益者表达其利益诉求、竞争、协商与妥协的过程，但中国的政策特别是产业政策的制定过程，具有很强的封闭性、不透明性，多数普通政策相关利益者或利益群体被排除在政策的制定过程之外，这些相关利益者（或群体）亦无正式渠道表达其利益诉求，更不可能对行政部门在政策制定中扩张本部门的权力和利益的行为形成实质性制约。在行政官僚体系主导的产业政策制定的组织构架与程序中，由于缺乏监督与社会力量制衡，政策制定者通过对政策过程的垄断进行设租（rent setting），为少数利益相关人或行政官僚体系自己寻租提供了便利和制度保障[1]。

2003 年以来，产业政策部门利益化的趋势日趋显著。中国工业管理的相关部门（部委）通过制定各种产业政策，为本部门设置了大量审批权、准入管制等权力，大大强化了本部门对于微观经济的干预与管制能力[2]，同时，中国工业管理的相关部门通过制定产业政策，设置专项，获取了财政专项资金的选择性配置权，进一步强化了对微观经济的干预能力。这些使得行政力量配置资源的能力和手段大为强化，而市场配置资源的基础性作用遭到削弱，行政权力的扩张带来了日趋严重的设租、寻租与腐败问题[3]。中共十六大及十六届三中全会提出"更大程度地发挥市场在资源配置中的基础性作用""深化行政审批制度改革，切实把政府经济管理职能转到主要为市场主体服务和创

---

① 薛澜、朱旭峰：《中国思想库的社会职能——以政策过程为中心的改革之路》，《管理世界》2009 年第 4 期。

② 吴敬琏：《中国经济 60 年》，《比较》2010 年第 3 期。

③ 吴敬琏：《中国经济 60 年》，《比较》2010 年第 3 期。

造良好发展环境上来"，但是某些部门却充分利用自身制定、执行政策的职权，通过制定政策不断强化自身对于微观经济的干预与管制权力。

当时在这种制度背景与程序安排下，某些政策出台的标准就是参与者各方（主要是部委）达成共识，达成政策共识的方式主要是折中而非择优，当政策涉及行政部门多、有影响能力的利益相关者（央企）时，最终的政策方案则倾向于模糊、笼统、缺乏可操作性①。这又进一步使得执行政策的过程实际上成为一个政策再制定与决策的过程，政策的执行部门（多数情况下也是制定政策或者参与政策制定的部门）往往会根据本部门的利益、对政策的理解重新各自解读，并制定相应的实施细则与执行政策，从而又使得政策在执行过程中进一步碎片化与部门利益化。

在制定开放、透明的政策过程中，不同相关利益者表达利益诉求、竞争性游说，不同政策理念与方案展示与竞争，在这一过程中，相关信息、知识不断被展示、披露、比较与验证，这更有利于政策的制定者（或者决策者）获取更为充分、更为准确的信息，更有利于政策部门在政策制定过程中克服信息失灵问题。但倘若产业政策制定过程封闭或不透明，多数利益相关者以及学者、专家很难实质性参与到政策的讨论与制定过程中来，信息的展示与披露也很不充分，这一方面不利于相应部门制定高质量的政策，另一方面使得能够参与到政策制定过程或者能影响到政策的少数特殊利益、相关利益者，或者其利益代言人，往往利用其信息优势，有选择地向政策部门披露信息，甚至向政策部门披露错误的信息，误导政策部门，从而影响政策朝有利于自身利益的方向发展。因而，封闭式、不透明的政策制定过程，极不利于政策部门掌握充分、全面、准确的信息，这些信息正是制定高质量

---

① 陈玲、赵静、薛澜：《择优还是折衷——转型期中国政策过程的一个解释框架和共识决策模型》，《管理世界》2010 年第 8 期。

产业政策所必需的。还需要指出的是，封闭、不透明的产业政策程序，
为具有较强政治影响力的特殊利益集团误导政策部门，或俘获政策部
门，提供了极为便利的条件。这在石化、钢铁、汽车等行业扶持大企
业（尤其国有大企业）、限制小企业、限制进入、限制竞争的政策，制
定低水平牛奶制品标准、低水平汽车排放标准、低水平成品油质量标
准等一系列政策及政策过程中，表现得尤为明显。

（三）政策程序与组织机制改革是提高产业政策效率的关键

前文已详细阐述，中国产业政策制定程序与组织机制上存在一定
的缺陷，并且导致产业政策存在缺陷与政策效果不佳。需要进一步指
出的是，这种政策程序与组织机制上存在的缺陷，仅仅通过行政机构
的调整（大部制改革）与片面强调行政官僚体系的专业化以及专家的
参与，是无法得到解决的。

行政机构的调整不能完全解决政策制定过程中的政策部门利益化
和政策碎片化的问题[1]。主要工业管理部门之间的机构调整，能将工业
管理相应各部门职能中可以集中、能合并的职能集中到一个大部门，
以解决部门之间职能交叉、权责不清的问题，这种做法可以将产业政
策制定过程中部分部门间的协调转为部门内部的协调，在一定程度上
可以减轻协调的难度以及政策碎片化的问题。但是，这种机构调整并
不能有效治理政策部门化、部门利益法制化的问题，即并不能对于调
整成立后的大部门在制定政策过程中追求部门利益的最大化形成有效
制约，并且权力集中于大部门之后，反而有利于大部门通过制定政策
不断强化与扩大自身利益。另一方面，有些产业政策往往涉及财政、
税务、海关、质监、国土等部门的职权，这些部门的职权是不可能通

---

[1]　石亚军、于江：《大部制改革：期待、沉思与展望——基于对五大部委改革的调研》，《中国
行政管理》2012 年第 7 期。

过机构调整整合到一起而只能是分立的。所以，行政部门的机构调整并不能从根本上解决当前产业政策制定过程中各部门之间利益竞争、讨价还价、协调困难以及由此带来的一系列问题。

提高行政官僚体系的专业化素质，有助于提高行政官僚体系制定和实施产业政策的能力，但它却无助于解决产业政策部门利益化的问题。行政官僚体系的专业化，既无法改变依附于行政部门的技术官僚对于其部门利益的高度关注[1]，也无法改变行政部门对于产业政策过程垄断的局面。因而，它也就无法改变行政部门及其技术官僚通过对政策过程的垄断进行设租，以寻求本部门利益的最大化的行为模式。对于东亚国家（或地区）产业政策史的大量研究也充分表明，行政官僚体系的精英化并没有阻止技术官僚（精英化的行政官僚）在政策制定过程中被少数利益集团俘获以及寻求自身利益最大化，许多政策往往偏离公众利益，屈从于少数利益集团或者技术官僚集团自身的利益。

产业政策制定过程中，专家参与有助于提高政策质量，但是并不能从根本上解决中国产业政策程序与组织机制存在的缺陷以及由此带来的一系列问题。相反，政策制定程序与组织机制上的根本缺陷制约了专家作用的有效发挥。第一，在行政部门主导政策过程的体制下，行政部门在邀请专家参与论证、咨询与评估时，往往会在专家的选择与专家意见的采纳方面带有明显的倾向性，与行政部门持不同政策思想与意见的专家会被屏蔽在政策过程之外。第二，行政部门主导政策过程的体制下，只有极少数商业精英与知识精英（专家）能参与到政策制定过程，这些商业精英与知识精英往往依附于行政官僚体系或与行政官僚体系结盟，组成以行政官僚为核心的强势精英政策联盟，并由此衍生成"特殊利益集团"，它们不但主导着产业政策的走向，甚至还主导着政策理念的话语权，这就导致在政策过程中公众利益会被强

---

① 段伟红：《技术官僚的"谱系"、"派系"与"部系"——对西方"中国高层政治研究"相关文献的批判性重建》，《清华大学学报》（哲学社会科学版）2012 年第 3 期。

势精英政策联盟这个"特殊利益集团"的群体利益所替代。第三，在行政部门主导产业政策过程的体制以及当前的科研管理体制下，一些外部专家为了得到财政上的资助（科研项目经费）选择依附于行政官僚体系，在专业和技术方面或为其背书，或为其代言，运用专家话语向公众或决策层布道，努力将行政部门的部门利益"提升"为公众利益或国家利益[①]。

因而，整个中国工业管理体制改革的关键还在于，改革产业政策制定实施的组织机制，调整和完善产业政策的程序，以确保产业政策制定过程中相关知识和信息的充分披露，政策不会偏离公众利益的方向，从而确保产业政策的质量和有效性。

四　产业政策制定程序及其理论基础的重构

（一）构建中国工业管理体制改革顶层设计的理论基础

中国工业管理体制改革的关键在于改革产业政策制定实施的组织机制程序，那么指导其改革顶层设计的理论基础，必然是分析和研究产业政策过程的理论框架。在这个理论框架中，产业政策制定实施的组织构架、制度安排与程序被置于研究的核心。这样做主要基于以下三点考虑。第一，组织构架与制度安排决定了规范参与者关系、行为及互动模式的准则，决定了处于不同权力层级、不同政治职位的参与者之间的权力、资源、利益和互动关系；而这些不同的参与者存在利益差别，从而就决定了各自的行动逻辑（奥斯特罗姆，2004）。第二，中国产业政策制定的组织机制与制度安排迥异于西方国家，亦与日、

---

① 薛澜、朱旭峰：《中国思想库的社会职能——以政策过程为中心的改革之路》，《管理世界》2009 年第 4 期。

韩等国家存在巨大差异，大量着眼于西方国家政策过程的制度分析研究难以为中国产业政策过程的制度研究提供直接的借鉴。第三，中国产业政策的制定程序（相对于公共政策而言）更为封闭和不透明，外界对于中国制定产业政策的过程、所依赖的制度基础与政策部门内在运转机制的了解极为有限，相应的研究也比较缺乏。

　　与此相应，由奥斯特罗姆等人开创的制度分析与发展框架更适合作为中国这个产业政策过程与组织机制研究理论框架的基础。制度分析与发展框架关注为集体选择和决策提供行动舞台场景的制度安排，强调正式、基于规则的制度的作用，以及其对公共组织或者团体参与者行为产生的影响。它主要研究政策参与者行为发生与相互作用的行动舞台（制度背景）、各参与者之间相互作用的模式及其对政策结果的影响。制度分析与发展框架不仅可以实现将各种机构和组织因素纳入分析框架，并且能够实现在多个层面对政策的制定进行分析（例如操作层面、集体行动层面、宪法层面），而进行不同层面的分析能够阐明影响政策结果的不同规则与过程。制度分析与发展框架作为已成熟的研究范式，相对于其他政策过程理论的分析框架，还具有如下几个方面的特点。

　　（1）制度分析与发展框架对作为参与者的个体作了最清楚的说明，并且假设了使得个体行为结构化的一组总体变量，而其他框架缺乏这样的总体变量[①]；（2）制度分析与发展框架提出了各种不同类型的变量，尤其是那些组成行为舞台的变量类型，将不同变量类型中的不同参与者组成、参与者立场及其行为策略对政策结果的影响均纳入分析框架；（3）制度分析与发展框架对分析层面进行了明确而谨慎的关注，能够实现对不同分析层面的不同规则及行为进行探讨；（4）制度分析与发展框架贯穿政策过程的每个阶段，不仅如此，制度分析与发展框

---

　　① ［美］施格拉："政策过程的框架、理论和模型比较"，［美］保罗·A. 萨巴蒂尔编《政策过程理论》，彭宗超、钟开斌等译，生活·读书·新知三联书店 2004 年版。

架作为一个政策过程理论的分析框架，能够进行多理论框架和模型方法的融合分析。鉴于这种开放性的特点，作为发展的最成熟和完善的政策过程分析框架，制度分析与发展框架最自然也最易于被应用于多种理论的综合分析。

中国产业政策过程及其组织机制分析框架，作为分析中国工业管理体制、指导中国工业管理体制改革顶层设计的基础理论制度分析与发展框架，应包括如下研究内容。第一，中国工业领域的产业政策是在什么样的组织构架、制度安排与程序下被制定和实施的。第二，对于产业政策的制定起决定性的部门（组织）、群体与个人是哪些，权力如何在这些部门（或者群体或个人）分配。第三，这些部门（组织）、群体或个人在政策制定中的政策偏好与动机，以及他们如何利用各自的权力（或影响力）对政策的制定产生决定性影响。第四，中国工业经济领域产业政策制定的组织构架与程序如何重构。

（二）重构产业政策制定程序及其组织机制的建议

在整个工业管理体制改革设计中，产业政策制定程序与组织机制的重构是整个改革的重中之重，产业政策的制定、决策必须与产业政策的执行分开，对产业政策的执行程序也必须做相应调整。产业政策制定组织机制的重构初步构想如下。

第一层次，也是最高层次，可考虑在中央财经领导小组的框架内建立经济政策委员会，并内设各专业委员会，其中包括货币政策委员会、宏观经济政策委员会、产业政策委员会等。经济政策委员会负责国内重大经济政策的审议和决策，各专业委员会负责各专业领域政策提案的接收、研究与审议，对于领域内重大政策各专业委员会负责组织预研、组织政策草案的拟定、对不同政策方案进行评估与审议。经济政策委员会及其下属委员会可以购买智库的研究服务或研究成果来获得长期稳定的高水平智力支持。对于中国工业经济领域的政策体系而言，经济政策委员会负责战略纲要与重大政策的审议和决策；而下属产业政策委员会组织战略纲要和重大政策（整体行动方案）提案的预研、草拟与审议；负责一般性政策提案的审议与决策。

第二层次，建立工业发展与战略工作小组，这个工作小组可以由智库专家、行业专家、部委官员与企业界代表组成，主要在产业政策委员会的领导下，负责中国制造强国战略及其政策的长期研究工作，负责战略纲要和重要政策草案（整体行动方案）的起草，并广泛征求意见与建议；一般性政策方案（政策草案）的收集与评估，并对于部分预提交产业政策委员会审议的草案，广泛征求公众、学术界、智库与相应利益群体的意见与建议；并且，将工作小组建成政策部门、学术界、科技界、企业等部门沟通、交流的重要平台；承担部分政策中期或后期评估的工作或评估组织工作。

第三层次，建立产业政策研究与咨询支撑网络，支撑网络主要由行业协会、商会、智库、研究机构、大学、部分企业等重点联系单位组成，工作小组负责与这些机构保持较紧密的联系与协作关系，这些机构为强国战略及其政策体系的研究与制定工作提供研究与信息上的支撑，其中行业协会、智库等机构亦可提供备选的政策草案。

与产业政策制定的组织机制重构相适应，中国产业政策的制定程序必须做出重大调整，初步构想如下。

第一步，产业政策委员会成立政策起草小组，政策起草小组领导工作小组，充分利用支撑网络的支持，展开政策预研工作，汇集各方面相关研究成果与建议，详细列举和深入分析中国制造业发展的现状、世界制造业发展的趋势、中国制造业及制造业企业发展面临的挑战与障碍，并找出问题的症结与主要原因。

第二步，制定制造强国战略及其整体行动方案需要达到的目标。政策起草小组与工作小组确定这些症结与问题中，哪些是当前可以解决的，哪些是解决起来比较困难的，哪些是目前无法解决以及未来需要具备什么样的条件才能解决的，然后提出本草案拟达到的目标。

第三步，拟订解决关键症结和问题的各种方案。政策起草小组与工作小组以自身的研究结果为基础，并可向各智库或者其他研究机构征求解决方案，进而提出解决问题的可能的各种方案。

第四步，对多种方案进行评估并选定推荐方案。针对多种方案，政策起草小组和工作小组在一定范围内征求各方意见，并组织对各种方案进行评估与比较，提出推荐方案。

第五步，由政策起草小组公布推荐方案，并在更广泛的范围内组织恳谈会。草案制定小组将推荐方案及评估分析报告预先通过公众媒体与网络发布，并邀请利益相关公众、群体、专家参与恳谈会，听取各方代表意见，并记录在案，如果方案在政策恳谈会上遭到强烈反对，则应返回第一步重新分析、制订、调整和评估方案，直至推荐方案在恳谈会上得到多数人的认可。

第六步，拟定政策文件，并提交决策。根据政策恳谈会讨论后认可的方案，以及各方提出的意见和建议，拟定政策文件，并提交政策委员会进行决策（重大政策）或提交产业政策委员会（一般性政策）审议与决策，在政策审议与表决会议上，参与政策拟定的官员和专家可以被当场质询，所有发言均应被书面记录，只有在大多数政策委员会委员赞成时才能通过。

第七步，政策的中期评估与后期评估。对于重要政策的实施情况与政策效应，工作小组应持续关注，并进行中期评估与后期评估；经济政策委员会及产业政策委员会亦可委托独立第三方进行中期评估或后期评估；对于评估中发现的问题应及时纠正与调整。

当前，政府与市场关系不顺，政策部门过多干预微观经济，是阻碍中国工业转型发展与竞争力提升的重要因素。制定科学、合理的产业政策，必须处理好政府与市场的关系，既充分发挥市场在资源配置中的决定性作用，又能更好地发挥政府的作用，在具体产业政策设计时应遵循以下原则。

第一，针对影响制造业强国进程的特定关键症结与问题制定政策时，首先要考察在这个特定领域中，市场机制是否能充分发挥作用，自发解决这一问题。如果市场机制能充分发挥作用，则不需制定政策进行调整。如果市场机制受到阻碍，则应该分析造成市场机制不能有效发挥作用的原因及存在的具体问题。

第二，如果是现有体制和不适当的政府干预阻碍了市场机制有效发挥作用，那么政策的重点是考虑改革现有体制中的缺陷或消除不适当的政府干预。

第三，如果不是体制问题或政府不当干预的问题，则应该考虑市场主体的自主协调是否能解决这一问题，如果可以的话，那么政策的重点是为市场主体之间的自主协调提供各种便利。

第四，如果市场主体的自主协调不能解决问题，政策部门则需要考虑提供协调机制以促进市场主体选择合适的行动，妥善解决制造业转型发展中存在的实际问题。

第五，如果市场主体难以解决问题，政策部门则可以考虑制定相应干预政策或者构建相应机制，以弥补市场机制的不足。

第 六 章

国家重大创新项目的组织实施

按照我国《国家中长期科学和技术发展规划纲要（2006—2020年)》（以下简称《科技规划纲要》）的界定，国家重大科技项目是指为了实现国家目标，通过核心技术突破和资源集成，在一定时限内完成的重大战略产品、关键共性技术和重大工程。在我国制造业转型升级的关键时期，围绕"制造强国"战略，努力实现关键产品和核心技术自主可控，一大批国家重大科技项目也在逐步推进中。这些项目大多具有目标明确、周期长、不确定性大、涉及单位和人员众多等特点，一般由政府主导进行资源集成和高层设计，组织方式多采取项目管理模式，这与美国、欧盟、日本等科技发达国家和地区的实践不谋而合。然而由于国别、体制和目标的不同，即使同在项目管理的框架下，不同项目的组织支持方式也有明显差别，可谓"规则之内，各有千秋"。本章重在区分不同科技、经济、社会背景下国家重大科技项目组织方式的异同，并对我国项目组织方式的演变历程展开叙述，以期兼收并蓄，得出适合我国国情的重大科技项目的组织支持模式。

一　国家重大科技项目的管理方式

国外对重大科技项目的关注开始较早，可以追溯到第二次世界大战期间美国的"曼哈顿计划",因此其区分也更为细致,对实施目标、实施意义、占用经费等均有所考量,并据此分类。由于组织支持方式的确定与类别直接相关,因此国内目前也多有遵循该模式的研究,如孙林岩、汪建①从制造环境与制造要素的组合入手定义了先进制造模式;梁晔②将研究分为工程型和分布型两种;冯身洪、刘瑞同③则给出了两种分类方式,一种基于目标成果,另一种基于技术发展阶段,并分别解释了对应的组织形式。按其分类,对两种情况下各类项目的特征总结如下(见表6—1,表6—2)。

表6—1　　　　　　　　　按目标成果分类的重大科技项目

类型	科学数据型	关键技术型	战略产品型	重大工程型
目标	重大科学问题的突破,针对性的技术发展	实现核心技术和制约发展的共性技术的突破	针对战略产业和国防安全设立	复杂的特定工程项目
特点	高度开放性,部分涉及国家安全及利益的数据只对特定群体开放	主体多元化,多为技术创新同盟,协调难度大	目标明确,主体少,但调动资源巨大,涉及行业众多	计划严格,质量要求高
组织关键	合作、利益分配和知识共享	确定关键技术,建立合理的投入、分配和组织协调机制	强有力的领导机构,保证调配流畅的决策和行政组织	项目管理与过程管理均要严格
典型	人类基因组计划	日本的超大规模集成电路计划	欧洲的空中客车计划	美国的信息高速公路计划

① 孙林岩、汪建:《先进制造模式的概念、特征及分类集成》,《西安交通大学学报》(社会科学版)2001年第2期。
② 梁晔:《大科学创新的组织管理》,《江苏科技信息》2005年第12期。
③ 冯身洪、刘瑞同:《重大科技计划组织管理模式分析及对我国国家科技重大专项的启示》,《中国软科学》2011年第11期。

表6—2   按技术发展阶段分类的重大科技项目

类型	科学探索型	科技攻关型	技术发展型
目标	获取基础性科学数据，获得重大问题突破	实现核心技术和制约发展的共性技术的突破	已不存在理论瓶颈，但还需突破技术实现成果转换
技术阶段	原始创新阶段	瓶颈阶段	转换阶段
特征	缺乏短期内的明显经济社会效益，不确定性和风险性大，影响参与主体类型	有明确任务目标，强调计划，但也存在不确定性	针对性极强，以企业为主体
组织关键	考虑研究特点，无法节点管理、量化管理	协调参与主体：企业和科研机构的关系	采用立项—评审—实施—验收的项目制
典型	美国的气候变化计划	我国的通信卫星工程（331工程）	欧洲联合亚微米硅计划

　　由表6—1、表6—2可见，尽管这些项目的目标和发展阶段各有不同，但究其根本，均有普遍性特征，可以概括为三个词：大、多和不确定。"大"，一是运作资金体量大，二是资源调配范围大；"多"，是指涉及部门、组织、机构多，学科领域广，参与人员的结构复杂；"不确定"，则是指由于项目周期长导致的市场、政策等各种风险，既包括目标较为宏观，具体的技术路线不明确，也包括项目效益的不可预知性。

　　这些特征决定了组织关键的对应性质，即领导统一化、结构分散化、处理灵活化。资金运用要高效不浪费，资源要融合使用，这要求项目组织具有统一的领导，能够着眼整体，对庞大的资源进行合理调配；该角色一般由政府或官方机构承担。涉及调配的部门、学科和人员复杂，注定组织的大部分结构较为分散，甚至可能出现类似于模块化组织、项目制组织的结构，在工作期间将不同领域的人员暂时聚集，工作结束后各自回到原岗位。不确定性的风险则要求细节处理上要因"项"制宜，随时调整，灵活机动，这就使得管理者更多地起到监督、执行和综合的作用，而一线人员在允许范围内的权力相应变大了。

根据组织管理学的知识，现代的组织设计类型主要包括项目型管理、矩阵型结构和无边界组织，并在此基础上加入地理区划等概念，衍生出三维、四维甚至六维等结构。当然，组织的选择并非越复杂、越新越好，还是要分析特点、相应选择，如维度较高的组织更适用于跨国企业，采取无边界组织的多是要求高度灵活反应能力和远距离跨地区经营的企业，矩阵型结构属于项目管理的组合衍生等等。对于重大科技项目要求的性质，满足条件的组织支持方式是项目管理，即所有工作以任务为核心、目标为导向，由项目经理全权负责资源调度，其人员与项目组的关系类似于"借调"，一旦项目结束，团队大多会进行解散重组。

项目管理最早产生于第二次世界大战期间，同样是"曼哈顿计划"首先采用，可以说是与国家重大科技项目相伴而生，最早应用于国防、航天、建筑等国家级科技领域，从20世纪70年代起逐步向中型企业渗透，至今已经广泛应用于大中小各类企业及相关科研机构中。像美国著名管理学家David Cleland指出的那样，"项目管理是管理中最基本、最关键的技术，是在当今复杂的世界中成功的关键"。美国项目管理学会（Project Management Institute，PMI）等相关学术组织为方便研究和管理，制定了项目管理知识体系（Project Management Body of Knowledge，PMBOK）。根据PMBOK，项目管理是"将各种系统、方法和人员结合起来，在规定的时间、预算和质量目标的范围内完成项目，这样的各项工作之和"。它认为项目由要素组成，具有系统性，因此管理时要考虑到系统的整体，包括内部各要素之间、各系统之间以及内部与外部环境之间的关系。在强调整体性的同时，将目标分解为责任单元，分配到各节点，完成目标后再汇总综合。

PMBOK 将项目管理分为五大过程、九项内容，其中过程包括启动、规划、执行、控制和收尾。杨青①提炼了 PMBOK 的体系框架，指出启动时要确定项目内容、目的、质量衡量和风险；规划的内容涵盖对象、手段、主体和时间进度；执行时要严格按照计划，使人员和任务目标充分匹配，各司其职，并根据变化及时调整；控制指的是监督完成情况、不足之处，并可能包括预警和重新计划；收尾则对整体过程进行反馈，反省项目目标是否完成，是否按计划实施，进度是否合理，并总结经验与教训。在内容上，项目的进度管理、质量管理和成本管理是最主要的部分，其余还包括集成、范围、人力资源、沟通、风险和采购管理。九项内容分布于五大过程中，不同过程对内容的侧重不同，因此管理者需要注意的细节也有所不同。这就要求我国在选择和制定组织支持方式时，对管理者的能力做出更为针对性和全面的衡量和考察。

与一般的管理方法相比，项目管理具有特殊性。首先，它的组织一般呈现倒金字塔形管理结构，由项目管理者支撑整个系统的架构，而具体节点上则由一线人员负责，有一定自主性；随着项目的演化与变迁，又结合其他组织形态如矩阵型等的特点，但均具有柔性、扁平的特征。其次，项目管理的关键在于协调，因此格外看重创造适宜的内部和外部环境，使不同特性的人员能够实现协调、合作，从而齐力完成预定目标。最后，项目管理本质上是目标管理，如何明确宏观目标和分解成微观目标至关重要。

为更好地进行目标管理，项目管理使用了相应的工具方法，包括工作分解结构（Work Breakdown Structure，WBS）、组织分解结构（Organization Breakdown Structure，OBS）、责任矩阵等。WBS 对项目分层，层级彼此间存在关联和协调，结构层级越向下，定义越详细，常用于

---

① 杨青：《项目管理及其在航天项目中的应用》，《航天工业管理》1999 年第 5 期。

项目范围管理。OBS 由 WBS 演化而来，主要针对人员，从而对庞大的团体成员构成和个人在团体中的位置认识更为明确。责任矩阵是将细化后的工作目标分配给个人，并用表格来呈现这一分配的方法，是个体负责和角色定位的量化，将责任与个人形象化地连接在一起，主要针对责任分配。

我国在项目管理方面的实践从 20 世纪 80 年代开始，最早使用可以追溯到鲁布革水电站工程，此后通过政府试点和行业推广，学界的相关教材丛书陆续出版，资格认证体系也进行了本土化，可以说在理论和实践上都有了较为坚实的基础。目前研究多认为我国传统的组织支持方式属于"举国制度"，也有更进一步分为"单位体制"和"锦标赛体制"的[①]。这些既是我国自发形成的方式，值得分析和继承，也有着背景所致的局限性。参考国际上的项目管理经验，并观察其引入后与我国传统的举国制度相融合的情况，对项目管理做出符合特色的改进，将更有助于"制造强国"目标的实现。

二　国外重大科技项目的组织管理模式

近年来，随着科学知识、技术和人才等资源跨境流动成本越来越小，重大科技项目已经不只局限于国家范畴，而是进一步扩充为各国和地区间的合作。以此来扩充定义，较为典型的重大科技项目包括国际热核聚变实验堆计划（International Thermonuclear Experimental Reactor，ITER）、伽利略计划（GALILEO）、新药研发计划（Innovative Medicines Initiative，IMI），及表6—1 中给出的欧洲的空中客车计划等典型例子。这些项目涵盖了美国、欧盟、日本等科技发达的国家及地

---

① 黄振羽：《大科学工程组织的治理结构冲突与演化研究》，博士学位论文，哈尔滨工业大学，2015 年。

区。由于美国实践较早，经验较为典型，成为其后很多国家和地区组织的参考，因此本节将以此为区分，介绍美国和欧盟、日本等国家和地区典型重大科技项目的组织管理情况，进行模式归纳，以与我国实践进行对比和参照。

（一）美国：曼哈顿计划及阿波罗计划中的项目管理经验

作为现代科技创新的弄潮人，美国在国家重大科技项目方面起步较早，组织支持方式也相对成熟。常被研究的计划包括曼哈顿计划和阿波罗计划。如前所述，曼哈顿计划是美国最早组织的重大科技项目之一，最初目的是对原子能实现控制、应用与制造，世界上第一枚原子弹就是该计划的产物。该计划的组织结构为典型的倒金字塔形，管理者精干，设立专门的军事政策委员会，人员共九人，多为技术经验与管理经验丰富的军方及科研人员，并设立科学顾问。一线工作者则较为分散，但承担着部分重要责任，并能发挥较大潜力和主观能动力。这部分人员主要由专门设立的洛斯·阿拉莫斯实验中心及各地的科研人员组成，被集中于实验中心的仅有一千人左右，后者则占大多数，有14000人。这些人员仍属于原岗位，并不发生工作地点和岗位调动，只是在原工作的基础上，根据政府分配的工作任务和要求去完成自己负责的部分。

在目标完成上，曼哈顿计划同样采取了典型的项目管理方式。由于该计划进行时相关技术尚不成熟，而计划产物将被用于战争作为重要决胜手段之一，时间十分紧迫，因此曼哈顿计划除目标分解外，还采用了直接领导制，即领导者与下级直接接触，做重要决定时都要与下级进行当面或电话讨论，避免仅凭纸面资料的拍脑袋决策。在这种关系中，下级及时向上级汇报重大问题，上级则将精力集中于解决下级无法处理的少数关键问题上。这与倒金字塔形结构相配合，保证了组织结构中各节点的权责适宜，既充分发挥了最高管理者的综合管理作用，确保其关键决策不会失误，又给下级以尽可能大的自由空间来充分发挥其科学创造能力。

随着战争的胜利和国际核武器形式的变化，曼哈顿计划的"遗产"由新成立的原子能委员会接管，并逐步演变为核安全管理模式。该模式下，核相关的项目仍采取政府所有的管理模式，具体经营则交给承包商进行，负责制作和生产的工厂、实验室等分散于全美各地，因此本质上结构与项目管理相同。但其中牵涉的利益集团的博弈较为复杂，模式也经过了数次转型和调整。这反映出美国科技项目的应变弹性。

阿波罗计划是美国早期实施的另一项重大科技项目，目标是实现载人登月。该计划始于20世纪60年代初，由美国国家航空航天局（National Aeronautics and Space Administration，NASA）设立系统办公室，其下设立计划处，一般性的研究工作交与所辖范围的研究中心，具体生产制作工作则由承包商负责。阿波罗计划涉及人数仅技术人员就多达数十万，有超过一万家科研和生产机构参与其中，系统的复杂程度是曼哈顿计划的数倍。在这种情况下，该计划一方面继承曼哈顿计划的思想，继续强调集体研究和决策，一方面将个人的创造性提升到更加重要的位置上；同时采取承包方式，将符合资质要求的企业纳入范围，进一步铺展了组织的边界。由于分散程度也随之提升，该计划在管理上同样有所加强，请专业管理人员对承包商的工作进行监督，并设立主任制度、会议制度、管理法则等，确保计划如期完成。

阿波罗计划在层级上更加清晰，对其的总结有助于观察项目管理方式的进化与异化。根据NTIS美国政府报告库中的阿波罗计划相关数据显示，该计划的层级分为四个。第一层级是NASA的载人航天办公室，为最高行政指挥，负责包括阿波罗计划在内的所有载人航天相关计划的整体管理和决策，涉及职位包括局长和副局长，同时设立管理理事会，进行集体决策，并由咨询委员会对其提供决策时的技术支持；此外还设有行政小组，专门负责对承包商进行重大决策的传达和协调。这可以说是计划的灵魂。第二层级是计划办公室，对该计划有综合管理权，设置了计划控制部、系统工程部、测试部、质量部和飞行试验部五大管理部门，对规划、预算、成本、设计、测试等所有环节进行统筹集中，并经由每月一次的汇报会，对项目进度和问题加以掌控，这是计划的大脑。第三层级是办公室下属的职能部门和三大航天科研中心：休斯顿中心、马歇尔中心和肯尼迪中心，每个中心设立项目办公室，中心主任对办公室的项目经理进行充分授权，使其有权在各大办公室制定的总体方针下，将所分得的研发任务细化为规范、计划或程序，从而连接起总部和承接项目的企业。这可以说是阿波罗计划的神经系统。第四层级是各大中心下设的部门及主要、附属承包商企业。主要承包商有三个：美国电话电报公司的贝尔电话实验室、美国通用电气公司和波音公司，分别负责系统性工程支持、一般性工程支持和技术评估，对计划进行辅助管理。国际商业机器公司等众多承包商企业则承担更为具体的职能。几个层级间既有集权，也有分权；既各司其职，又统一协调；既相互支持，也相互制约。该层级总结如图6—1所示。

　　该计划成功应用的方法可以概括为以下几种：灵活的运作机制、矩阵式结构、系统工程思想及工具、特殊人才优待以及充分的信息流动。运作上，阿波罗计划有效地融合了集权和分权，既给技术人员充分的自由，又通过专业管理人员介入技术团队的方式进行了适当的约束和干预。吴家喜、董诚①总结认为，设立专业咨询机构的方式发挥了专家对决策的作用，使成本和进度得到有效控制。而各大办公室对下属机构的授权使得调拨经费、承包商选择和签订合同都更为灵活。结

① 吴家喜、董诚：《国外重大科技专项组织实施特点与启示》，《科技管理研究》2011年第9期。

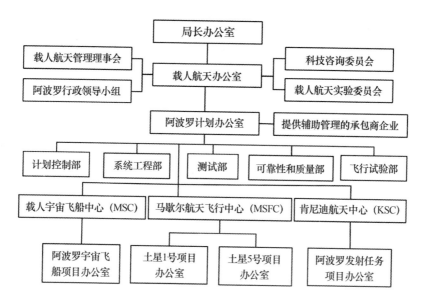

图6—1　阿波罗计划组织支持体系

资料来源：张义芳：《美国阿波罗计划组织管理经验及对我国的启示》，《世界科技研究与发展》2012年第6期。

构上，项目管理模式与传统的职能型组织的垂直层次相叠加，即纵向上有层级之分，横向上则多个办公室、研发中心等同时进行不同任务，从而形成了矩阵型管理。这有利于缩短项目的响应时间，增加沟通协调能力。由于项目管理意味着工作人员会受到双重领导，当双重领导存在冲突时，就要交给总部高层去处理。据程如烟、王艳[1]研究，这种集中＋分散的方式使管理更加有效。工具上，该计划结合项目实际创造了新的方法，包括建立数据系统，引入计算机管理、风险管理等新方法，创造矩阵型结构等等。人才上，设置特殊职位，如"例外职位"。这是局长的例外任命权，可以改变在职者的任命、头衔或薪酬水

---

[1]　程如烟、王艳：《美国重大科技专项组织实施的主要特点》，《科技管理研究》2008年第6期。

平，从而提高对特殊人才的保障和激励。军方特派员则体现了对管理人才的需求，这一职位代表了国防部对计划的支持，从国防部借调人才，借调期三年，其间薪水和津贴由计划支付。最终借调的特派员有几百名，其中不乏因管理能力获得奖励勋章者。

信息方面，如白万豪、张义芳①所述，多层级间的沟通涉及信息下行、上行和平级流动，较为复杂混乱，因此采取多样化的方式。首先，将沟通建立在 WBS 结构上，在对工作进行分解的同时完成由上至下的信息传递和由下而上的项目进展反馈。其次，将报告形成规范体系，包括日、周、月等固定频率的汇报，以及按照进度进行的不定期汇报，报告内容包括进度、采购、数据、技术、人员等多个方面，形式则从文字到图表不一，以使所需的信息能够准确、及时地传递给需求部门。再次，沟通及时有效，一般通过会议进行，包括动员、汇报、评审、总结等，涵盖了具体项目的整个周期，给技术人员、管理人员和承包商几方提供了充分交换意见的平台。但会议所需时间一般较长，因此多用于解决重大问题。最后，评审制度严格，层级和环节众多注定信息在传递过程中可能失真，这会对要求精密性的航天计划造成无法估量的损失。阿波罗计划设置相关人员，专门对信息的真实性和作用进行评价，剔除主观判断，提高其客观性，从而对决策提供更有力的支持。此外，计算机技术的引入也让信息沟通变得更加快捷有效。

（二）其他国家或地区：组织支持方式的特色

除美国外，欧盟、日本、韩国、印度、巴西等也是进行重大科技项目的主力国家和地区。它们在美国项目管理经验的基础上，结合自己的特殊之处，对组织支持方式加以调整。如欧盟强调多元化的合作

---

① 白万豪、张义芳：《美国阿波罗计划信息沟通管理对我国科技重大专项的启示》，《科技管理研究》2013 年第 3 期。

方式，日本则以官产学研相结合著称。下面将以典型计划入手，介绍其组织支持方式的特色、调整的来由与成效。

近期以来，欧盟先后提出伽利略计划、尤里卡计划等多个科技框架计划，如王元、刘峰[1]所述，还包括国际热核聚变实验堆计划、欧盟新药创制计划等。所有计划均具有资金体量大、涉及领域广、参与人员多的典型特征。其中伽利略计划于 2002 年初正式获得批准，是欧盟为了建设民用卫星导航定位系统所设立。该计划的可行性论证经历了近十年，涉及欧洲多个国家，是一场漫长且范围广泛的博弈。在开始实施后，欧盟则致力于多方签订加盟协议，以扩展卫星导航市场。这又分为开发与验证阶段和部署与运营阶段两个时期，第一时期主要是政府主导，联合少数几家大型企业；第二时期则吸纳了多家私营公司进入，扩大资金链、技术链和产业链。这进一步加大了管理的复杂性。总结其管理方式如图 6—2 所示。

首先介绍欧盟的整体组织模式与美国的共同之处。根据靳仲华、周国林[2]研究的内容整理，可知对航天工程这类重大科技项目，欧盟同样会设立专门的管理机构，以提高工作效率和管理的专业化程度；同时请专业机构参与进来，提供对决策的技术支持。这是项目管理中的管理者一端。但与美国不同的是，欧盟科技资源相对分散，要实施重大科技项目，一般需集合整个联盟的力量，因此在实施者一端，欧盟的组织支持方式更侧重于合作协调和利益分配的平衡[3]。因此，欧盟发展了多种跨国合作的管理模式，如刘秋生等[4]从合作渠道、目的、内容或组织等角度进行了区分；任世平[5]则对 FP7、"里斯本战略"、伽利略计划等欧盟重点科技计划的合作方式等做出总结。综合各方研究，可

① 王元、刘峰：《向国际大科学工程和计划组织学习什么》，《科技日报》2011 年 10 月 31 日。
② 靳仲华、周国林：《欧盟科学技术概况》，科学出版社 2005 年版。
③ 廖春发：《欧洲伽利略计划进展述评》，《国际技术经济研究》2006 年第 3 期。
④ 刘秋生、赵广凤、彭立明：《国际科技合作模式研究》，《科技进步与对策》2007 年第 2 期。
⑤ 任世平：《2007 年欧盟科技发展综述》，《全球科技经济瞭望》2008 年第 1 期。

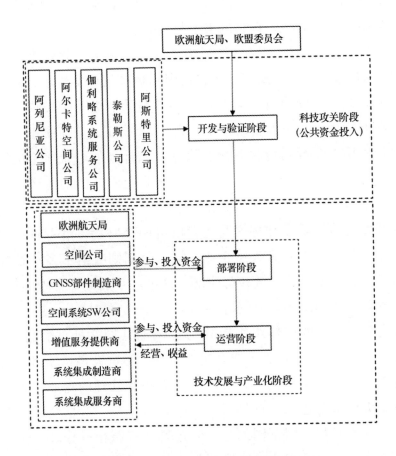

图6—2　伽利略计划的组织支持方式

（资料来源：冯身洪、刘瑞同：《重大科技计划组织管理模式分析及对我国国家科技重大专项的启示》，《中国软科学》2011年第11期。）

以将模式概括为矩阵型、虚拟型、分布型和互补型四种。

矩阵型模式一般依托于大型研究设备或装置，由参与计划的相关国家共同出资，进行该设备或装置的研究制造，然后各国科研人员利用其共同开展研究，一般要共同建造实验室，或集体同意选择某一方进行研究；所获成果则各方共享，经全体同意后可以向社会公布。这种模式相对集中，联系最紧密，资源整合度最高，沉没成本较高，因此具有长期性和稳健性，相对降低了长期不确定性带来的风险，调配也更为容易。但这并不意味着管理难度有所降低。采用矩阵型模式的项目一般涉及资金体量巨大，因此利益冲突发生的可能性提高。如伽利略计划在 2005 年时就出现过协商危机，德、法、英等主导国家对控制权存在争议，在利益得到平衡前，该僵局持续了近一年，最终通过欧盟的居中斡旋得以化解。因此对矩阵型模式来说，沟通是关键所在。

王泽华、万映红[①]认为，虚拟企业与矩阵型的实体基础不同，依托于因特网和电子通信等虚拟技术。该企业带来的虚拟型模式一般在主体是科研机构或高校时使用，因而突破了地理和时区的界限，人员和资源更为分散，取而代之的是数据的实时共享和高度集中。该方式进一步打破传统组织方式上的层级概念，扁平程度加深，一线人员成为散点，整体上只需一个统一的指挥中心，因此更接近项目管理所要达到的本质目标，甚至可以说，其作为"组织"而言是名不副实的。在虚拟型模式下，组织的沟通变得更加及时、高效，相应的管理成本也大大降低。欧盟实施的尤里卡计划中，就建立了一个用于项目分析和数据评估的专用网络及配套数据库，展现了这一模式的优越性。但这一模式的过度分散，不利于对人员的管理、监督和培养，如何设置相关机构，保证信息的准确、真实和安全性也是亟待克服的问题。

分布型模式一般由联合国或部分发达国家作为协调组织发起，不同国家或地区的机构、人员通过 WBS、OBS 等方式，各自独立完成任务，最后将分成果进行综合。这期间，资源和资金等不发生融合或统一调配，人员间有所合作，大部分时间里整体性只体现在对任务的分解和进度协调上，因而可能导致资源在某一设备或实验上的重复投入。这一模式在形式上最贴近传统项目管理，但其分散性也很强。当然该

---

① 王泽华、万映红：《虚拟企业网上合作模式探讨》，《中国软科学》2001 年第 4 期。

模式也有值得借鉴的地方，那就是对任务的分配格外明确，利益协调少，因此管理相对容易。

互补型模式主要发生在资源禀赋不同的国家或地区，多为资源、技术和资金上彼此取长补短，关键在于计划参与对象的选择，是跨国项目特有的管理模式，对我国借鉴意义不大，因此此处不再赘述。当然，在我国涉及国际性重大项目时，该模式仍值得参考。几种模式的归纳如表6—3所示。

表6—3　　　　　　　　　　跨国项目的组织支持方式分类对比

模式	矩阵型	虚拟型	分布型	互补型
出现时间及阶段	其次，相对复杂	互联网出现后，较为高级	其次，相对复杂	最先，较为简单
管理形式	紧密，资源彼此交叉联合	分散，人员关系简单	偶有合作，资源基本不交叉	有合作
管理成本	协调成本高	低	可能存在资源浪费	视互补资源类型而定
优点	联系紧密，易于统一	沟通便利	易于管理	资源充分利用
缺点	协调难	过度分散	重复投入	适用范围有限
适用领域	大型，实体	前沿	大型，目标易分解	资源互补

除可以借鉴以上几种常见模式外，跨国组织的管理还要求对涉及的组织和机构的领导关系明确。如其航天科研基地的管理就分为政府所有、企业所有和非营利机构所有三种。同样是航天计划，伽利略计划的监管方属于欧盟，合同授权给欧盟委员会，采购代理人则是欧洲航天局（European Space Agency，ESA）；而全球环境与安全监测卫星系统计划中，运作权则交给了欧盟委员会。由于项目管理时会涉及双重管理问题，如何妥善处理至关重要。这同样是值得关注的细节。

　　日本的组织支持方式与欧盟又有不同。它不涉及跨国合作，因此采用的模式较为单一，被称为"官产学研"联合研究。这种方式与阿波罗计划的层级制相类似，包括组织机构、主管机构、实施主体、具体负责人等层级，并有专门的协调机构。不同点在于，日本几乎在所有重大科技项目上都十分重视产业界和学界的参与，包括由多家企业组成的技术研究协作组织，由企业、大学和科研机构组成的技术创新联盟等成熟的产学研合作模式结构。这有利于缩短重大项目由研制成功到产品投产的周期，有利于吸引企业参与，并有助于资金回流乃至项目的初期申请；同时，在研制过程中已经培养起的一批后备人才，可以在后续研发生产中成为顶梁柱。周程[1]给出了基于官产学合作的创新案例，包括超大规模集成电路项目（VLSI）等。这体现了该方式的重要成果，因此也值得在确定组织方式时加以补充。对 VLSI 的模式总结如图 6—3 所示。

　　以 VLSI 为例，详细介绍这一方式。潘铁、柳卸林[2]对 VLSI 进行了研究，发现项目由理事会和下设的运营企划委员会作为管理核心，对整体的决策、协调进行负责；研究方面则由日本政府组织计算机领域的企业，以及日本通产省电气技术实验室、电子技术综合研究所和日本电信电话公社，共同组成协会，对项目提供技术支持。协会分为联合实验室和企业独立实验室。前者更侧重"学"，人员从各参与成员机构中抽取，负责基础、共性的研发，所获成果对全体项目远程共享；后者更偏重"产"，主要由各企业独立构建，以实现技术的生产性转化为目的，所获成果独立推广和产业化。同时，政府进行协调，强调外部竞争、减少内耗，从而降低了合作中的成本，尤其有利于追赶世界先进水平。

①　周程：《日本官产学合作的技术创新联盟案例研究》，《中国软科学》2008 年第 2 期。
②　潘铁、柳卸林：《日本超大规模集成电路项目合作开发的启示》，《科学学研究》2007 年第 2 期。

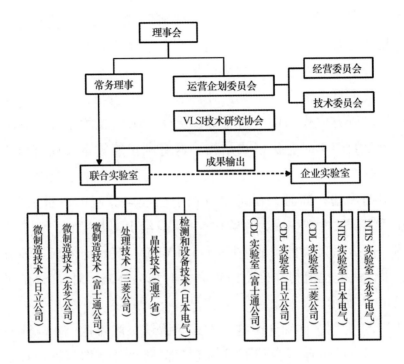

图6—3　日本 VLSI 项目的组织支持方式

资料来源：董佳敏、刘人境、张光军《大科学工程组织管理模式对比分析及对我国的启示》，《科技管理研究》2016 年第 16 期。

三　我国重大科技项目组织支持方式的演变及存在的问题

如前所述，我国重大科技项目的传统组织支持方式为举国制度，即通常所说的"集中力量办大事"。从 20 世纪 80 年代开始，较为全面和完整的项目管理思想开始引入我国并得到应用，与原举国制度的部分特点相结合，逐渐成为目前管理的通用模式主干。本节将分别以

"两弹一星"和神舟七号为例，对我国的演变过程进行分类梳理；再结合国外经验对比归纳，指出现存的问题，以便在探讨"制造强国"可采取的组织支持方式时着重弥补。

（一）从举国制度到柔性管理的演变过程

举国制度指的是由国家机构发动各方面的资源，将全国范围内的人力、财力、物力集中调配，以实现国家利益与荣誉。该概念最早源于体育赛事，后推广至国家各类重大项目的管理方式，是向苏联学习而来，带有强烈的时代特征与国家特色。与之类似，黄振羽[①]将我国早期项目管理的方式概括为单位体制和锦标赛体制，同样由所处时代的特色行政体制所决定。其中单位体制依附于"单位"这一行政组织，在法律权责、行政事务以及由此衍生的管理和支持机制上均有较为明显的时代印记；锦标赛体制最早是企业管理中的一种理论，后来衍生为对政府管理者晋升的考核标准，从这一角度出发，重大科技项目作为对相关管理者的绩效重要衡量指标，其接受管理的方式也注定要受到影响。

由此可见，项目的组织支持方式的演变与我国国情的变迁紧密相关，因此可以以改革开放作为分界线进行考察。在改革开放之前及初期，对"两弹一星"等项目的集中化管理是主流的组织方式；在改革开放的后期，随着正负电子对撞机、生态网络系统工程、中粒子加速器、大型飞机，以及各地的天文台、辐射实验室、新材料实验室等如雨后春笋，如百花齐放，管理模式也相应发生了改变，结构更为分散，

---

① 黄振羽：《大科学工程组织的治理结构冲突与演化研究》，博士学位论文，哈尔滨工业大学，2015年。

方式也更灵活变通，逐渐向项目管理的特点靠拢。按照董佳敏等①的说法，即由"举国制度"变为了"柔性项目制度"。

"两弹一星"最早指的是原子弹、氢弹及人造卫星，后指导弹、核弹与人造卫星。这是我国为在当时严峻的国际形势下保护国家安全、维护国家利益所制定的科技战略，可以说是我国重大科技项目的开端。"两弹一星"以及后来改革开放初期的"863计划"，这些早期项目的组织支持方式都充满了举国制度的特征，即实施了行政路线和技术路线的双线形式，依靠全国的力量参与其中，将协调成本降至最低，整合效率尽可能提高，从而在短时间内做出了惊人的成果，原子弹与氢弹实验成功的间隔不到三年，是当时世界上拥有核力量的国家中最短时间实现科技突破的。

举国制度的特征结构是两个主线，即技术和行政双线并行，分别负责技术攻坚和管理协调。这一思想最早由国防部第五研究院提出。1962年，我国自行研制的"东风二号"导弹在首次试验中失利，第五研究院经过总结经验教训，提出了包括两个主线在内的改进措施，要求总设计师系统进一步健全，通过责任制应对技术难题；管理系统则要加强调度功能。这一思想在随后出台的暂行条例中得到书面落实，并最终形成了双线并行的特色制度：一方面，以行政命令，进行资源的调配和整合；另一方面则由技术专家对难题进行突破，从而形成了技术路线依靠行政路线、行政路线协调技术路线，双线间相互配合又彼此独立的格局。

以"两弹一星"为例详细说明组织结构。"两弹一星"的双线均统一受党中央和国务院的最高领导，并接受以周恩来总理为首的"十五人专门委员会"（以下简称专委会）统领。罗瑞卿总参谋长在《关于加强原子能工业领导问题的报告》中提到，最好采用"总理抓总"的方

---

① 董佳敏、刘人境、张光军：《大科学工程组织管理模式对比分析及对我国的启示》，《科技管理研究》2016年第16期。

法，因此专委会中包括贺龙、李先念、李富春等七位副总理，分管领域包括国防工委、国家经委、国家科委、财政部；其余成员则均为工业、科技等部委的部长级干部，形成了极为强大的领导集体。双线共分为五个层级，除第一层级均为专委会外，其余四个层级在两条线路中的划分不同。技术路线的其余四个层级包括技术总指挥、分系统设计师、单项主任设计师和技术人员及科学家，主要依靠国防科研系统，人员和业务还涉及中国科学院、第二机械工业部、第七机械工业部、核武器局等。其工作内容主要是每周举行会议，提供商讨平台，使科技专家就疑难问题充分交换意见。行政路线则包括行政总指挥、分部门领导、部门下属组织领导和具体的行政人员，其中各部门及办公室主要依靠国防部，包括中国科学院、卫星设计院、机械工业部等；工作内容则是对技术路线中涉及的各部门、办公室和院所科室进行协调。总结"两弹一星"的组织管理结构，如图6—4所示。

在两条线路、五个层级以外，"两弹一星"还采取了"科研三步棋"和"三结合"的方式。"科研三步棋"针对技术，指的是对产品的研制分为三个层次同时进行，包括：试验中并即将投入生产的成熟型号、设计中的型号，以及仍处于探索期的新型号。这保证了研制过程能够达成衔接，产生研发工作中的"规模效应"，既不会导致资源空转，也不会令同时进行的任务过多、过于分散，从而影响整体进度。"三结合"则针对管理，有两层含义：一是要求生产部门的领导者、生产工人和技术人员实现"三结合"，紧密沟通、互相了解，拓展看待难题的视野，发挥 $1+1>2$ 的优势；二是要求使用、研发和生产"三结合"，做到以使用为核心，研究有的放矢，生产降低成本、提高效率。

"两弹一星"等我国早期的重大科技项目，除前文提到的涉及协作单位多、调配系统复杂和所需支持庞大以外，还有独有特点和由此产生的要求，包括项目本身任务多、时间短，因此进度吃紧；技术经验少，全部要从头摸索；风险高，一旦失败负面影响很大；以及我国财

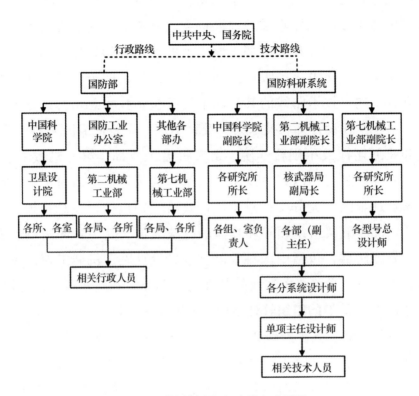

图6—4　举国制度组织支持方式层级

资料来源：董佳敏、刘人境、张光军《大科学工程组织管理模式对比分析及对我国的启示》，《科技管理研究》2016年第16期。

力有所限制，经费投入相比当时发达国家较为有限；等等。举国制度则创造了双线制度，以全国资源为优势，保证管理人员直接向国家最高领导人负责，调配有权力、有底气；技术人员攻克难关无后顾之忧。这保证了各路线的专业程度，便于发挥我国体制优势和资源优势，短时间出大成果。但这一做法也存在缺点，较为明显的是双重领导天然存在的负责制混乱缺陷，以及硬性行政命令造成的资源损失与不经济等。

随着我国科技事业的发展突飞猛进，行政命令硬性规定的方法逐渐被柔化和取代；而国际上成熟的项目管理经验及柔性组织、权变理论、生命周期等先进理论逐渐引入我国，也给了重大科技项目组织方式新的灵感，柔性管理在我国应运而生。这种管理指的是以人为本的人性化管理，具有更适应环境、对变化更敏锐、更利于成员学习和自身创新的特点，强调组织意志要转化为个人的自觉意愿，从而调动参与者内心的主动性、积极性和创造性。要实现柔性管理，重点在于有效授权、灵活激励、强调学习和建立文化。

在我国，最早引入的项目管理是载人航天工程项目，且这一结合向来较为紧密。我国该项事业开始于20世纪60年代，最初由钱学森先生引入了项目管理中的系统工程思想，应用于航天器管理中；并从90年代开始全面接受项目管理概念，与我国实际相结合，逐渐形成项目管理成熟度模型、风险成熟度评估模型等理论基础，管理结构的实践也由单项目进化为项目群，一定程度上弥补了双线并行结构中存在双重领导问题这一不可避免的制度缺陷。柔性管理也在当时战略地位较为重要的载人航天工程中得以应用，并在其后几个五年规划的一系列重要科技计划中得到了推广。

以神舟七号为例，介绍这一阶段组织支持方式的特点。这一项目围绕强有力的统一管理核心，继承了举国制度中行政与技术两线并行的经验，因此仍从这两方面入手进行分析。技术上，神舟七号要实现我国航天员的首次出舱，本身要攻克的技术难关相较此前项目更多、风险更高，但时间同样紧迫，因此对项目风险管理、质量管理和周期管理都有严格要求；行政上，科研人员的队伍整体较新，较为缺乏经验，但同时更具有创新热情与活力。这迫使该项目做出更多管理上的新尝试，并支持其在结合柔性管理与自身特点的基础上进行创新实践。按杨保华等[①]的总结，在项目的组织、生命期、评估等大方向，以及进

---

① 杨保华主编：《神舟七号飞船项目管理》，航空工业出版社2010年版。

度控制、质量控制等细节方面，神舟七号项目均有改进和提升。具体表现为组织上以权变理论为依据采取柔性管理，生命期以全寿命理论为依据，技术上考虑多维度、多变量；进度控制依托关键链理论进行，过程控制以产品为出发点，风险控制采取更为全面的多维模式，并由成熟度模型和国际卓越项目管理模型进行评估。为了与国际经验形成更好的对比，以下将主要从组织结构方面入手，对其支持方式进行详细介绍。

组织结构上，神舟七号继承了双线并行的特点。其管理核心为专门设置的项目办公室，办公室的项目经理是行政总指挥，负责资源统一调度和项目的整体协调；技术经理则是总设计师，专门负责研发和设计。每条线下分别设置副经理，负责总体层次上更为具体的部分。总结神舟七号的组织结构如图6—5所示。

管理柔性化是神舟七号项目组织支持方式引入柔性概念的创新实践，主要表现在：多项目并行、临时小组、动态调整和强调团队。首先是多项目并行。正如"两弹一星"项目管理经验中的"科研三步棋"战略，神舟七号同样是多个型号的研发任务同时进行。这就要求管理模式能够适应这一情景。神舟七号对此采取的措施是多项目管理，即由一个项目经理对多个项目统一负责，拥有跨项目调动资源权力，并采取同样或相似的形式，进行多个项目的评估、计划、控制和反馈。这一思想与国外先进模式相同，目的在于更有效地利用资源，提高技术推广、命令下达和结果汇报的效率，更有助于灵活调节各项目的节奏。

临时管理小组的设立应用了矩阵式管理的思想，负责管理进度、质量评估和风险控制等分系统中更加细致的环节，专业性较强。如前所述，神舟七号的临时小组成员同样多为兼任，既负责新成立小组分配的关键或重要因素的管理，又继续承担原有项目的任务。该项目中先后成立的小组如下：（1）技术状态管理小组。该小组主要由技术专

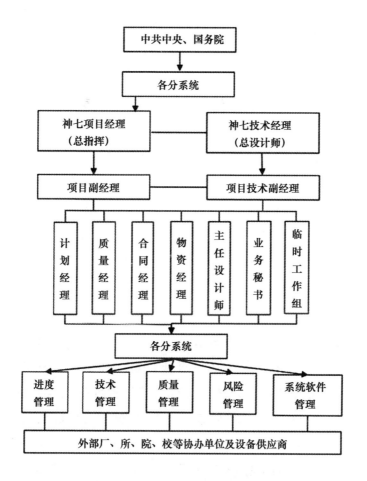

图6—5　神舟七号项目的组织结构层级

资料来源：董佳敏、刘人境、张光军《大科学工程组织管理模式对比分析及对我国的启示》,《科技管理研究》2016年第16期。

家及管理人员构成，目的在于实现技术状态管理。（2）质量管理小组。构成人员包括技术和行政双线的经理人员、质量管理系统的各层级人员以及物资经理。通过明确项目质量控制的任务、步骤和人员权责，完成产品保证工作的组织协调。（3）经费管理小组。项目经理、副经理和合同经理是该小组的主要负责人，收集各下属层级上报的财务数据，通过相关部门的监督和支持，实现成本经费控制。（4）软件工程化管理小组。该小组又分为系统项目与配置项目。系统项目交由"系统级软件工程化工作组"专项进行,并进一步针对项目设置分系统管理小组;其人员涉及主管技术副经理、质量及总体软件负责人、软件及下属分系统软件的专家。配置项则是对软件工程化予以支持的各配置设施的总称,其管理小组的人员构成包括组长、副组长、小组技术成员,此外还有需求分析小组、设计及实现小组、测试小组以及第三方评测等辅助机构。(5)风险管理小组。该小组接受"两总"(即技术与行政总指挥)的领导,设置组长与副组长,并全方位囊括计划、质量、合同、物资、风险等多方面负责人或技术专家作为小组成员。该小组成立的目的包括风险预警、评估、分析及应对,下设专题风险管理,以对特殊化风险做出及时反应。(6)可靠性与安全性管理小组。该小组同样直接接受"两总"领导,并指定主管的副总工程师负责具体任务的开展;分系统同样包括第一责任人与专人,负责分析与信息采集。临时小组的设立实现了纵向的垂直管理和横向的任务并行,进一步加强了矩阵思想的应用,从而形成了项目管理中较为典型的方式。

动态调整主要有两种表现形式。一是根据自然和社会等外部环境的变化,成立专题协调小组。如2008年某些突发性自然灾害,使物资的运送受到影响,限制了原材料的供应。对此采取的措施是围绕生产基地成立专题小组,成员包括经理及技术人员,在基地附近的研制单位开展工作。二是根据进度、目标和任务完成情况等内部环境的变化,对组织各方面细节进行调整。例子包括舱外航天服研制进度与整体内容不匹配时,项目组改变流程计划,将航天服研发提升到与其他主要工作并行,从而保证进度整体一致;以及调整结构,使飞行控制与回收试验小组在技术上依赖、服从于发射试验小组。这是为了使发射场的任务得以更好地完成。

强调团队主要是针对现在年轻化的管理人员组成。为了更好地发挥和调动这支队伍,团队采取"以老带新"的构建模式,使经验与冲劲实现较好的融合；团队的绩效与激励方式也进行了相应调整。此外，"走出去"和"请进来"的方法得到了推广，项目组中的人才通过国内外其他机构的进修开阔视野、提高潜力，国内外的专家则被邀请到组内来进行知识和经验的传授。

组织的末端是高校、科研院所及设备供应企业，这与官产学研的思想不谋而合。其中供应商组成了庞大的网络，包括主承包商、分承包商和零售供应商，因此也需要特殊的管理方式。对此神舟七号采取了产业链管理方法，即对供应商采取一体化管理，通过引导提高其供应的规范性。

（二）目前我国重大科技项目组织形式的问题

我国早期与后期应用较为广泛的组织支持方式的总结如前文所示。根据第一部分中对支持方式的划分，将中国与美国、日本和欧盟等国家和地区的先进经验进行对比，可以更为清晰地看出我国在哪些地方完成了追赶，又在哪些地方还有不足。几种模式归纳如表6—4。

表6—4　　　　　　　　　几种组织支持方式一览

	传统项目管理	跨国合作管理	官产学研联合	举国制度	柔性管理
代表国家/地区	美国	欧盟	日本	中国	中国
典型项目	阿波罗计划	伽利略计划	VLSI	两弹一星	神舟七号
适用情形	资金多，范围大，不确定性强	参与主体为不同国家、地区，资源差距大，地理限制多	企业科研实力较强，对成果及时进行生产性转化，追赶世界先进水平	军工领域；计划经济，科技水平相对落后；特殊国内外形势	科技水平有所提高，追赶期、转型期

续表

	传统项目管理	跨国合作管理	官产学研联合	举国制度	柔性管理
组织关键	集中 + 分散	利益分享	强调企业和科研机构的参与	两线并行，以行政命令进行硬性调配	两线并行，吸取传统项目管理和产学研经验
优点	管理方式较为成熟定型，运转流畅，普遍采用	吸引较多参与者，因地制宜采取多元方式	易于实现成果转化和推广；易于培养人才	集中力量，短期出成果	集中力量，比举国制度更为灵活
缺点	双重领导问题；沟通不畅	协调难度大，结构分散	不同类型参与主体的利益协调、成果分享	过度集权管理，管理成本高	管理成本仍偏高

　　可见，我国目前已经在有意识地吸收国际先进经验，并取得了初步成果，表现在由举国制度向柔性管理的演变，以及对国际成熟经验中各种模式优缺点的取长补短上。然而，即使是更为先进的柔性管理，也还残留有特定时代背景的影响；而从其他各种模式的适用情形中也可以看出，目前尚未形成能够作为基础的组织支持方式，使其可以在未来各类项目中直接得到推广和应用。这是我国现有方式的不足，即还不够成体系化，"柔性"概念还较为模糊，需要根据时代进行较大调整。而观察各类模式的优缺点，并进行对比，可知在高层管理、内部体制和外部环境方面，我国的现有实践还有所不足。将分以下这几方面进行论述。

　　一是过度集权管理。指的是决策层权力集中程度超过应有限制，从而使集权管理模式的弊端超过了原本的优势。主要缺陷在于以下几点。首先，过度集权带来极大的工作量和内部耗损。过度集权的组织结构一般存在多个层级，且所有决策均需经过最高领导层。这就导致最高领导层需要处理各种细节工作，一来耗费时间心力，二来决策质量不能保证，三来信息传递加长加多，可能导致紧急情况延误、信息失真。尽管我国使用了双线并行方法，将行政路线独立出来专门处理管理问题，但出现漏洞的可能性仍较高。其次，这种管理方式也对最高领导层提出了更高要求。不同于分权情况下的专业问题专业处理，最高领导层需要拥有广泛的知识，全面的技能和较强的领导、决策、管理能力。即使有专业委员会进行技术支持，在必须事无巨细做出决策的情况下，过度集权的人才要求也要远高于相对集权。再次，阻碍了中下层成员主观能动性的发挥。传统下使用行政命令直接进行管理，会给中下层成员尤其是管理者带来依赖心理，同时使其缺乏对组织的责任感和实现自身能力的愿望，导致人才资源的浪费，企业的创造力也受到抑制。这些都会导致管理成本过高。

二是多重领导制。目前我国重大科技项目的管理层属于多部委领导制度，尚未发展成多重领导制，在运行中也没有出现明显问题；但由于多重领导制天然的不科学性，一旦对此不够重视，或没有对双线结构进行科学使用，就可能导致隐患爆发。李璜、赵睿涛[1]在对伽利略计划早期进程作评述时，便提出结构和责任划分不明是该计划的一个缺点，因此在此同样加以论述。这一现象的出现既与双线并行的结构有关，也是因为我国在民用科技方面的顶层管理涉及部门较多，包括主管的科技部以及与之协调的科学院、工信部，以及发改委、财政部等辅助部门，因此相关项目天然会采取多部委领导制。该制度的问题是存在较高的沟通协调成本，如程度较重，甚至可能会干扰整个项目的正常进程。

三是体制不完善。项目中各个任务和子任务间的关系还在摸索阶段，如何科学地将任务分解为子任务，再将子任务的成果汇总为整体

---

① 李璜、赵睿涛：《伽利略计划为欧盟未来航天系统提供的管理和融资教训》，《卫星应用》2012年第 6 期。

成果，需要进一步规范化。傅建球[1]认为，国家间进行科技合作的新形势也对我国提出了科技体制等方面的新挑战。此外，项目整体的监督、评估和调整机制也在发展中，相应机构功能需得到加强[2]。我国的科技评估体系虽然已经今非昔比，但与国际标准相比仍有较大差距。国际上存在总体和细分的综合评估体系，正如徐峰、许端阳[3]所述，美国的大多数项目统一受到计划等级评估工具（PART）的管辖，但国家纳米技术计划又特别由《21 世纪纳米技术研究开发法案》所规定。这种总体和具体并行的细致评估方式，我国暂时还需要学习。

四是外部环境的支持还需进一步加强。由于相关管理人才特别是项目管理人才的缺乏，我国专项管理办公室目前的工作还偏向基础性，而从国际经验来看，这一结构的设立是为了在一定自主权范围内实现自我任务分配和管理，而非"做杂活"。此外，我国的管理信息系统尚在建设当中，目前的容纳内容还较为狭窄，与国际对比可知，例如文件管理、专家支持、资料检索、预算编制等重要功能还在进一步编写中，同时应用度还不高，存在一定信息孤岛现象。

综上所述，我国目前的不足可以总结为三点：管理层、执行层和辅助机构。首先，管理层职责和权力还不够明确和具体，应该实现该集中的时候要毫不含糊，降低内耗成本；该授权时要当机立断，增加一线科技工作者的自主权，激发创造力和主观能动性。其次，在对现有执行层加强管理的同时，范围也应进一步扩大，目前基本还限制于科研机构，企业能动性发挥还不够，后备人才储备缺乏。最后，监督评估等辅助机构应得到完善，从而做到放权不放任；管理也应更适应时代潮流，将互联网、数据库等引入其中，使管理更加科学化、数字化。

---

① 傅建球：《国际科技合作新趋势对中国科技发展的挑战及其对策》，《科学管理研究》2005 年第 1 期。

② 黄斌、刘波：《政府重大科技项目组织管理方式的探讨》，《江苏科技信息》2006 年第 12 期。

③ 徐峰、许端阳：《国外政府支持重大科技计划或专项组织管理特征分析与借鉴》，《科技管理研究》2011 年第 14 期。

四　对适合我国重大科技项目组织支持方式的探讨

由前文的分类可知，要确定组织支持方式，先要了解项目本身的特点。在本节中，也就是要首先对"制造强国"的概念加以阐释。这是我国实行强国战略的第一个十年的行动纲领，属于三步走战略的第一步目标，即在 2025 年迈入制造强国的行列。围绕这一点，国务院印发的相关通知中，明确提出了"一二三四五五十"的总体结构，目前已有"1＋11"文件支撑体系，包括已经确定的装备创新等工程的落实方案及战略性领域规划。通知中提到的两个"五"中，其中一个指的是五大工程，包括工业技术研究基地建设、智能制造工程、工业强基工程、绿色制造工程和高端装备创新工程；而"十"代表的十大领域则包括信息技术、高档数控机床和机器人、航空航天装备等。与此同时，有关文件还提出了体现创新能力、质量效益、两化融合和绿色发展的指标。

除纸质文件外，关于"制造强国"的已有实践和计划也显示了项目特点。对内，行业方面有航天航空、工业机器人等领域与智能制造紧密结合，对产学研的合作提出更高要求；地域方面则有成都、合肥、长春、长株潭衡（即长沙、株洲、湘潭和衡阳）等城市纷纷启动计划，为试点示范城市描绘蓝图。对外，合作方面有天津于 2017 年 6 月底举办的世界智能大会的分论坛，力求对接"德国工业 4.0"，推动智能制造的合作共赢；独立方面则有李克强总理在达沃斯论坛的表态，表明要与国外企业自愿合作，尊重对方知识产权。综合以上，可以得出本系列重大科技项目的共性，即多线并行、多管齐下，力求在广泛的先进领域和地理区域上同时发力、多点发力，通过自主努力追赶世界先进水平，尽快实现与德国、美国等先进制造工业国的对接。

根据以上特点，我国与"制造强国"有关的项目，具有"多""大""不确定"的普适特点，所处历史时期为转型阶段，目标是追赶国际先进水平，领域限制在高端技术方面，同时基本不存在跨国合作。因此按照此前的分类方式，应属于关键技术、战略产品和专项工程的混合型；技术阶段则多处于发展期、瓶颈期，后期可能逐渐进入转换期。对比表6—4，易知采用传统项目管理制度为主、官产学研为辅的管理方式较为恰当。而举国制度及其柔性化的改良衍生是我国的独创，已经得到神舟七号等载人航天工程及一系列重要项目的检验，其中的积极经验同样值得继承，如双线并行进行技术和管理分工、集中力量攻克核心技术难题、引入临时小组、专题小组的矩阵思想等。因此，我国可以采取的组织支持方式是综合项目管理形式。

综合管理形式如上所述，以传统项目管理为基石，加入矩阵、柔性、官产学研等其他模式的优点，并与我国已有模式相结合。具体说来有以下几方面。第一，层级上采用管理、执行、运营三大级，即管理层为专门成立的领导小组，执行层负责将主要任务分解为子任务并传达给下属部门，具体生产运营由主要和附属承包商负责。此外还加入了辅助机构，实行监督、支持、评估等职责。第二，结构上吸取其他模式的经验，如对于核心难题攻关，可以综合矩阵思想和我国的举国制度思想，挑选与该问题相关联的少数几个部门，抽调优秀人才，组成临时核心研究小组，直接接受最高领导机构的统辖，并获得资源、渠道等方面的优先支持。第三，方法上分为横纵两条线，纵向采取集中＋分散的手段，既不能过度集权，也要尽量发挥我国人力物力丰富、"集中力量办大事"的优势；横向上则要行政与技术两线并行，专业分工提高效率，降低混乱。第四，工具上对大部分参与机构和企业实施分散化管理，靠WBS、OBS等项目管理中的常用方法，将总体任务分解、细化成果汇总，实现研究上的多线并行，降低整合资源的耗损。第五，在成果转化上按照官产学研的经验，对于最终要转换为民用等实用性项目，可以多引入市场化导向的企业和科研机构，在多型号共同研制时将民用综合考虑在内，从而降低生产转化的难度。简要结构示意图如图6—6。

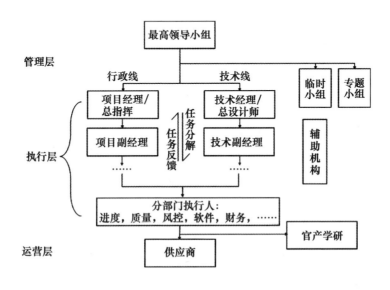

图6—6 综合项目管理模式结构

除以上提到的主要形式外，如果从弥补问题入手，以实现目标为动力，在部分细节上还可以继续补充完善。因此，对我国组织支持方式的具体操作，建议如下。

第一，总体坚持项目管理，细节方面因项制宜。项目管理既得到国际成熟经验的证明，在我国也逐渐发展成熟，能够较快较好地适应大多数项目的管理实践。而由于项目管理的理论已经成熟，因此可以在细节上根据具体科技项目的不同类型加以调整。如以特定技术突破为目标的需要资源的紧密联合和方向一致，以收集基础数据为目的的则可以放宽对组织分散程度的要求，需要得到关键产品的强调产学研联合，军工专项则对保密性和安全性等有特殊要求，因此需要额外的过程控制和管理。要避免一刀切的笼统组织方式，既有原则，也要灵活，在确定组织方式前对项目进行分析分类，得到其典型特征，对症下药；在确定结构后，可以以 WBS 为依托获得反馈，即在分解并传达任务的过程中完成信息的传递与反馈。

第二，加强科技管理的顶层建设。美国的能源局、NASA，日本的综合科学技术会议，都是特定领域职责集中的领导机构；即使是欧盟，在同一领域可能同时有几个领导机构，也有着明确的职责分工和领导范围。因此，我国首先要继续实现顶层领导部门的统一性，在过渡期，对于大型及超大型的科技项目，可以考虑继续成立特别领导小组，由国家相关部门的最高领导人直接参与；其次也要形成规范的合同、约定和相关规则，明确任务分配，在涉及多个部门时更是如此，否则可能会造成权责不清、互相推诿。规范的约定有利于将利益冲突消弭于无形。这一方面可以参考欧盟的经验，如 ITER 制定的一揽子合作协议，对参与的各成员国的权利和义务都有详细的规定，同时签署一系列专项协议，对专门事项进行额外约定，最大范围涵盖了可能发生的情况，避免钻空子的发生。

第三，继续保持行政实行单独线路的设计。这与阿波罗计划等传统项目管理中专门抽调管理人才有异曲同工之妙，单独采取行政线路有利于更明晰的管理，体现了技术和行政两手都要抓的思想。在传统项目管理的基础上继续坚持两条指挥系统，就是将原先的管理层细化为技术线和行政线，让研发人员专心考虑攻关，让行政人员解决后顾之忧。这对核心领导小组也提出了更高要求，要求其管理能力和专业知识都要过硬，因此可以采取群策群力、技术支持的方式。群策群力指会议讨论、小组决策，即形成定期和不定期的会议制度，对重大决策进行讨论，两条线路的关键人员发表意见，领导小组充分听取，避免闭门造车式决策。技术支持则是指建立专门的技术委员会或机构，对领导小组决策中的技术问题提供意见和参考。

第四，在执行层实现产学研联合。在管理层加强管理的同时，执行层则要提高市场导向性，加快科研成果的转换效率。除日本的官产学研以外，欧盟的伽利略计划也是在计划伊始就制定了市场导向机制，与各国的通信公司、航空公司等私人企业进行合作，政府主导研发阶段，到运营时则移交私人企业，"将市场的还给市场"。这就要求我国在实施计划特别是一些专项计划前对市场定位心中有数，与相关企业进行接洽，从而缩短研发的"变现"周期，尽快转化为制造业的动力，提高先进制造的针对性和实用性。当然，在选择这些企业时也要注意资格准入的设置，企业首先要满足专业性，方可允许其"进场"。知识产权的管理和保护也要加强，避免企业在独立研发成果时产生共享和同业竞争的顾虑。同时，这有利于实现优秀科研人才的培养，使高校与企业结合紧密、相得益彰，降低培养人才的成本。

第五，重视辅助机制的建设。沟通、监督（包括质控、风控等）和评估等都属于辅助机制，但也是组织支持过程中必不可少的环节，对项目能否按期保质低风险完成做出保障，因此需要对每个环节进行细化处理。

首先，信息沟通要按照全面、准确、保密、及时和有效的原则，应用书面、口头、定期例会和线上系统等多种方式，将各类信息分别以适当方式进行传递。由于重大科技项目的信息分为技术类、管理类、控制类和专项类等几种，因此需要以双线为依托，建立专项流程框架。这是指双线在总体上采取相类似的制度，如逐层传递、定期沟通、紧急上报等；在不同线上则根据各自的特点采取特异方式，如技术线路可能更多使用线上系统，因此要加强对信息管理系统的建设和软件使用的培训。沟通形式也至关重要，当面讨论、电话会议、书面报告制度和信息评审制度一起组成完善的沟通机制，并以数字化、信息化为辅助，通过先进的计算机技术，提高信息沟通的效率和准确性。除框架与形式外，细节也需要进一步加强，包括建立规范的书面文件系统，每份文件的针对主题、责任单位和责任人、评估人和审查人等关键信息明晰，相关人员能够及时查看文件信息；在每一阶段结束后进行总结，并通报相关部门；定期进行信息沟通规范的培训；完善软件工程化管理等等。

其次，监督环节，由于重大科技项目具有不确定的共性，为降低由此带来的风险，相关机制尤为重要。这可以对项目的周期、资金占用情况和风险点进行范围估计，及时发现、及时止损，做到有备无患。因此一是可以参考国际经验，设置专门的监督机构，接受关于进度、预算、成本等关键环节的汇报。二是需要对特定组织部分或节点进行定期检查和不定时抽查，做到总体监控和查漏补缺。三是对于质量、风险等重要领域要特别注意。质量方面，参考数理统计的方法，包括数据表、趋势图、回归模型和经济学的帕累托最优等，对所收集到的资料做出定量处理，以满足质量管理的精确性要求。具体措施则包括建立审查委员会和质量小组等质控单位，定期检查、复查，以及建立质量信息库，对产品达标及优秀的标准范围和偏离限度进行规定，并通过信息系统向项目组实现共享。风险方面，主要做的包括事前预防、事中应对和事后反思。对于事前，预防手段主要包括提高防控技术、增强人员安全意识和强调遵守标准程序进行作业。对于事中，则包括在风险及其损失较大时的主动回避，风险在一定范围内时通过主动承担的方式达到损失最低的目的，以及通过保险等措施实现风险共担、风险转嫁等；此外还包括及时启动应急措施，并对应急措施进行调整。事后则是对风险进行反思，总结原因和教训，并进行追责、通报，以防再次出现同样错误。

最后，评估的方法上可以参照常用的项目管理评估方法，包括层次分析法，即将复杂的过程分解为目的、规则、应对等多个简化的层次，对每一层次做出定性或定量的评估；以及对比分析法，即对项目导致的效果通过对比呈现得更为清晰，分为前后对比（执行项目前的情况作为对比参照）和有无对比（假设未实行该项目的情况作为参照）。因此，可采取总体＋具体的并行模式，从执行、成本、效率、影响等分解出的方面入手，对实施前、过程中和实施结果都进行分阶段评估；并对总体效果作出对比。此外，国际项目管理协会还提出了卓越项目管理模型，通过从项目管理和项目结果两大部分入手，建立包含领导力、人员、资源等九类标准在内的模型。以该模型为基础，结合具体实践，可以对重大科技项目建立更为符合实际的评估模型，以百分制或优、良、中、及格、劣的五级标准，对项目进行打分。通过以上评估，项目组可以对项目做到心中有数，在实施过程中对出现的问题及时改正，在实施后衡量成果是否达标，并可以更好地指导今后项目的开展。

目前我国正处于转型期，科技水平、经济水平和管理水平比起以前都有了长足的进步，但与国际相比还有很大不足。因此在对重大科技项目进行组织支持时，既要参考先进经验，吸取失败教训，也要注意保持我国特色，从实践中来，回到实践中去，这样才能保证重大科技项目在管理上无后顾之忧。

第 七 章

作为创新协调工具的技术路线图

技术路线图作为创新活动的管理工具，在国际上已经普遍使用，并且其技术不断精练，积累下了很多经验。从中可以看到，技术路线图不是自上而下的指令或命令，它的独特之处不仅是把创新目标细分化、具体化和分期化公示出来，更在于编制过程和运用过程中吸取各方智慧、形成共识，诱发创意的协调方式。在产业政策体系中运用技术路线图，可以促进相关部门及人员对创新目标形成共识，集中资源有针对性地开展创新活动，对创新过程进行更及时有效的跟踪调节，以保证各环节创新的方向性和有效性，保障国家创新目标的实现。当前中国已进入高质量发展阶段，要靠创新驱动从"制造大国"转型升级到"制造强国"。因此，如何借助技术路线图使各创新主体形成共识，密切协作配合，对于制造强国目标的实现至关重要。

一 技术路线图协调功能的相关研究

技术路线图（Technology Roadmap，TRM），简单地说，就是采用系统化的方法对未来进行长期展望，将技术开发进程及其各要素之间的关系按时序、分层展示出来，集结众多参与者的智慧，统一认识，以保障技术开发的方向性和有效性的管理手法。技术路线图首先被应用于企业、产业层面，后来逐渐被应用到政府层面[①]。技术路线图得到广泛应用的主要原因是，产品研发周期的大幅缩短、合作需求的日益增长，以及国际竞争的不断加剧。

技术路线图有众多功能，其中最受关注的，就是可以促进众多参与者对技术开发目标形成清晰、一致的认识，做出正确的判断，更有效率地进行科研活动。换言之，技术路线图能够协调各方面的活动，使科研资源得到更有效的配置，科研各环节得到更紧密的衔接。我们把这种功能称作协调功能。对于技术路线图的协调功能，可以从沟通、信息组织两种视角来进行分析。

（一）沟通视角

持沟通视角的研究认为，不同领域或部门共同研讨制定技术路线图可以促进理解、达成共识和形成一致行动。有文献指出，技术路线图是各种战略领域进行技术规划和沟通的有效手段[②]。技术路线图通常由企业资深主管负责组织推进，采取跨学科、跨部门研讨方式编制，这可以促使各个有关方面进行深入交流，对共同关注的问题形成共识和部署行动方案。从企业层面看，编制技术路线图由技术、业务部门共同合作完成，对整合和同步企业内部的技术、产品和市场规划具有

① ［英］罗伯特·哈尔、克莱尔·法鲁克、戴维·普罗伯特：《技术路线图——规划成功之路》，苏竣等译，清华大学出版社 2009 年版。

② Bray, O. H. , and Garcia, M. L. , "Technology Roadmapping: the Integration of Strategic and Tech-nology Planning for Competitiveness", Proceedings of the Portland International Conference on Management of Engineering and Technology, 1997; Probert, D. , and Randor, M: 《创造价值的产品和技术路线图——来自产业和学术单位的最新经验》，罗伯特·哈尔、克莱尔·法鲁克、戴维·普罗伯特编《技术路线图——规划成功之路》，清华大学出版社 2009 年版。

重要作用①。它还有助于团队成员形成共同目标，并由此增进团队成员之间的交流与沟通②。罗伯特·哈尔等③指出，在企业产品开发中，由于技术部门和业务部门的工作背景与思维方式不同，技术计划与产品计划不一致、产品计划不符合市场需要的问题普遍存在。而编制技术路线图，可以促进有关部门之间的知识交流、传播和融合，形成对产品开发目标与路径的一致认识，使技术计划和产品计划更紧密地结合、更符合市场需要。摩托罗拉公司是最早应用技术路线图并取得显著成效的企业④。该公司技术规划主管 Willyard 与 McClees 认为，技术路线图不仅提供精准的技术预测，而且建立了一种途径，便于设计开发人员与市场营销人员沟通，确立未来产品最需要的技术⑤。摩托罗拉公司组建了专门委员会来制定技术路线图，委员会成员由该公司技术部门选出的资深专业人士担任。摩托罗拉公司的技术路线图包括市场竞争环境描述、公司产品工艺开发进展回顾、技术能力界定、工程财务资源配置、产品开发重点任务等内容。这些内容由技术部门和业务部门代表一起讨论、记入技术路线图，可以说是各部门的基本共识。

（二）信息组织视角

持信息组织视角的研究认为，技术路线图为不同参与者制定与实

---

① Phaal, R., Clare, F., Rick, M. and Probert, D：《快速启动路线图制定》，罗伯特·哈尔、克莱尔·法鲁克、戴维·普罗伯特编《技术路线图——规划成功之路》，清华大学出版社 2009 年版。

② Probert, D., and Randor, M：《创造价值的产品和技术路线图——来自产业和学术单位的最新经验》，罗伯特·哈尔、克莱尔·法鲁克、戴维·普罗伯特编《技术路线图——规划成功之路》，清华大学出版社 2009 年版。

③ ［英］罗伯特·哈尔、克莱尔·法鲁克、戴维·普罗伯特：《技术路线图——规划成功之路》，苏竣等译，清华大学出版社 2009 年版。

④ ［英］罗伯特·哈尔、克莱尔·法鲁克、戴维·普罗伯特：《技术路线图——规划成功之路》，苏竣等译，清华大学出版社 2009 年版。

⑤ Willyard, C. H. and McClees, C. W., "Motorala Technology Roadmap Process", *Research Management*, 1987 (Sep. – Oct.), pp. 13 – 19.

施技术战略规划提供规范的思维框架、分析方法和工具，有助于把分散的知识资源整合起来，提高技术战略规划的编制质量和执行效率，也有利于引导科技资源的有效投入。

第一，技术路线图的信息组织方式对协调各方面活动具有重要作用。Petrick[①] 指出，编制技术路线图是一种可以使参与者形成共同理解的信息组织方式（Information Organizing Framework）。这种共同理解使企业做什么、如何做以及何时做这些基本目标在整体范围得到强化和明确。技术路线图为各方面讨论、评价关键问题提供了框架和方法，因此，有助于把各方面的知识、信息、工具整合起来，把市场、技术、产品以及政策各层次联系起来，以各方面都能理解的形式，进行跨领域、跨部门的战略规划[②]。Bray 和 Garcia[③] 认为，技术路线图为在企业、产业以及国家层面进行研究开发规划和调整提供了思维框架。当研究开发涉及众多学科领域和部门，需要不同领域、不同部门共同制定战略以及讨论政策选择的优先顺序时，技术路线图就提供了共同理解的框架和沟通的平台[④]。例如，半导体制造技术是一门交叉性很强的综合性学科，融合了固体物理、光学、化学等多个学科知识，并且投资规模巨大。它的研究开发进展取决于相关学科领域科研人员、半导体制造链的各环节的参与者，如材料企业、设备制造企业、终端产品企业等的参与和交流合作。而这就需要把他们联系起来，建立共同语言。

---

① Petrick, I. J., Networked Innovation: Using Roadmapping to Facilitate Coordination, Collaboration and Cooperation, Moehrle, M., Isenmann, R., Phaal, R., *Technology Roadmapping for Strategy and Innovation*, Berlin, Heidelberg: Springer, 2013, pp. 31 – 46.

② Willyard, C. H. and McClees, C. W., "Motorala Technology Roadmap Process", *Research Management*, 1987 (Sep. – Oct.), pp. 13 – 19; Phaal, R., "Foresight Vehicle Technology Roadmap Technology and Research Directions for Future Road Vehicles Version", *Technology*, 2002, p. 78.

③ Bray, O. H., and Garcia, M. L., "Technology Roadmapping: the Integration of Strategic and Technology Planning for Competitiveness", Proceedings of the Portland International Conference on Management of Engineering and Technology, 1997.

④ ［日］安永祐幸，渡辺政嘉，安田篤：《研究開発マネジメント・ツールとしての技術ロードマップの策定・利用に関する考察》，《研究技術計画》2006 年第 1 期。

国际半导体技术路线图（ITRS）就发挥了这样的作用。ITRS 由国际路线图委员会负责，赞助方来自欧盟、日本、韩国、中国台湾和美国，通过全球芯片制造商、设备供应商、研究团体和财团的沟通合作，ITRS 对未来 15 年内的研发需求进行预测，并确定半导体领域的瓶颈技术、技术需求和潜在解决方案。ITRS 从 1999 年第一版问世以来一直指导着业界的研究开发，对提高各层次研究开发的质量发挥了重要作用。

　　第二，技术路线图的协调功能不仅体现在它的编制层面，而且体现在运用层面。这在产业及国家技术路线图中尤其突出。Galvin[1] 指出，技术路线图是交流的手段，能够诱导行业、政府的资源投入，还可以刺激技术开发，监督技术进步。这意味着技术路线图可以协调各层次研究开发资源的配置和研究开发活动的进程。首先，技术路线图展示未来技术发展趋势，提出技术领域存在的瓶颈，这使企业、科研机构以及政府能够集中更多的资源、有针对性地加以解决。从国家层面看，政府在进行国家重大技术开发规划、制订政府投资方案时，必须有依据地设定目标、划分政府与企业各自的角色。借助技术路线图，政府就可以确定国家技术重点，明确政府投资方向，提高政府研发资金的配置效率[2]。其次，技术路线图一旦制定，各方面就可以以此为依据来检查和调整自己的活动。技术路线图从时间和技术功能两方面确定了技术开发时间表，企业、科研机构就可以对自己某个时点的研究开发是超前还是滞后作出评价，并进行相应调整。从这个意义上说，技术路线图具有协调各方面活动进程的作用。

---

　　[1]　Galvin, R., "Science Roadmaps", *Science* 280 (5365), p. 3.
　　[2]　[日] 安永祐幸，渡边政嘉，安田笃：《研究開発マネジメント・ツールとしての技術ロードマップの策定・利用に関する考察》，《研究技術計画》2006 年第 1 期；Yasunaga, Y., Watanabe, M., Korenaga, M., "Application of Technology Roadmaps to Govern – ment Innovation Policy for Promoting Technology Convergence", *Technological Forecasting & Social Change*, 2009 (76), pp. 61 – 79; Cho, Y., Yoon, S. – P., Kim K. – S., "An Industrial Technology Roadmap for Supporting Public R&D Planning", *Technological Forecasting & Social Change*, 2016 (107), pp. 1 – 12.

综合以上研究观点，可以把技术路线图的协调功能的内涵按照协调组织者、协调参与者、协调内容、协调动因和协调方式五个维度归纳如表7—1。

表7—1　　　　　　　　　　技术路线图的协调功能

功能维度	主要内容
协调组织者	1. 企业内部的专业委员会、获得高层授权的资深主管 2. 产业联合体、行业团体，如半导体国际路线图委员会 3. 政府有关部门，如产业、能源部门
协调参与者	1. 企业技术部门和业务部门 2. 企业项目团队成员 3. 行业制造企业、设备供应商、研究机构及大学、财团、政府机构
协调内容	1. 整合和同步企业内部的技术、产品和市场规划 2. 预测行业研发需求，确定瓶颈技术和潜在解决方案 3. 预测国家科技需求，确定瓶颈技术和潜在解决方案，制定国家科研资源配置方法、技术标准以及相关配套政策
协调动因	1. 减少技术、产品和市场需要的不一致 2. 促进战略、创新和业务流程相结合 3. 促进国家科研资源的有效配置 4. 促进知识资源的整合与创新
协调方式	1. 研讨会 2. T-Plan 等专业编制流程

注：笔者根据相关文献资料整理。

二　技术路线图协调功能的政策意义与应用案例

技术路线图兴起于20世纪70年代至80年代，一些企业和产业联合体在技术创新活动中制定了技术路线图，取得了显著效果。到了20

世纪 90 年代，技术路线图被引进到发达国家的技术开发规划或创新战略中，成为引导国家科研投资的重要工具与手段。技术路线图之所以在国家政策层面得到应用，是因为国际技术竞争日益激烈，促使各国政府开始思考如何把国家战略、创新和科研活动更紧密地结合起来，如何使国家科研投资发挥更有效的作用①。

从各国科研投资来看，尽管市场经济是基本体制，但国家依然是研究开发投资的重要力量，其投资规模远远大于各个民营企业。如何使国家科研投资真正在促进经济社会、提高国家竞争力方面发挥作用，一直是政府管理部门和经济管理学界的重大课题。从发达国家的实践看，研究开发的方向不明确，是影响科研投资效果的主要因素。研究开发方向，指研究成果如何市场化、产业化。研究开发不等同于技术创新，真正意义上的技术创新应该是研究开发与市场的相互刺激所带来的经济社会变革的活跃状态。所以，应该在国家政策的层面上明确创新成果的应用前景和技术重点，提高全社会技术创新的效率。同时，为了促进研究开发与市场间的紧密结合与相互刺激，必须在现行研究开发管理制度、各种技术标准以及资源配置方法等方面采取系统的改进配套措施②。为了使分布于各研究机构、大学以及企业的决策者对国家技术战略方向有清晰、一致的理解，做出正确的判断，更有效地进行科研活动，还必须使国家技术战略更详细、更易于理解和传播。而运用技术路线图可以促进各方面进行信息共享、知识交流和技术融合③。在此背景下，技术路线图便受到了各国的重视，尤其是它的协调功能被视为改进国家科研投资效率和促进创新的重要手段。

---

① 蔡璞、殷正华、林海珍：《政策导向之前瞻方法建构——以个人化医疗为例》，《科技管理学刊》2011 年第 3 期。

② 经济产业省：《技術戦略マップ2008》，http:// www. meti. go. jp/policy/economy/gijutsu_kakushin/kenkyu_kaihatu/str2008. html, last visited on April 1, 2018.

③ ［日］安永祐幸，渡边政嘉，安田篤：《研究開発マネジメント・ツールとしての技術ロードマップの策定・利用に関する考察》，《研究技術計画》2006 年第 1 期。

　　各国政府应用技术路线图来推动技术开发与创新的实践，内容繁多，错综复杂。这里从技术路线图协调功能的角度，整理出以下五个案例，为下面展开技术路线图协调功能具体机制的分析提供理论依据。

（一）英国案例

　　未来汽车技术是英国国家技术战略中的重要领域，对此英国从1996年起就开始编制"未来车辆技术路线图"。该图是由英国贸易与工业部（Department of Trade and Industry，DTI）、民营科研机构 Foresight Vehicle、汽车制造商与贸易商协会（Society of Motor Manufacturers and Traders，SMMT）合作编制的，既体现国家战略目标，也有着技术上的可行性。政府与民营机构之间采取了如下分工：政府提供资金支持，民营机构主导技术路线图的编制以及在科研项目中的应用。为了将"未来车辆技术路线图"付诸实践，负责此项工作的民营机构还设置了第三方专业委员会，根据技术路线图决定研究开发项目，向社会招募承担者。这个委员会对项目申请者的技术原创性、预期技术水平与技术路线图所定目标的契合性等进行审查。通过审查者可以从政府获得资金支持，并且政府会与民营金融机构沟通，为项目承担者提供金融方面的政策支持。该委员会还对项目承担者的整个研发活动实施全程监督[①]。这些机制对科研资源按照技术路线图配置、科研活动按照技术路线图开展提供了保障。

　　自20世纪90年代起，英国政府部门还和产业界、学术界合作制定"可持续性公路运输技术路线图"[②]。编制委员会采取了包含5个环节的

　　[①]　Phaal, R., "Foresight Vehicle Technology Roadmap Technology and Research Directions for Future Road Vehicles Version", *Technology*, 2002, p. 78.

　　[②]　Phaal, R., Clare, F., Rick, M. and Probert, D：《快速启动路线图制定》，罗伯特·哈尔、克莱尔·法鲁克、戴维·普罗伯特编《技术路线图——规划成功之路》，清华大学出版社2009年版。

标准流程：分析市场及行业发展趋势，明确驱动因素；分析公路交通系统性能演变趋势；广泛征集意见，对公路交通系统性能演变趋势做出修改；确定公路交通系统发展中的关键技术领域及研究需求；整合以上4个流程的结论，明确差距和制订行动方案。最终得到了一份按时间进程显示市场与行业发展、技术演变、技术突破口和研究需求关系的技术路线图。为了开发出有实用价值的路线图，他们非常重视在需求、问题、组织者、参与者、沟通以及文化各方面构建有效机制。比如，明确业务及收益需求；选择合适时机；清晰梳理问题；获得高层管理者的强力支持；建立协调员推动制度；促进跨学科、跨部门专业人员的参与和沟通；培育支持信息分享的公司文化。在这些机制的保障下，该路线图作为公路运输系统技术革新框架的作用得以发挥出来，从而在技术路线图所明确的时间范围内促进了科研投入和公路运输系统发展趋势与驱动因素的紧密联系[1]。

（二）美国案例

美国能源部（Deportment of Energy，DOE）委托民营咨询机构制定铝、钢铁、化学等产业的技术路线图[2]。美国非常重视技术路线图作为"接触手段"（Engagement Tool）的作用。它认为技术路线图有助于促进产业内部不同领域、不同企业之间的信息交流和需求匹配，同时有利于加强产业界与政府部门的协作关系。相比之下，技术路线图作为政府研究开发规划的功能却没有如此重要性。因此，美国能源部对产业技术路线图的支持重点，既不是直接组织路线图的编制工作，也不

---

[1] Probert, D., and Randor, M：《创造价值的产品和技术路线图——来自产业和学术单位的最新经验》，罗伯特·哈尔、克莱尔·法鲁克、戴维·普罗伯特编《技术路线图——规划成功之路》，清华大学出版社2009年版。

[2] ［日］安永祐幸，渡辺政嘉，安田篤：《研究開発マネジメント・ツールとしての技術ロードマップの策定・利用に関する考察》，《研究技術計画》2006年第1期。

是直接给钱支持技术路线图的编制，以及按照技术路线图进行国家科研项目的规划，而是站在第二线，为把各行业企业、科研机构聚集起来，就技术发展前景、关键技术领域、合作研究以及产学合作的可能性展开研讨，提供会议平台和召开会议所需费用的支持。站在第一线的是行业团体，它们决定哪些企业来参加研讨、哪些人担任技术路线图的主要编制者，也就是说，代表了企业利益的行业团体是技术路线图编制与应用的主导者。产业技术路线图的知识产权是属于产业界的。当然，美国能源部也不是全然吸收产业技术路线图的信息。它也要制订自己的科研投资计划，此时它除了自己分析产业趋势、技术走向之外，也会参照各行业制定的产业技术路线图，与自己的政策需求进行对照，进而设定政府支持的研究开发项目，决定政府科研投资①。

（三）日本案例

日本经济产业省在 20 世纪 90 年代开始研究技术路线图，并于 2005 年首次编制了"技术战略图"（即技术路线图，以下统称技术路线图）。之后每年修订更新技术路线图，并向社会公开，但近年不再把各领域的技术路线图整合成一本报告并向社会公开，而是选择性地公开若干领域的技术路线图。日本经济产业省的技术路线图是对各重要领域技术路线图的集大成，从中可了解到整个国家的产业发展趋势及技术走向。以 2008 年技术路线图为例，就包括了信息通信、纳米技术与材料、系统与新制造、生化技术等 29 个领域的技术开发描述，还明确了与学术界制定的研究路线图的关系，含有专利、论文及市场份额等参照数据，

---

① 経済産業省：《技術戦略マップ2008》，http：// www. meti. go. jp/policy/economy/gijutsu_kak-ushin/kenkyu_kaihatu/str2008. html，last visited on April 1，2018.

并且利用专门开发的检索系统可以进行不同领域间的相关分析①。

日本的技术路线图由三个层面组成。第一层面为"进程设想",即前景预测。在这里对未来社会及新技术市场进行预测,标示出内容以及与之相适应的法律规范、技术标准、政策配套措施,以便对国家目标形成共识。第二层面为"技术综览",在这里描述实现国家目标所必须优先发展的技术领域、需要重点攻克的关键技术,并且列出时间表,为科研投入、研究活动的安排指明方向。第三层面为"路线图",在这里沿着时间轴进一步细化关键技术的开发阶段与性能目标等,如里程碑、技术标准、绩效水平等,以便各参与者确认自己的研发进度,分析与其他技术开发的关系,对研发进度进行调整和优化。与企业技术路线图的结构相比,日本的技术路线图在第一层以导入政策配套措施的情境预测出发,逐步向技术领域、研发活动展开分析,明显具有高度政策应用导向②。

日本的技术路线图由经济产业省产业技术环境局开发科负责,具体编制工作由经济产业省下属的"新能源产业技术综合开发机构"(New Energy and Industrial Technology Developmene Organization, NEDO)和行业团体牵头,组织产业界和学术界专家合作完成。技术路线图每年进行一次微调,每两年进行一次修改。和英国、美国相比较,日本政府在技术路线图的编制和政策实施中所起的作用非常大。经济产业省把技术路线图作为连接产业界、学术界和政府部门的沟通平台,更把它作为规划国家科研投入、提高国家科研投入效率效果的有效手段,

①　[日]安永祐幸,渡辺政嘉,安田篤:《研究開発マネジメント・ツールとしての技術ロードマップの策定・利用に関する考察》,《研究技術計画》2006 年第 1 期。
②　蔡璞、殷正华、林海珍:《政策导向之前瞻方法建构——以个人化医疗为例》,《科技管理学刊》2011 年第 3 期。

在制定每年科研投入预算时就把技术路线图作为重要的依据①。

（四）韩国案例

韩国从 20 世纪 80 年代开始运用前瞻手段进行大规模技术预测，以支撑国家长期科技发展计划的实施。90 年代后受日本技术路线图的影响，对科研投入和市场联系的重要性的意识增强，开始在国家层面研究技术路线图。2002 年韩国决定编制国家技术路线图，并提出要分析国内外技术发展及产业转型趋势，发掘未来 10 年内确保国际竞争力所必备的核心技术与关键产品，通过技术路线图来推动与此相关的战略研发项目②。和日本一样，韩国非常重视技术路线图对各研发参与者的方向指引作用。因为技术路线图有助于在企业、科研机构和政府之间分享关键技术信息，从国家层面引导关键技术的研究开发活动。

韩国的技术路线图具有二层次结构。第一层次为技术识别。主要对未来 10 年甚至更长时间的科学技术发展趋势以及对国际竞争力具有重大影响的关键技术要素进行梳理和确定。第二层次为技术路线图。为第一层次识别出来的关键技术，描绘出研究开发的具体阶段、技术突破的时间点（里程碑）、必须达到的绩效目标和性能值等。为了提高预测的准确性，韩国运用了各种科学手段，开发出了独特的预测模式。比如，负责国家科学技术发展计划的韩国科学技术企划评价院开发了"未来图模型"（Future Map Model）。"该模型先利用情景分析方法建立不同时间维度之间的可能情景，再利用交互影响

---

① Yasunaga, Y., Watanabe, M., Korenaga, M., "Application of Technology Roadmaps to Govern-ment Innovation Policy for Promoting Technology Convergence", *Technological Forecasting & Social Change*, 2009（76），pp. 61 – 79.

② Choi, Y., "Technology Roadmap in Korea", Session 5 : foresight Activities in Asian countries, the second international conference on technology foresight – Tokyo, Feb. 2003, pp. 27 – 28.

分析法绘制环境驱动因子的网络，制订关键驱动因子及不确定因子，接着以 AHP 法比较各情景间的相对实现可能性，以技术准备度（Technology Readiness Level，TRL）问卷调查韩国与领先国的技术水平差异，最后进行政策评估设定国家必须支援的政策要项，并评估其优先顺序与重要性。"[①]

韩国采取政府部门主导方式，通过一个三层组织体制来编制技术路线图。上层是指导委员会，中层是工作委员会，下层是工作小组。韩国商务、产业与能源部负领导责任，韩国产业技术基金会、韩国产业技术评价规划研究院具体实施组织和推动工作。以 2006 年至 2007 年进行编制的国家技术路线图为例，韩国针对 19 个技术领域均组建了三层组织体制，从企业、大学和科研机构选拔了 522 名专家参与编制工作[②]。随着经济社会发展，韩国在编制技术路线图的过程中所考虑的对象，不再拘泥于技术领域，更多的社会经济因素，如全球化、多极化经济、全球气候变化、社会民主化趋势等也成为预测未来社会技术变化和设立国家研发目标的依据。

（五）其他国家案例

技术路线图还在澳大利亚、加拿大以及北欧一些国家得到应用，协调了各参与者的认识与行动，满足了国家战略目标或地区共同目标的实现。比如，2009 年 5 月 2 日，澳大利亚总理发布了《2010—2030 国防白皮书》，对海军装备提出了战略目标。为了实现这一目标，有关方面使用了技术路线图。技术路线图具有促进有关方面交流、形成共

[①] 蔡璞、殷正华、林海珍：《政策导向之前瞻方法建构——以个人化医疗为例》，《科技管理学刊》2011 年第 3 期。

[②] Cho, Y. , Yoon, S. - P. , Kim K. - S. , "An Industrial Technology Roadmap for Supporting Public R&D Planning", *Technological Forecasting & Social Change*, 2016（107），pp. 1 - 12.

识的作用。海军装备战略实施过程涉及三个方面：政府（国防部）、海军和军工企业。它们之间存在三个问题：一是资金问题。国防部预算有限，难以满足海军作战的所有需求。二是支付问题。有额度限制的国防部预算，与军工企业的技术开发所需资金额存在差异。三是技术成熟度问题。海军的作战需求与军工企业的技术能力有差距。但是相关三方面可以通过制定路线图，进行协商，形成共识，使国家的海军装备战略目标得以实现。经过三方面成员组成的委员会的深入研讨，绘制出了海军装备战略图。该图采取了一页纸显示、三层次细分的方式，使用了反向定位法、路径依存法等分析手法①。澳大利亚的案例说明，政府政策制定后，就要进入实施及实现目标的过程，而技术路线图是这个过程中的有效手法。又如，加拿大于 1995 年提出了国家发展战略，把技术路线图纳入其中，期望以此为手段来支持创新②。地处北欧的芬兰、瑞典、挪威、丹麦及冰岛五国为了建构未来氢能经济的社会技术愿景，并探索氢能发展商机，有效配置科研资源，促进国家间科研、技术与经济的交流合作，编制了北欧氢能技术路线图。据蔡璞等③介绍，该图先分析了未来外部环境驱动因子并列出了九种情境，然后挑选其中三种进行德尔菲技术实现进程预测，同时配合系统模拟模型，计算出迈向氢能经济最为可行的路径，评估出 2030 年具有高市场经济潜力及高技术可行性的项目，再利用技术路线图界定科学、技术与政府之间的角色分工，确定企业及产业的发展机会，制定出技术、市场及政策配套措施。

---

① Kerrl, C. I. V., Phaal, R. and Probert, D. R., "Roadmapping as a Responsive Mode to Government Policy: A Goal – Orientated Approach to Realising a Vision", Moehrle M., Isenmann, R., Phaal, R., *Technology Roadmapping for Strategy and Innovation*, Berlin, Heidelberg: Springer, 2013, pp. 67 – 87.

② Cho, Y., Yoon, S. – P., Kim K. – S., "An Industrial Technology Roadmap for Supporting Public R&D Planning", *Technological Forecasting & Social Change*, 2016 (107), pp. 1 – 12.

③ 蔡璞、殷正华、林海珍：《政策导向之前瞻方法建构——以个人化医疗为例》，《科技管理学刊》2011 年第 3 期。

从以上案例可以看到，在国家层面应用技术路线图大致有两种组织方式，一是政府作为支援者的方式，如英国、美国，政府重视技术路线图对聚拢技术开发与创新参与者的作用。二是政府作为主导者的方式，如日本、韩国。政府也重视技术路线图的资源集聚作用，但相对更加看重技术路线图对国家技术开发战略以及国家科研投入的引导与规划作用。由于政策侧重点略有不同，因此在操作层面所采取的措施也不尽相同。但是尽管在技术层面上有所差异，各国政府运用技术路线图最终要实现的目标却是相同的，那就是要促使从参与者认识到科研资源投入、研发活动开展各环节更加紧密的联系和相互协调。而那些技术层面上的差异，恰恰体现出了在不同组织方式中有效实现这一目标的机制精髓。基于以上观点，笔者按照政策侧重点和典型措施两个维度，对以上国际案例的相关内容进行了提炼，并归纳成表7—2，以便为后续的机制研究提供依据。

表7—2　　　　　　　　技术路线图在国家层面的应用经验梳理

国家及地区	政策侧重点	典型措施
英国	技术路线图作为沟通手段促进各方面形成共识以及资源有效配置的作用	1. 民营企业或机构主导技术路线图的编制，采取 T-Plan 等研讨方式，并进行定期修订 2. 第三方专业委员会根据技术路线图设定研发项目，负责招募、审查和监督项目。政府提供研发资金
美国	技术路线图作为接触手段促进领域间、企业间的信息交流和需求匹配，以及增强产业界与政府部门间协作关系的作用	1. 产业联合体或民营企业主导技术路线图的编制，政府提供会议平台及会议费用方面的支持 2. 政府在制定科研项目时把技术路线图作为参考之一

续表

国家及地区	政策侧重点	典型措施
日本	技术路线图作为沟通手段促进各方面形成共识、协调行动以及引导国家科研投入的作用	1. 政府部门起主导作用,其属下机构组织产业界与学术界专家通过研讨会方式编制技术路线图。有知识产权、定期修订等规则 2. 政府部门根据技术路线图进行科研项目规划和预算制定 3. 政府部门支持学术界编制学术路线图,与国家技术路线图进行对接
韩国	技术路线图作为沟通手段促进各方面形成共识、协调行动以及引导国家科研投入的作用	1. 政府部门起主导作用,其下属机构组织产业界与学术界专家通过研讨会方式编制技术路线图。对专家结构、定期修订等有明确规则 2. 政府部门根据技术路线图进行科研项目规划和预算制定
其他国家及地区	技术路线图作为沟通手段促进各方面形成共识、协调行动的作用	1. 基于需求导向发起技术路线图的编制工作。跨学科、跨部门甚至跨国家组成编制委员会或研究平台,通过研讨会形式编制技术路线图

注:笔者根据相关研究整理。

三 国家技术路线图协调功能的实现机制

综合以上文献研究与应用案例的主要结论,笔者认为,技术路线图是对创新活动进行协调的有效手段。它可以促进相关部门及人员对创新目标形成共识,集中资源有针对性地开展创新活动,对创新过程进行更及时有效的跟踪调节，以保证各环节创新的方向性和有效性。技术路线图对创新活动的协调，体现在其编制和运用两个层面。在编制层面，技术路线图促进各相关方面对国家技术战略目标形成共识，建立共同理解的框架和对话基础。在运用层面，则促进各相关方面进行持续对话和参考应用，进而在创新各环节形成相互衔接、知识互动的关系。技术路线图之所以能够发挥如此的协调功能，其原因就在于技术路线图向各方面专家提供了相互沟通的平台，从而为最终形成共识打下了基础。可以说，编制技术路线图本身，就是对各相关方面意识的协调。而技术路线图则是浓缩了各相关专家共同观点的产物。另一个原因就是技术路线图提供了一种长期规划的思维框架，倡导人们把政策、市场和技术结合起来，使它们在相同规则下为共同目标采取协同行动具有了可能性。

　　然而，按照如此逻辑演绎得出的技术路线图的协调功能，要在现实中真正得以实现，却不是一件简单的事情。通过考察国外实践可以发现，这些国家不论在编制还是应用技术路线图时，都采用了诸多独特的做法。这反映出机制设计对协调功能的实际落地有着极为重要的作用。从编制层面看，多数国家引进了多元化的沟通平台、协调导向的研讨方法、知识产权保护协议，以及更新修订制度等做法。而从应用层面来看，将技术路线图作为国家科研预算决策及科研项目立项的依据、各层次技术路线图连接的参考基础、配套制度改革的契机等措施，也被不少国家所采用。因此可以说，从编制和应用两个层面构建一个有助于协调功能实际落地的机制体系，是政府在决定应用技术路线图之际所必须考虑的课题。图7—1描绘了国家技术路线图的协调功能与其实现机制要素之间的关系。笔者将在下面对这些机制要素展开详细的分析。

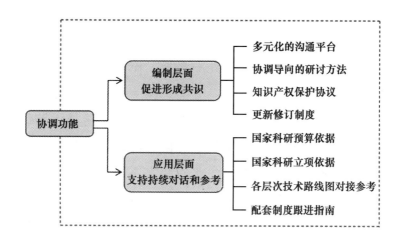

图 7—1　技术路线图协调功能的实现机制体系

（一）编制层面的协调机制

技术路线图编制是按时序、分层展示技术开发进程及其各要素之间关系的图表。它是聚集企业、科研机构、大学、政府相关部门各方面专家的智慧而形成的。在这个过程中，各方面专家以平等地位自由发言，互相切磋探讨，最终形成共识。可以说，编制技术路线图本身，就是对各相关方面意识的协调。而这里的关键，在于机制的设计，要使专家结构、编制方法、知识产权归属以及修订制度等，能够为分享知识、激发创意、达成共识提供有力支撑。

1. 多元化的沟通平台

编制技术路线图的目的是使各方面形成共识。因此，在此过程中怎样有效地反映出各方面的需求、找到相互之间的联系和建立共同的目标便非常重要。而搭建一个持续运转的、兼顾多样性与近似性专家团队参与的沟通平台（简称多元化的沟通平台），会有助于这些目标的实现。

持续运转的沟通平台，是指一种有活力的工作机制。即负责组织实施技术路线图的政府部门，通过会议、咨询、委托研究等形式，保持与产业界和学术界人士的持续联系。政府部门不要等到即将编制技术路线图时才和产业界与学术界人士联系，而应该定期向他们了解科学技术的发展。这样做的益处有三方面。第一，和产业界与学术界人士的持续交流，能够帮助政府部门明确其编制与实施技术路线图的目的。第二，政府部门在技术路线图中要提出国家社会经济发展的未来愿景以及相应的配套政策。而和产业界与学术界人士的深入讨论，将有助于它对国家目标进行明晰定位，保持政策与科技、市场间的一致性。第三，经常了解科技发展状态，会提高政府部门对前沿科技的理解力与预测力，以及选择正确方式方法开发技术路线图的可能性①。从国内外经验看，政府部门通常会依靠两类组织来保持与产业界、学术界的联系。一类是具有国家科研资金分配和管理职能的组织，另一类是国家级的综合产业技术科研组织。比如，日本经济产业省有两个强大的合作伙伴，一个是新能源和产业技术开发机构，它是日本最大的研发资金分配和管理机构，另一个是产业技术综合研究所（National Institute of Advanced Industrial Science and Technology，AIST），它是日本最大的国家实验室。中国的国家制造强国建设战略咨询委员会在编制重要领域技术路线图时则是依靠中国工程院、各行业协会等机构来保持与企业、大学的联系。

兼顾多样性与近似性的专家团队，是指参与编制技术路线图的专家来自创新不同环节但在技术创新方面有共同认识。这是一种利于共识形成的专家结构。技术开发是科学研究成果的应用，同时涉及产业链的各个环节。例如，新材料的开发，关键在于基础研究，材料制造部门的作用重大，但也与使用材料生产终端产品的部门有关，而且新

---

① Yasunaga, Y. , Watanabe, M. , Korenaga, M. , "Application of Technology Roadmaps to Govern-ment Innovation Policy for Promoting Technology Convergence", *Technological Forecasting & Social Change*, 2009（76）, pp. 61 – 79.

材料开发创意，相当一部分来自用户。因此，要从基础研究与开发研究、生产链的上游与下游、厂商与客户等多个角度，来确定专家人选，尽可能广范围、系统地吸收各方面的意见，形成对新产品、新技术的共识。由国家明确规定了不同方面专家的比例。如韩国规定来自产业界的专家应该占 50%[①]。以 2007 年为例，对产业技术路线图的编制过程起最终决策作用的指导委员会由 19 人组成，其中 12 人来自产业界，6 人来自经济、管理或政府部门，1 人来自贸易、工业与能源部（Ministry of Trade，Industry and Energy，MOTIE）。从中可看到韩国特别重视产业界的意见。这是防止政府主导的技术路线图偏离市场需求的重要措施。

但是，不同学科领域、不同部门的人员之间，容易出现误解甚至对立，使得讨论无法深入。因此，在确定人选时，除了要考虑学科领域以及部门的多样性、系统性以外，还要考虑近似性。近似性是指虽然专业领域不同，但在技术融合、开发新产品以及创业方面有共同认识。有国家采取"关键人物推荐法"来解决这一问题，他们根据课题的技术领域，先选出一个专家作为"关键人物"，请该人提出自己想与其讨论的不同领域的专家。然后，再请这个专家推荐本专业外的专家。通过这样的反复推荐，最后确定既有多样性又能谈得来的人选。一般来讲，不同技术领域需要不同的专家团队来编制不同的技术路线图，每个专家团队由 10—15 人组成[②]。

2. 协调导向的研讨方法

为了保证在有限的时间里达到理想效果，有必要采用协调导向的研讨方法。目前国际上已开发了很多成熟的编制方法，如英国剑桥大学技术管理中心的 T-Plan，日本经济产业省的 C-Plan、IS-Plan。这些方

---

① Cho，Y.，Yoon，S.–P.，Kim K.–S.，"An Industrial Technology Roadmap for Supporting Public R&D Planning"，*Technological Forecasting & Social Change*，2016（107），pp. 1–12.

② 刘湘丽：《日本的技术创新机制》，经济管理出版社 2011 年版。

法的共同特点是依靠流程和协调员来保证研讨的方向性和效率性。它们对技术路线图编制工作的准备、绘制以及后续跟进各阶段都有详细的规定，并且都强调设置协调员的重要性。协调员是研讨会的主持者，负责把握方向，整理论点，诱导思路。他必须对社会需求和技术动向有宽泛而深厚的知识和洞见，能掌握课题的多样可能性，能描绘出课题成果前景，把握讨论方向。一般来看，具有在企业从事产品开发经验、了解市场动向、有一定学术水平的人最适合担任这个角色。

英国剑桥大学技术管理中心的罗伯特·哈尔教授等人开发了名为T-Plan的技术路线图编制方法。该方法虽然为企业而开发，但也被引进政府层面，成为编制国家技术路线图的借鉴对象。T-Plan方法主要通过两个阶段来推进技术路线图的编制工作。第一阶段为规划阶段，其重点任务是为研讨会做准备。主要包括确定公司需求和目标、确定参与者、提供研讨会所需要的文献资料等有用信息。在参与者人选方面，T-Plan方法提出首先要确定一名"业务负责人"，该人应对技术路线图的应用结果有相当的兴趣、愿意把技术路线图作为管理工具、有足够的资历和影响力为研讨会安排时程。同时还应该设置一名"流程协调员"，该人负责研讨会的进行，并通过与业务负责人的磋商，协助其开展工作，如协调并检查工作，处理研讨会成果。第二阶段为编制阶段，其重点任务是通过四天半的研讨会编制出技术路线图。主要流程包括确认外部市场与企业内部的驱动因素；找出产品的特征概念并进行分类，评估其对市场和企业驱动因素的影响；找出替代技术方案并进行分类，评估其对产品功能的影响力并确定知识差距；将公司的市场、产品合计数层面整合到技术路线图中，找出里程碑，绘制技术路线图①。

如果研究开发主体处于分散、孤立的状态，新的前沿研究和技术

---

① ［英］罗伯特·哈尔、克莱尔·法鲁克、戴维·普罗伯特：《技术路线图——规划成功之路》，苏竣等译，清华大学出版社2009年版。

就难以得到发展。因此，有必要通过编制技术路线图的过程，使不同领域、不同学术背景的研究开发主体进行知识分享，通过知识融合对前沿技术开发形成共同认识。出于技术融合的目的，日本经济产业省开发了名为 C-Plan 的技术路线图编制流程。该流程包括 10 个步骤，主要任务如下：①界定需要融合（或收敛）的技术课题；②邀请不同学术背景的专家参加研讨会；③在会议前交换不同专家的论文；④设置一名协调员，负责引导和介绍研讨会；⑤研讨开始后，首先讨论与该课题相关的"社会需求"问题；⑥总结"社会需求"讨论结果，界定拟发展社会经济体系所需要和不可欠缺的功能；⑦确定该体系的结构，分成若干子系统，决定需讨论的技术层面；⑧集中进行技术层面的讨论，把重点用便签纸记录下来贴在白板上；⑨根据讨论结果把结论写进技术路线图；⑩结束研讨会①。C-Plan 在材料等不同技术领域得到应用，取得了良好效果。

3. 知识产权保护协议

在技术路线图编制过程中，还有必要明确知识产权原则，平衡知识分享和权利所有的关系，为形成共识奠定利益基础。参与技术路线图编制工作的人员，既有企业的，也有科研机构、大学及政府机构的。不同单位的人员之间可能存在利害关系。如果不事先对知识财产处理设定好规则，如研讨内容是否公开、研讨过程中产生的新创意的归属等，就可能影响研讨气氛，大家的发言会变得拘谨、抑制，达不到预期目的。因此，为了不让利害关系阻碍研讨，以顺利产生创新成果，就有必要让他们签订保密协议、"非公开协议"或知识产权所有协议。

保密协议等应该在研讨会开始之前就与所有参与者签订。在保密协议中，首先要界定什么是秘密信息。一般来讲，研讨会上参与者公

---

① Yasunaga, Y., Watanabe, M., Korenaga, M., "Application of Technology Roadmaps to Govern-ment Innovation Policy for Promoting Technology Convergence", *Technological Forecasting & Social Change*, 2009 (76), pp. 61 – 79.

开的秘密技术信息和研讨会上共同创造出来的包括构想在内的技术信息都应该被包含在内。其次要明确要求参与者妥善保存在研讨会上所获得的秘密信息，在没有得到公开秘密信息的所有者统一的情况下不能向第三者展示和泄露。另外，组织者在研讨会结束时应该就哪些信息可以公开、哪些信息不可以公开，征求所有参与者的意见。只有在获得所有参与者同意的情况下才能够进行信息公开。对于可以公开的信息，组织者将它编制成报告公开发布。在研讨会上共同创造出来的秘密信息，在知识产权上属于所有参与者。最后还应该决定保密期限。

4. 定期修订更新制度

定期修订技术路线图，防止内容陈腐化。如果说技术路线图编制中参与人员的多样化是固定时点意识的差异协调，那么时间轴上的滚动修订，就可以说是不同时点意识的新旧协调。从国际上看，国家的技术路线图是每年修订的，一般当年的路线图出台之时，就是次年路线图编制开始之时。社会经济形势瞬息万变，技术发展日新月异，一成不变的技术开发战略在市场竞争条件下是没有意义的。新路线图是对旧路线图的扬弃，保留其符合变化要求的部分，添加当今时代的新元素，更好地引导社会创新活动。日本经济产业省对技术路线图进行"滚动"式修订更新。每年都进行一次微调，主要把一年以来的技术进步和环境变化反映进去。每2至3年全面修订一次，不仅修订内容而且修订方法。这种修订机制不仅能够使技术路线图保持活力，而且可以使技术路线图的编制团队保持活力，同时可以促使产业界和学术界的沟通渠道持续畅通，更可以培养出大批懂技术路线图的专业人才[1]。

加拿大产业技术路线图、美国能源部的产业技术路线图以及韩国

---

[1]　Yasunaga, Y., Watanabe, M., Korenaga, M., "Application of Technology Roadmaps to Government Innovation Policy for Promoting Technology Convergence", *Technological Forecasting & Social Change*, 2009 (76), pp. 61 - 79.

产业技术路线图也都采取了类似的定期修订更新制度[①]。

（二）应用层面的协调机制

技术路线图的运用，实际上就是对全社会创新活动的综合协调。由于国家技术路线图是运用科学管理方法聚集各类专家讨论出来的，因此，在研发、产品化以及市场化方面有着坚实的技术可信性、可行性，有凝聚全社会资源向国家战略目标倾斜的吸引力。为了激励各创新主体在技术路线图编制完成后依然能够持续对话和协调行动，应该重视技术路线图在国家科研预算决策、国家科研项目立项、各层次技术路线图的连接以及配套制度跟进四个方面的应用。

1. 把技术路线图作为制定国家科研预算的依据

国家有经济综合管理、科研、教育、国防以及各行业主管部门，这些部门都有科研任务，有使用科研预算的权力。但是，由于部门间信息共享不完全，科研立项有重复、偏离国家技术开发目标的可能。因此，把技术路线图作为国家科研预算决策的基本根据，各部门按照技术路线图分别承担不同层次、不同领域的技术开发，既可以避免重复投资的浪费，也可以保证科研计划的全面推进。比如，产业管理部门在考虑"半导体集成电路微小化材料"项目时，从技术路线图的"信息通信领域"和"纳米技术领域"中找到该技术的路线图，就可以清楚该技术现在的开发程度，并且可以明确与科技管理部门实施的"新一代电子装置基础材料"研究的关系，以及与产业界实施的"纳米电子半导体材料"研究的关系，这样既有利于准确地确定该项目的研究方向，又避免了重复和偏离目标。

另外，政府部门在制定科研预算时，需要将科研项目进行分类和

---

① Cho, Y., Yoon, S. - P., Kim K. - S., "An Industrial Technology Roadmap for Supporting Public R&D Planning", *Technological Forecasting & Social Change*, 2016 (107), pp. 1 - 12.

分别立项。此时技术路线图便可成为依据，这既体现了国家的技术战略，又使预算项目清晰有序。比如，在日本经济产业省担负着产业技术的研发管理工作，其中重要的一环是编制预算方案并提交国会审议。预算是由各个支出项目构成的。经济产业省关于研发的支出项目，包括"研发项目"和"技术创新计划"。"研发项目"是指该部门实施的各个具体技术开发项目。"技术创新计划"则是国家重点产业技术开发计划，涉及信息技术、纳米材料、机器人等领域。经济产业省在技术路线图中为这些项目和计划作了描述，而在编年度预算时技术路线图就成了根据。

2. 把技术路线图作为规划国家科研项目的依据

政府按照技术路线图立项，对企业、科研机构、大学进行科研经费支持。企业、科研机构以及大学如果按照技术路线图来开展创新活动，就能加速国家技术战略目标的实现。未来汽车技术是英国国家技术战略中的重要领域，对此英国专门编制了"未来车辆技术路线图"。该图是由英国贸易工业部和民营科研机构 Foresight Vehicle、汽车制造销售协会合作编制的，既体现国家战略目标，也有着技术上的可行性。为了将"未来车辆技术路线图"付诸实践，英国设置了专门委员会，根据技术路线图决定研究开发项目，向社会招募承担者。这个委员会对项目申请者的技术原创性、预期技术水平与技术路线图所定目标的契合性等进行审查。通过审查者可以从政府获得资金支持，并且政府还会与民营金融机构沟通，为项目承担者提供金融方面的政策支持。该委员会还对项目承担者的研发活动实施全程监督。

日本经济产业省制定了一些科研创新项目，选择符合国家技术路线图的区域企业联合体、产学联合体，对其提供补助。对于要申请国家补助的单位，经济产业省要求它们运用技术路线图来进行论证，并编制了手册，指导如何使用技术路线图。例如，某企业想利用自己的"钙图像认知技术"开发新产品，将现在年50万日元的销售额提高到1

亿日元。该企业可以在技术路线图中找到"钙图像认知软件""通用图像解析软件"的条目，确认自己的技术定位，检索出与此相关的技术。在此基础上，该企业就可以选定自己的开发目标，描绘出达到目标的路线图，制定出具体的战略。

3. 把国家技术路线图作为各层次技术路线图对接的参考基础

国家技术路线图可以成为全社会创新活动的总指南。从国际上看，不仅有国家层次的技术路线图，企业、行业以及各界学会也有自己的技术路线图。国家技术路线图对各部门的路线图展示国家目标，成为全社会创新活动的总指南，社会各单元也可以从国家技术路线图中发现与自己相关的技术方向、机会，提高自身技术路线图的可行性。从这个意义上看，社会各单元（行业、企业及各界学会等）的技术路线图起着承上启下的作用，即把国家技术路线图细分为自身的路线图，给下层单位提供更明确的信息。笔者在企业调研中了解到，不少企业认为现有的国家技术路线图太粗糙，从中看不到与自己企业的关联。但如果有了行业的技术路线图，就应该能为各企业在技术开发、产品开发方面提供更有参考价值的信息。如果各行业团体、专业学会都编制了自己的技术（或学术研究）路线图，并在此过程中把国家技术路线图作为参考基础，就可以通过国家技术路线图、学术研究路线图和企业技术路线图三者之间的对接，形成从基础研究到开发、实用研究之间的双向知识流动，加快新知识产出的速度和广度。

4. 把技术路线图作为配套制度跟进的指南

国家创新战略的实施中还涉及诸多制度要素，技术路线图实际上也协调这些要素之间的关系，使其更加平衡、有效。技术路线图不仅明确了研究开发的时间表，还揭示了相关配套制度（法律法规、技术标准、知识产权、人才培养、产学合作等制度）的改革进程。在这里国家创新战略不单纯是研究开发战略，而是包括研究开发和相关配套制度在内的、集研究开发和社会经济系统为一体的综合战略。这样的整体认识，有利于在技术创新的目标下，推动社会经济系统的改革。技术创新的核心活动虽然是研究开发，但它要在由各种相关配套制度组成的社会经济系统中进行，如果得不到社会经济系统的有效支撑，那么技术创新就不会顺利诞生。所以，为了实现技术创新，随着研究开发的进展，相关配套制度的改革也要及时跟上。

四　促进技术路线图发挥协调功能的政策建议

经过多年发展，中国制造业的实力大为增强，为了进一步推动制造业的高质量发展，必须强化国家的引领作用，制定更加精准、有效的产业政策。通过上述考察，可以看到在产业政策体系中运用技术路线图，将有助于汇聚社会力量，协调各方面创新活动，使科研资源得到更有效的配置，各科研环节得到更紧密的衔接。为了使技术路线图在国家整体的创新活动中真正发挥作用，笔者根据中国国情，参考国外实践，就如何发挥技术路线图在各创新主体间的协调功能提出以下建议。

第一，注重编制人员的多样性与近似性。多样性，指参与编制人员应该有不同的技术知识及专长，应该来自研究机构、大学和企业等不同工作岗位，这样才能从不同的角度提出见解，充实技术路线图的覆盖范围。近似性，指参与编制人员应该对技术课题有基本相同的认识，有基本相同的思维及研究方式。如果参与人员在课题的基本方向以及思维方式上严重对立，那么就难以通过讨论得出共识。当然，过分强调多样性，会削弱技术课题解决方案的深度；过分强调近似性，有可能将独特见解排除在外，而起初不被理解的见解或做法说不定未来会成为突破性的创新。因此，要适度地掌握参与人员的多样性与近似性，按照课题的性质，从不同部门、行业、领域以及消费者中选择参加者，汇集多元智慧，提出技术、产品的主流创新概念，提高技术路线图的技术可信性、可行性。

第二，加强科学研讨法的推广。如何编制技术路线图，如何在编制过程中发挥各主体的作用，国际上已经有一些成熟的方法，如 T-Plan、C-Plan 等，我们应该在各行业以及学术团体进行学习推广，完善协调员机制，提高各个层次的技术路线图的编制效率，保证质量。我们可以在普及这些成熟方法的基础上，总结出符合中国实际情况的、更有效的方法。

第三，建立成果归属、保密等规则，处理好知识产权关系。编制技术路线图，尤其是行业及企业间共同研究的技术路线图，实质上是技术交流与相互启发的过程，这要注意对各主体的知识产权进行保护，平衡好知识共享与权利的关系。

第四，试行按技术路线图安排科研预算立项。国家的工业、农业、交通、教育以及科研部门都有研究经费，今后研究经费的发放应该按照技术路线图提示的课题来立项。技术路线图是国家技术战略的体现，所有部门的科研预算应该按照路线图进行分配，这样才能将各部门的技术力量统一起来，保证国家技术战略目标的实现。

第五，在各行业、学会推广技术路线图，使国家的技术路线图细分，得到更多单元的接受。国家的技术路线图只能从社会经济的宏观角度设定，各行业、各领域的学会团体、各企业需要有自身的、更具体的技术路线图。国家的技术战略目标，最终要靠企业、科研机构的实际活动来实现，如果它们能把国家技术路线图的路径、时间以及目标等在自身的技术路线图中进行分解、规划，那么就能够将更广泛的社会力量汇聚到国家技术战略中来。

第六，在公开发行完整版纸质技术路线图的同时，建立国家技术路线图检索利用系统，使社会各界可以便利地使用。公开技术路线图，广为宣传使用技术路线图的先进案例，让更多的企业、科研机构、大学等参与到国家技术路线图的应用、修订中来。

第 八 章

制造强国建设中的自主技术标准

技术标准出现的直接动因是为了实现更大的正外部性，其经济学的特性包括排他性、锁定性和偶然性。当前，网络型产业的发展，越来越多的传统行业呈现网络化发展趋势，技术标准的重要性不断增强，并出现一些新的特征，成为很多发达国家和领先跨国公司用以保持竞争优势的重要工具。我国要实现制造强国的战略目标，必须培育和发展自主技术标准并在全球范围实施技术标准战略，这要求我国制造业在传统的国际标准体系中寻求发展的空间，同时在新兴领域提前布局，利用制造业规模大、体系全、国内市场大的优势，积极培育自主技术标准，并将自主技术标准的"走出去"作为"走出去"战略的重要组成部分。

一 技术标准在制造强国建设中的作用和意义

技术标准出现的直接动因是为了实现更大的正外部性，最重要的经济学特性包括排他性、锁定性和偶然性。网络型产业的发展，以及越来越多的行业呈现网络化发展趋势的情况下，技术标准的重要性增强，并出现一些新的特征。理论上，网络外部性是对外部性理论的扩展，虽然外部性和网络外部性都涉及生产一个产品的企业或使用一个产品的消费者与其他主体的交互影响关系，但在其定义、效用影响的方式和方向、存在和终止条件上有显著的区别。如表8—1所示。

表8—1　　　　外部性、正外部性、负外部性、网络外部性的比较

	外部性	正外部性	负外部性	网络外部性
定义	一个经济体在自己的生产和消费活动中产生了对其他经济体的影响，而这种影响不通过市场交易实现	一个经济体的生产消费活动不通过市场对其他主体效用产生促进的作用	一个经济体的生产消费活动不通过市场对其他主体效用产生促退的作用	连接到一个网络的价值，取决于已经连接到该网络的其他人的数量
效用影响	由于私人追求利益最大化，将改变社会总福利水平	由于社会效用大于私人效用，导致私人参与者过少投入，从而引起市场失灵	由于社会成本大于私人成本，导致私人参与者过多投入，从而引起市场失灵	每个用户从使用某产品中得到的效用，与用户的总数量成正比
存在/终止条件	可以通过产权制度和政府补贴、罚款等安排解决外部性产生的市场失灵。甚至在某些时候，市场本身也能够对外部性产生的失灵进行自我修复从而终止外部性			与网络一同存在，网络消亡则网络外部性消亡

在制造强国政策体系中，科学选择自主技术标准发展方向，培育自主技术标准以及实现自主技术标准的"走出去"是重要的内容。首先，技术标准是技术创新的重要载体，也是技术创新的重要目标。技术标准在技术创新过程中的功能是将不同公司进行的不同技术创新同步化，形成系统的技术创新力量，通过各子系统功能的发挥提高整个

系统的功能，从而为最终的消费者提供有效的产品和服务①。因此，先进技术成为标准显然为未来技术创新提供了一个较高的平台，标准对技术进步产生积极的影响；但是，一旦劣等的技术成为标准，在锁定性的作用下，并不先进的标准长期存在，阻碍技术创新的步伐。虽然技术进步产生的效果通常是报酬递增的，但技术创新和技术产出会表现出先报酬递增后报酬递减的规律。发达国家已经处于报酬递减的阶段，投入（包括标准在内）能够产生的效果有限。而对于中国来说，引进消化吸收再创新是技术进步的主要手段，标准工作也刚刚起步，投入产生的效益应该是报酬递增的。至少，我们在缩小与发达国家技术水平差距上，还存在非常大的进步空间。因此，技术标准对技术进步的作用应该是积极的。

其次，技术标准有助于促进我国对外贸易和制造业全球布局。技术标准对掌握标准的一国贸易产生积极的影响，促使该国在国际市场获得竞争优势。产业内贸易的交易成本的降低是一国贸易条件改善的重要原因。虽然技术标准的使用同样对进口产品产生正面影响，但是，产生于国内的标准对企业出口的积极作用显著大于对进口的促进作用，技术标准扩大了一国的贸易净出口。作为一种非关税壁垒，技术标准可以抵制国外竞争对手，缩减进口量，保护国内企业，从而降低贸易总量；但同时技术标准又可以成为国际贸易产品的规则，减少交易成本，促进国际贸易。值得注意的是，技术标准在贸易中的"双刃剑"作用是针对全球贸易总量而言的，针对具体的国家和企业，掌握国际标准的国家和企业的对外贸易是能够从技术标准获利的。目前，发达国家对国际标准的控制是显而易见的，发展中国家只能被动地接受，制定具有国际影响力的标准在短期内难度非常大。同时，发展中国家主要的出口市场是发达国家，采用发达国家惯用的技术标准是产品出

---

① 于欣丽：《标准化与经济增长——理论、实证与案例》，中国标准出版社 2008 年版。

口的必要条件，这样便会产生包括专利使用、设备引进等巨额的费用。因此，技术标准无论是对中国的对外贸易还是产业"走出去"的作用都是积极的。

最后，自主技术标准有助于制造业乃至中国经济的高质量发展。通过影响技术进步的步伐和方向，以及进出口贸易，技术标准最终对经济发展产生影响。从已有的研究看，认为技术标准能够促进经济发展的比例较高，且研究较成系统，主要从技术进步和贸易发展两个方面进行理论推导。但也有一大批学者提出了技术标准对经济发展存在负面影响，包括导致次优技术锁定、构成贸易限制、形成市场垄断和限制创新投资等。当然，几乎没有任何经济行为产生的结果是绝对的有益或有弊，因而理论研究的结论通常存在两面性。JBG 小组（Jung-mittag，Blind 和 Grupp）对德国 1961—1996 年的数据分析得出，在整个时期内技术进步对德国宏观经济增长的贡献率接近 50%，而标准有助于技术创新的有效扩散，因而对经济增长非常重要，占到年均增长率中的 0.2—1.5 个百分点，其中在东西德统一之前，标准的作用在每年 3.3% 的 GDP 增长率中贡献了 0.9%。英国的研究表明，1948—2002年，英国由标准导致的劳动生产率变化幅度在 0.05% 左右，也就是说，标准的数量增加 1% 就导致劳动生产率增加 0.05%。实证研究的结果表明，即便标准对经济发展存在阻碍的作用，但从整体上看，标准对经济增长是具有促进作用的。

二　制造强国建设中技术标准战略的选择

近年来，无论是工业强国还是发展中国家，都加强了对实体经济部门发展的支持力度，在全球化和互联网深入发展的情况下，技术标准，特别是网络型产业技术标准的战略意义越来越重要。制造强国建设对我国自主技术标准的发展提出了更高的要求，也创造了更好的发展环境。

（一）发达国家技术标准政策的新动态

金融危机之后，各工业强国为了重振制造业，并抢占未来产业竞争制高点，纷纷制订国家层面的制造业战略计划（如表8—2），虽然各个国家战略的侧重点有所区别，但都对技术标准的制定和扩散给予高度关注。

表8—2　　　　　　　　　　主要发达国家技术标准战略

国家	战略出处和时间	对技术标准的支持
德国	《德国2020高技术战略》（2010） 《工业4.0计划》（2013）	宣传推介工业4.0参考架构模型（RAMI 4.0），重点支持生产、自动化技术、系统架构和参考模型、过程控制技术、数据模型、ICT、云计算、大数据、人机接口等多领域的标准化工作
美国	《先进制造伙伴计划》（2011） 《国家先进制造战略规划》（2012） 《国家制造创新网络计划》（2012）	政企合作制定技术标准为制造业注入强大的驱动力，重点关注先进传感、控制和平台系统（AS-CPM），可视化、信息化和数字化制造（VIDM），先进材料制造（AMM）等领域的技术标准
日本	《新增长战略》（2010） 《日本再生战略》（2012） 《日本重振战略》（2013）	推进知识产权标准化战略，构建以"知识产权立国"的新思路，加强防止商业秘密的泄露，健全"岗位发明制度"。重点布局大数据信息化技术、可再生医疗、新能源与节能环保、机器人等领域技术标准
韩国	《制造业创新3.0战略实施方案》（2015）	建立产业创新3.0推进标准体系，重点布局智能制造、新材料、核心元器件技术标准，促进在中小企业中的普及推广

德国"工业 4.0 计划"对国内学术研究和政策制定有很大的影响，对中国制造强国计划有重要启示。工业 4.0 计划聚焦于标准化和参考架构、复杂系统的管理、综合的工业宽带基础设施、安全和保障、工作的组织和设计、培训和持续的职业发展、监管框架、资源利用效率八个方面的工作，其中，标准化被认为是最具战略意义的工作。德国拥有全球最完善的标准化组织，DIN（德国标准化学会）、DKE（德国电工电子与信息技术标准化委员会）、ZVEI（德国电气和电子制造商协会）、VDMA（德国机械制造商协会）、VDI（德国工程师协会）、VDE（德国电气工程师协会）是德国工业 4.0 标准化的重要参与者。根据发展需要，DIN 下设机械工程、信息技术和 IT 应用、安全设计原则、人体工程等九个技术委员会与工业 4.0 标准化高度相关，DIN 和 DKE 联合成立了工业 4.0 指导委员会以及 IT 安全协调委员会，该委员会已经发布了工业 4.0 的标准化路线图。ZVEI 建立了一套独立于厂商的产品标准，为相关采购者提供未来产品在工业 4.0 性能上的相关信息，并指导制造的研发和产品开发。ZVEI 提出的工业 4.0 标准体系基于 RA-MI 4.0（工业 4.0 参考架构模型），分为工业 4.0 基础、工业 4.0 进阶和工业 4.0 高阶三个层次，分别给予达到相关要求的产品"工业 4.0"标签。

2011 年颁布的《先进制造伙伴计划》是美国在国际金融危机之后重振制造业最重要的统领性战略规划，该计划提出通过支持创新研发基础设施、建立国家制造创新网络、政企合作制定技术标准等多种方式为制造业注入强大的政府驱动力。2014 年，GE 联合 AT&T、Cisco、IBM 和 Intel 等美国企业，成立了工业互联网联盟（Industrial Internet Consortium，IIC），是当前美国面向未来发展最重要的技术标准制定和推广组织。联盟成员中，AT&T 是 M2M（Machine to Machine）解决方案技术标准的重要制定企业；Cisco 提出的万物连接（Internet of Every-thing）方案是物联网重要的标准体系；IBM 最早提出智慧地球、智慧城市概念；GE 则是最早致力于工业互联网技术开发和标准制定的企业。

日本工业标准（JIS）是全球最完善的工业领域技术标准体系，在"新增长战略"中明确了推进知识产权标准化战略，构建以"知识产权立国"的新思路，加强防止商业秘密的泄露，健全"岗位发明制度"等。总体上看，日本技术标准战略相对较为保守和封闭，强调保护，这一战略思路并不符合全球化的发展格局和信息技术的特征。例如，在智能手机行业，日本就因为采用封闭的技术标准失去了品牌的竞争力。目前，日本技术标准战略的总体思路并没有太大的调整，但开放程度有所提高。

韩国"制造业革新3.0战略"推出了大力推广智能制造、提升重点领域的产业核心力、夯实制造业创新基础三大战略，提出在智能制造、新材料和核心元器件领域加强技术标准的制定，相关机构和企业合力打造产业革新3.0标准体系，并促进在中小企业的普及和推广。

从发达国家经验看，技术标准是近年来促进以制造业为主的实体经济部门发展和升级的重要战略工具，一方面提供对技术创新的引领，另一方面形成技术创新的平台。第一，标准化组织发挥重要的作用。虽然技术标准依赖的技术大多为私人经济部门所掌握，但技术标准的实施需要更多的主体参与。例如，美国的"工业互联网联盟"、韩国的"智能工厂推进联盟"都是相关领域技术标准制定的主要载体。第二，形成了技术创新的平台。技术标准不仅是成熟技术的集成，也是新技术研发的载体，发达国家重点支持发展的新兴产业部门同时会布局相应的技术标准。第三，加强在信息网络领域的技术标准引领能力。几乎所有的发达国家都将与信息技术相关的技术标准作为重点突破和全球布局的内容。第四，注重软件标准的制定。例如，GE 推动的 Predix 标准事实上是一个软件平台，GE 专门成立的 GE Digital 公司负责 Predix 平台的开发和运营，该平台也被 GE 等同于工业互联网应用平台。第五，技术标准的全球化和一体化是大趋势。2016 年 3 月，全球最有影响力的两大下一代工业互联网标准体系——美国主导的工业互联网联盟（IIC）架构和德国主导的工业 4.0 参考架构模型（RAMI 4.0）达成了两种模型的互补性共识，两大组织的主要参与企业都表示欢迎并积极推动两个标准体系的统一、兼容和一体化。

（二）制造强国对技术标准培育的新要求

工业化发展阶段的变化，金融危机之后工业强国制造业和技术标准战略的调整，我国在全球研发和制造分工体系中地位的改变以及制造强国的提出，这些都对自主技术标准的培育提出了新的要求，具体表现在三个方面。第一，信息网络技术是新科技革命和产业变革最基础的技术，技术标准战略的核心是围绕数字信息的软件标准。在信息技术普及之前，国家或企业间技术标准的竞争主要是硬件标准的竞争，而当前软件领域的标准竞争更加激烈。发达国家最新的战略安排无一例外重点支持软件领域的标准制定和升级，中国的制造强国战略也强调在智能制造等领域形成自主的软件标准体系。第二，技术标准呈现全球化趋势。虽然近年来贸易保护主义抬头，不断有逆全球化事件出现，但全球经济一体化的大趋势并没有改变。在这样的情况下，全球性的技术标准替代国家层面的技术标准是发展趋势，一方面，全球化促进各个国家和地区间各种要素的流动，无论是产品、服务还是信息都需要借助统一或者兼容的标准才能够方便使用和应用；另一方面，从技术角度来看，软件标准的统一和兼容成本要远远低于硬件标准，但战略意义更加重大。第三，我国已经整体进入工业化后期阶段，在技术研发和产业化领域与发达国家的差距持续缩小，在部分领域的技术水平已经逼近世界前沿。在这种情况下，继续依靠引进来实现技术标准的发展空间不足，且面临的阻碍也将很大，自主技术标准的培育要更多地建立在自主创新的基础之上。

（三）不同环境技术标准战略的选择

在制造强国框架下，具体到不同产业或不同企业，会面临不同的技术标准战略环境，某些领域的标准体系比较稳定，而另一些领域可能还不存在具有国际垄断地位的技术标准。面对不同环境，不同行业、企业的技术标准战略在三个层面上要有所区分：第一确定需不需要制定标准，第二确定标准从何而来，第三确定选择何种标准战略。

一是需不需要技术标准的问题。如果仅从技术类标准产生最初的原因来看，标准是为了加强网络型产品正的外部性而自发或人为设定的。很多学者提出了技术标准的副作用是减少了产品的多样性，从而影响个性化消费者的效用。现实的情况也是如此，技术垄断企业往往在开发新产品的过程中只考虑自己的利益，而忽略消费者和整个市场效用的提高，技术研发的结果并不一定是帕累托改进，而是垄断势力的进一步增强。但是，网络外部性的存在使得技术标准存在很多弊端，但仍对整体福利水平有所提高。关于此的研究来自 Blind、Gandal、Swann 等。① 对于企业来说（无论是行业领先企业还是赶超型企业），采用技术标准的作用表现为三个方面：首先，作为系统平台形式存在的技术标准能够引导创新活动的方向，提高研究开发活动的效率；其次，作为国际惯例形式的技术标准能够避免出口遭受技术壁垒的干扰，降低企业出口成本和风险；最后，作为企业竞争要素存在的技术标准本身也是企业的盈利来源，发达国家跨国公司正是通过掌握大量的全

---

① Blind, K. & Grupp, H. , "Interdependencies Between the Science and Technology Infrastructure and Innovation Activities in German Regions: Empirical Findings and Policy Consequences", *Research Policy*, No. 5, 1999; Gandal, N. , "Competing Compatibility Standards and Network Externalities in the PC Software Market", *Review of Economics & Statistics*, No. 4, 1995; Swanna, P. , & Prevezer, M. A. , "A Comparison of the Dynamics of Industrial Clustering in Computing and Biotechnology", *Research Policy*, No. 7, 1996.

球技术标准获取垄断利润。因此，在互联网经济和经济全球化背景下，几乎所有的产业都呈现网络化的发展趋势，中国企业要参与国际竞争，提高在全球分工中的位势，技术标准是重要的前提条件。

二是标准从何而来的问题。作为赶超者，产业或企业的使用技术标准有三条基本路径：独立创造、加入标准联盟、被迫接受，采用何种路径不仅要依据该领域技术标准全球布局情况，还要以我国自主技术研发能力为基础。对于传统行业，要积极引进国际成熟标准，提高国内制造水平，避免技术性壁垒。此类行业发展时间长，基本上形成全球统一的标准或几大标准板块。这类行业的标准已经非常成熟和统一，虽然有些标准并非最优选择，但要改变标准体系需要花费极大的成本。因此，我国企业的最好选择就是尽快引进国际标准，完善国内标准体系，实现国内标准与国际标准接轨，提高"中国制造"在国际市场的通行能力。对于优势行业，要参与国际标准制定活动，提高产品竞争力。经过改革开放前的积累和改革开放以后四十多年的迅速发展，我国已经拥有全球第一的制造能力，在家用电器、电子信息、乘用车、造船、高铁等多个领域已具备世界先进水平。并且，此类行业也正处于技术和消费理念轮替的重要关头（例如电器数字化、汽车环保化等），新技术对老技术的替代在所难免，我国应该依靠自身的制造优势参与到新标准的制定过程中，提高参与国际竞争力层次。对于新兴行业，要有选择地加快自主技术标准制定和申请工作，培养下一代竞争力。此类行业技术轨迹并未最终成型，相对于前两种情况，对于新兴行业，我国企业能够与发达国家跨国公司有更平等的竞争地位。2009年1月7日，工业和信息化部为中国移动、中国电信和中国联通发放3张第三代移动通信（3G）牌照，标志着我国正式进入3G时代。3G中国标准的出现证明了我国已经能够在新兴的产业领域制定和实施自主标准。

三是选择何种标准战略的问题。总体来说，中国企业技术标准战略的选择由两方面因素决定：一是国际标准环境，二是自身条件，如表 8—3 所示。企业在实施某项具体技术标准战略时，要考虑这两方面的决定因素。同时，要对可能出现的风险进行评估和预防。

表 8—3 我国技术标准战略环境与战略选择

环境	战略选择	必须具备的战略要素		预防
无专利无标准	申请专利	制造能力		要首先认识技术的最新边界，否则创造落后标准
	创造标准			
有专利无标准	购买专利	专利开放度		
	创造标准			
已有标准	引进标准	技术规模性		引进旋涡
	改进标准	用户基础	产品成熟度	被孤立
	创造新标准		国内市场独立度	
已掌握标准	释放标准	互补潜力		被赶超

当某项技术在国际上还没有申请专利更无确定的技术标准时，我国企业在获得技术前提下的战略选择可以是申请专利、创造标准。必须具备的战略要素是制造能力，否则标准设立之后将无法在第一时间占领市场，形成用户基础，发挥网络外部性，一旦技术被其他企业掌握将失去战略先机。

当某项技术已经存在专利但还没有形成技术标准时，我国企业的战略选择可以是购买专利、创造标准。必须具备的战略要素是专利开放度。专利开放度过低将造成购买专利困难，提高技术标准制定成本。

无论是使用自己的技术还是购买专利创造标准都必须首先明确所采用技术的先进程度，落后技术形成的落后标准生存力很差，将很快为新标准所替代。

当国际上已经形成技术标准时，我国企业的战略选择可以是引进标准、改进标准和创造新标准。引进标准要考虑技术规模性，通过"转换器"的使用可以多头引进标准，防止单边谈判带来的高成本。引进标准同样要考察技术的先进程度，引进过时的标准如同引进过时的技术一样，会陷入"落后—引进—再落后—再引进"的旋涡当中；改进标准和创造新标准都必须具备一定的用户基础，否则技术标准没有赖以生存的市场规模。改进标准特殊要求产品的成熟度不高，否则很难找到改进的突破口；创造新标准需要具有较高的国内市场独立性，否则国外标准将通过网络外部性蚕食中国标准。改进标准和创造新标准都是在国内使用不同于国际标准的新标准，因此要防止被国外标准孤立，特别是针对具有"硬件—软件"模式特点的产业，如果国内硬件标准不能兼容国外软件标准，则选择国内技术标准的消费者福利水平将受到影响。

如果我国企业已经掌握了国际通用技术标准，则应该努力释放和扩散标准，获得更多利润。释放标准需要具备互补潜力，否则新的标准很难得到相关企业和消费者的认可。释放标准的过程必须同时进行不间断的技术研发以使得标准更加完善和先进，否则在技术迅速变化的时代将很容易被赶超。

三　自主技术标准的培育机制

在绝大多数时候，技术标准的出现和主导技术标准的确定不是一个市场自发发展的结果。虽然有很多研究认为技术标准的出现具有很强的偶然性，最终确定的标准也不见得是最优的，精心的技术路线战略有时不及一个微不足道又难以预料的"历史偶然事件"的影响。但是，政府政策、企业战略仍然可以在技术标准的发展中发挥积极或者消极的作用，"不确定性"是对结果的不确定性，并非指政策和战略在技术标准产生和发展中完全无效。

对于领先者而言，技术标准以技术进步为前提，其过程有普遍的规律。最开始，在车间生产的工人会在重复性的劳动操作中养成一些习惯，这些操作习惯经过规范的文字化工作能够形成生产规则。在生产规则的基础上，专业的研究人员将进行技术提炼和技术选择，进一步形成技术标准内码。内码可以被作为下一阶段技术研发的基础，用于技术标准的升级，也可以被再次编码为外码。外码是能够被直接读取的生产要求，一部分外码将留在创办技术标准主体内部指导生产活动，另一部分外码会通过转让和公开等方式扩散到产业内的其他主体。技术标准内码和外码的编码过程只在能够提供相关技术的参与者或参与者联合体中进行，是一个非公开的过程，从生产规则编码开始到再次形成生产过程的阶段可以被视为技术标准黑箱。

技术先导型的技术标准培育过程具有普遍性和一般性，目前大多数国际标准的产生也遵循这一规律。但是，这种按部就班的培育机制对技术条件的要求较高，只适用于在技术上处于绝对领先地位的发达工业国家和这些国家跨国公司或跨国公司联合体。对于赶超者而言，技术综合能力弱，大多不具备完整的技术体系，技术标准的培育面临和发达工业化国家不同的环境，难以通过技术先导的方式培育自主技术标准。

第一，信息化始于工业化进程中，对互联网应对能力差。最早实现工业化的国家是英国，从 18 世纪 70 年代开始到 19 世纪 70 年代完成，大概用了 100 年。在英国之后，欧洲大陆的主要国家和美国先后在 18 世纪末 19 世纪初开始了工业化进程，到 20 世纪初期，绝大多数欧美国家实现了工业化。到 1946 年，第一台计算机问世标志着第五次信息革命①的到来，发达国家的工业体系、企业实力和劳动力素质已经

---

① 前四次分别为语言的使用，文字的出现和使用，印刷术的发明和使用，电话、广播、电视的使用。

经过了 100 年以上的积累和沉淀。当互联网和网络型产业兴起，需要实施技术标准战略以增强企业和国家竞争力时，发达工业化国家具备在第一时间做出反应的所有条件。1993 年，美国率先提出"信息高速公路"计划，掀起了本次信息革命的第二波高潮，此时，以美国为首的发达工业化国家已经相继步入深度工业化和后工业化时代，可以在国家层面实施大规模的向信息领域的产业转型。相比之下，除了韩国等极少数实现成功赶超的国家之外，大多数发展中国家处于工业化的中期和中后期，信息化与工业化是同步进行的，两化融合是现阶段包括中国在内很多赶超国家工业化的基本特征之一。虽然从一方面讲，信息化加速了发展中国家的工业化进程，但是在面临相同技术标准战略机遇时，从国家的层面看，信息产业在短期内很难成为国民经济的支柱，从企业层面看，也缺乏从事新兴网络型产业的历史积累、研发基础和风险承担能力。

第二，赶超国家技术禀赋落后，开创性创新少。发达工业化国家在传统行业有上百年的技术积累，大多数开创性创新发生在半个世纪以前，例如化工产业的拜耳、杜邦、孟山都、ICI 等企业都在 20 世纪头 50 年攻克了对化工产业发展起到决定性和转折性作用的技术难题。经过积累，发达国家技术体系完善，形成既有深度（从发展历史看）又有广度（从应用范围看）的技术体系。相比之下，赶超国家在工业化初期缺乏基本的现代工业技术体系，起步技术基本靠引进，苏联、美国、日本、德国、英国、法国、意大利等是赶超国家最主要的技术供给国。虽然一些赶超国家逐步建立了较为完善的工业体系，但几乎所有工业行业都是依靠国外技术种子发展起来的。例如，我国已经取得巨大技术、产业和市场突破的高速铁路系统，"和谐号"的研制也是建立在对日本、德国、法国原型车借鉴的基础上的。

第三，赶超国家技术轨迹多次被打断，技术发展缺乏连续性。发达工业化国家企业，特别是知名跨国公司大多能够在既有技术路线上坚持长达几十年甚至上百年的持续研发。相比之下赶超国家技术研发缺乏线索，连续性差。以我国为例，中华人民共和国成立初期大量引进苏联技术，弥补了众多短缺技术，迅速形成了工业化所需的技术体系；20世纪60年代随着中苏关系恶化，不得不放弃苏联技术路线，转向以自我探索为基础，广泛吸收来自日本、欧洲和美国的相关技术；改革开放之后，适应大规模吸引外资的要求，一批自主研发项目被迫下马，工业技术路线转为以引进为主，技术路线再次被重新设定；21世纪之后，提出自主创新战略，技术的连续性有所加强，但仍然受"任期行为"等人为因素的影响。

第四，赶超国家企业联盟、协会、学会组织松散，技术缺乏系统性。发达工业化国家拥有众多的联盟组织，参与联盟的企业、机构和其他组织共享研发资源和成果，互通有无，发挥自身优点。同时，联盟成员也借助联盟伙伴的优势，形成很强的协同效应。这种技术联盟解决了单个企业或单个国家不能掌握制定一项新技术标准的所有先进技术的问题，使得零散的技术成为一个有机系统。相比之下，赶超国家企业技术战略联盟的发展时间短、层次低，成员之间关系松散，也没有表现出互补关系，很多时候甚至是竞争关系，很难形成技术体系。

综上，由于对信息化的适应能力差、技术禀赋差、技术轨迹缺乏连续性、技术联盟松散等问题无法在短期内得到解决，赶超者只能被动地从技术领先者那里购买成熟标准，缴纳高额的专利使用费。并且，按照一般的技术标准形成规律，这种依靠购买技术、专利和标准的发展方向不太可能实现在全球技术标准布局上地位的改变。赶超者要实现在技术标准上的突破，参与国际标准制定工作，创建自主标准，就必须设计新的技术标准培育机制。

技术先导型的标准制定是三阶段的编码过程，而最重要的是第一次编码，即技术标准内码的形成。这一过程需要对各种相关技术以及长期连续的实验数据进行总结和归纳，因此，形成技术标准内码的前提条件是对相关技术全面系统地掌握。如果无法形成技术标准内码，整个技术标准形成机制的链条将中断。作为赶超者，无论是企业还是国家都很难在一个领域达到进行第一次编码的技术能力要求，沿着领先者的轨迹形成自主的技术标准在短期内是难以实现的。

技术标准形成有一个基本前提——技术进步，技术之外，技术标准必须适应市场的要求，符合市场的选择。技术标准作为一种"连通器"，是实现各种相关产品共同使用的基础，在消费效用上表现为正外部性，由此，必要数量的生产规模和"用户基础"也是形成技术标准的条件。从 20 世纪 90 年代开始，随着标准竞争的日益激烈，市场和规模的重要性逐渐被学者意识到，"用户基础"成为技术标准研究文献中出现频次最高的关键词之一。发达国家和跨国公司等领先者技术研发积累的时间较长，形成了成套技术和"专利池"[1]，因此自然形成了从技术角度出发的标准形成机制。相比较，中国在国内市场规模和制造能力上的综合实力超过任何一个发达国家，制造上的优势也成为这些国家结构调整和产业升级的最坚固基础。技术标准的形成应从市场制造规模开始，而不是从与领先者存在很大差距的技术开始。

图 8—1 反映的是市场导入型的技术标准形成机制的过程，横轴代表技术实力的提高，纵轴代表生产自主性的提高，赶超者形成自主的技术标准需要经历四个阶段。

在最初的阶段，赶超者要首先形成自己的制造优势，制造能力的提升不仅是获得在国际技术标准交易市场和制定会议上话语权的重要筹码，也是创建自主技术标准的前提——技术标准是对重复劳动的总结。在制造优势的基础上，赶超者要对生产产品植入自主品牌，实现从 OEM 到 ODM 的转换。在这一阶段，赶超者将通过自主品牌的营销网络销售产品，市场占有率的上升和由规模决定的价格优势是竞争力

---

[1] Shapiro, C, "Navigating the Patent Thicket: Cross Licenses, Patent Pools, and Standard – Setting", *Innovation Policy and Economy*, No. 1, 2000.

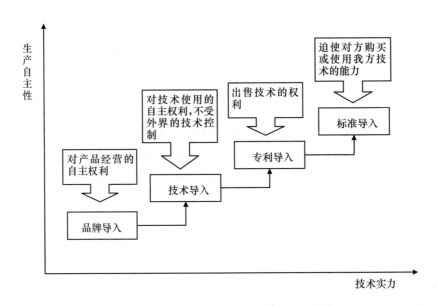

图 8—1　市场导入型的技术标准培育过程

的主要来源。但是，产品生产所需的关键技术和核心技术仍然主要依靠技术引进和专利购买的方式获得。

　　在第二阶段，赶超者借助技术引进，开展系统的反求工程，逐渐摆脱对特定领先者的技术依赖。在对技术的理解不断加深的情况下，即使还不能有效地开发新技术，也能在技术引进的谈判过程中获得较高的议价能力，以及选择技术来源方的权利。但是，这一阶段形成的技术主要还是依靠模仿、反求工程等方式获得的，技术的原创性低，赶超者对技术的理解是"知其然，不知其所以然"。

　　在接下来的阶段，赶超者在特定领域的技术实力已经达到或超过领先者的水平，技术研发也成为国家和企业的经常性行为。在特定领域的技术研发成果能在发达国家申请专利，对技术的理解已经达到"知其然，亦知其所以然"的水平。但是，由于这些技术与国际领先水平还存在一定的差距，或并不符合发达国家的消费习惯，专利的扩散程度比较有限，赶超者也很难从专利转让中获得巨额利润。

在最后一个阶段，赶超者在某一领域的技术实力已经达到世界一流的、具有垄断性的水平，技术研发也进入一种"研发—转换—获利—再研发—再转换—再获利"的良性循环状态。在技术进步和生产规模优势的共同作用下，赶超者开始制定和扩散技术标准。

四个阶段所表现的不同特征如表8—4所示。

表8—4 市场导入型技术标准培育的四个阶段

	自主品牌阶段	自主技术阶段	自主知识产权阶段	自主标准阶段
关键资源	独立的市场开拓能力和营销网络	工艺能力的提高和核心关键技术的掌握	对关键技术的彻底理解	形成垄断技术实力
竞争力的来源	市场占有率、价格优势	产品技术含量	专利转让	技术标准扩散
价值链位势变化	从制造环节转向下游营销环节	从制造和营销环节转向上游技术环节	强化在技术环节的实力	技术环节成为价值链的制高点
技术特征	无技术	一般技术	成套、成熟技术	系统技术

市场导入型技术标准培育过程还在如下几个方面与领先者技术导入型培育过程存在显著的差别。第一，单个企业可以根据业务特点形成以技术标准为核心的经营特点，但作为整个国家而言，赶超国家的工业体系还是要建立在制造业的基础之上，技术标准与制造业的关系是：技术标准服务于制造业的发展，而非制造业为技术标准服务。第二，生产规模和市场占有率是技术标准形成各个环节都必须依赖的重点要素。与领先者依靠技术的自然演进形成标准不同，赶超者更能依靠的是在制造规模和市场占有率上的优势。第三，技术能力的获得是一个综合的过程。一方面，技术引进仍然是需要长期坚持的政策，另

一方面，自主的基础研究也必不可少，两者相结合才能获得形成标准所必需的技术资源。

四　自主技术标准的"走出去"

随着我国产业竞争力、技术研发能力、标准制定和扩散能力的不断增强，"中国标准"正在成为我国优势产业出口和领先企业跨国布局的重要载体，近年来取得不少成绩，在多个领域实现了突破。例如在电子信息领域，我国主导并发布的国际标准有 8 项，在移动通信、物联网、软件工程等基础性标准方面实现了突破；在稀土金属、能源互联网等具有巨大发展前景的行业，中国标准也得到相关国际标准组织的认可。

借助于技术和施工上的优势，工程技术标准率先实现了"走出去"。进入 21 世纪之后，我国在水电、风电、铁路、港口、桥梁等工程技术上具备了世界领先的技术水平，并形成了全球最大规模的工程建设能力，工程建设标准体系也得到快速发展。但是，受欧美国家长期控制国际标准的影响，我国自主工程技术标准的国际化并不顺利，在很多对外工程合同中，都附带采用欧美标准、聘请欧美专家、通过欧美标准机构认证的条款。中国工程技术标准最初只能使用在一些对外援助建设项目上。为了突破欧美国家在工程技术标准上的封锁和垄断，2007 年，中国对外承包工程商会工程技术标准委员会在北京成立，2014 年，商务部正式确立"中国工程技术标准对外推广的官方标志"（CHINA CODE），同时，中国对外承包工程商会陆续主办"发展中国家工程建设标准体系与应用研修班""非洲国家工程承包研修班""中亚国家工程承包研修班"等培训班。通过各方面的努力，2012 年，我国第一个技术、标准、管理、设备整体"走出去"的风电项目——埃塞俄比亚阿达玛风电场 34 台机组项目竣工验收，开启了我国工程技术标准"走出去"的新篇章。

在工程技术标准"走出去"取得巨大成就的同时，工业产品技术标准的全球推广也取得初步成效。例如，中国主导的 TD-SCDMA 标准是四个 3G 国际标准之一，在 4G 和 5G 国际标准体系中，中国标准都是重要组成部分；中国研制的数字电视传输标准 DTMB 系统在老挝、柬埔寨、古巴等国家实现了商业化运营；中国航天、铁路标准在委内瑞拉、巴西、尼日利亚等国家实现了海外应用；中国标准化动车组已经开始商业运行，为高速列车的出口扫平了标准障碍。但是也必须认识到，与工程技术标准比较，工业产品自主技术标准的"走出去"面临更大的阻力：一方面，发达国家和跨国公司将标准作为重要战略资源和工具，通过各种手段遏制我国自主标准的推广；另一方面，中国企业"走出去"的发展时间短，经验不足，作为发展中国家在"标准"层面参与国际竞争缺乏成熟的模式。客观上讲，到目前为止，虽然在部分领域取得突破，但我国工业产品领域自主标准的"走出去"以失败居多。如表8—5 所示，以我国具有较强优势的 ICT 行业为例，从 20 世纪末陆续制定的很多自主技术标准的目标都成为了国际标准，但大多没有实现既定目标，甚至在国内市场也被国外标准淘汰。

表8—5　　　　　　　若干项中国 ICT 产业技术标准基本情况

名称	EVD	AVS	闪联	WAPI
功能	DVD 的升级产品，新一代高密度数字激光视盘系统	数字音频系统的基础编码标准	实现多个信息设备间的网络连接、资源共享和相互操作	无线网络连接协议
应用范围	音频、视频播放	数字广播、激光数字存储媒体、无线宽带、互联网等	PC、家电、手机等现有信息设备的互联和增值	无线网络的信息安全互联

续表

名称	EVD	AVS	闪联	WAPI
标准发起人	国家经贸委和信息产业部主持，北京阜国数字技术有限公司研发，已成立产业联盟	中科院计算机所、清华大学、哈尔滨工业大学、北京工业大学、香港科技大学等	以联想为首的 5 家国内信息产业巨头	西电捷通公司等
标准发展情况	已经开发 22 项专利，5 套软件	2004 年第一季度申请成为国家标准。会员达到 95 家，包括中外大学、研究员和著名企业	2008 年通过 ISO 和 IEC 决议，成为国际标准	国家标准已于 2004 年 1 月建立，原计划在 2004 年 6 月强制执行
标准建立的紧迫性	国外的 6C、3C 等厂家目前每年向国内 DVD 厂家收取近 10 亿元专利费用	国外组织对国内正在大量使用的 MPEG－2 标准收费为每台 2.5 美元	3C 设备的应用和融合是国际公认的发展趋势，在这一领域，国际大公司已开始制定标准	国内的无线网络标准不统一，并且没有完善的信息安全机制
相对应的国外标准	DVD 标准	MPEG－4 MPEG－2	UPNP DHWG	802.11b 802.11g 蓝牙
近况	2005 年之后几乎绝迹	终端产品极少，缺少内容支持	2010 年之后，采用闪联标准的终端产品减少	没有获得英特尔的支持，很少有终端支持

资料来源：部分内容来自赵英①。

---

① 赵英：《提高我国制造业国际竞争力的技术标准》，《中国工业经济》2007 年第 4 期。

无论是工程项目还是工业产品，截至目前，我国自主技术标准的"走出去"方式和手段具有一些共性特征：一是组建了相关的委员会、产业联盟和其他标准化组织，统筹资源，主导自主标准"走出去"的相关事宜；二是对国内相关标准进行整合，使得标准体系不断完善，并且编写中国标准的外文版本；三是通过国际标准组织、国际展览会议、国际学术交流等平台，在国际上树立强化"中国标准"概念；四是在承包合同和产品出口中，尽可能争取中国自主标准的同步"走出去"。不得不说，在过去的十余年里，我国政府和企业高度重视自主技术标准的"走出去"，也取得了显著的成效，促进了我国由工业大国向工业强国的转型升级，以及我国在国际分工方面地位的改善。中国自主标准"走出去"在面临国际认可度不高、跨国公司封锁和恶意阻挠客观因素面前，存在一些误区。在制造强国框架下，巩固前一阶段取得的成果，除了不断增强我国自主技术标准的水平之外，也要针对当前面临的主要约束，从三个方面进行调整，促进自主技术标准的进一步"走出去"。

（一）弱化标准的"输出"，注重标准的扩散

近年来，我国在几大国际标准化组织中的地位显著增强。例如，中国在国际标准化组织（ISO）中的技术委员席位达到726个，仅次于法国、英国和德国，到2016年，中国有189项标准提案成为ISO的国际标准，在高铁、核电、通信、汽车等领域，中国标准正在实现从跟随到引领的跨越。

借助在国际标准化组织中地位的提升，我国自主技术标准的国际影响力也不断提高，越来越多的中国标准出现在国际市场上。从积极的方面看，这是我国向工业强国转型的具体表现，是我国标准战略和工作取得的可喜成就，但从消极方面看，过度强调标准的自主化和标

准输出容易引起反感，一些国家和国际组织把"中国标准"的"入侵"作为"中国威胁论"的具体事件加以宣传，或者通过媒体制造不利于我国自主标准参与国际竞争的舆论环境。例如，2009 年，中国数字家庭产业联盟开始推广我国自主数字高清互动传输接口标准 DiiVA，从技术上看，DiiVA 在某些性能参数上确实超过了当时国际主流标准 HD-MI，并且具有更好的硬件兼容性。在此之后，日本等国的行业杂志频繁发表评论文章，认为 DiiVA 标准将对 HDMI 的主导地位产生威胁，索尼、三星、松下、夏普等企业也加入 DiiVA 联盟。不得不说，在 DiiVA 标准尚不成熟的情况下，我国相关政府管理部门和企业对标准战的形势有错误的判断，虽然 DiiVA 在用户基础上与 HDMI 有巨大差距是该标准未能得到有效推广的重要原因，但过度宣传自主标准的"优越性"和"自主化"也是战略上的失误。这种战略上的不足在其他行业仍然存在。例如，高速铁路是我国近年来发展较快并在标准上取得巨大突破的行业，2016 年年底，采用自主标准体系的"中国标准化动车组"完成了一系列实验验证并开始实际运营，我国媒体对此的宣传是"中国高铁标准成为世界标准"（事实上，并不存在"世界"意义上的高铁标准，全球有多个实际运营的高速铁路标准系统，即便是在同一国家也有采用不同标准的高速铁路线路），并在一些规划和战略文件中强调自主高铁标准的"走出去"，这可能会引起印度尼西亚、泰国等计划建设高速铁路国家政府、相关组织和民众的警惕，事实上并不利于高速铁路和自主标准的"走出去"。

技术标准本身并不存在谁替代谁的问题，而是技术选择合理性的问题。但是，在现实情况中，由于技术标准被认为是较高层级的战略资源，在国际经济、政治关系中极为敏感。无论是发达国家、发展中国家的领导者，还是产业部门或多或少都会对采用他国技术标准有所防范。特别是对于通信网络、交通线路、水利工程、能源系统等涉及面广的复杂系统，采用何种"标准"绝不仅仅是单纯的经济效益问题。

在这种情况下，我国自主技术标准的"走出去"应当适度淡化自主标准"输出"的理念，只要通过了相关国家和国际组织的审查，并不需要过多强调出口产品系统采用了中国自主的标准体系。在产品、出口和对外工程承包过程中，自然将中国自主标准带出国门，在实现大量出口之后，中国标准也自然"扩散"成为国际市场认可的标准。

（二）提高自主技术标准的兼容性

作为赶超国家，自主技术标准必然面对来自发达国家跨国公司的竞争压力。在面对竞争时，可以采取两种截然不同的方法。第一种方法是使自主标准变得与国外标准格格不入，采用自主标准的产品不能与采用国外标准的产品兼容使用，从而起到保护国内产业和自主标准的目的。如果产品的国内市场封闭，且国内市场具有形成最低用户基础的规模，这种方法是能够发挥作用的。例如，虽然铁路系统是具有网络特征的复杂产品，但很多国家的铁路系统采用自主标准，不同国籍的车辆在大多数情况下不能跨境，因为铁路系统是一个相对封闭的市场。第二种方法是使自己的标准兼容国外标准，或者开放标准的接口，这不仅针对硬件标准也包括软件标准。例如，很多智能手机能够兼容多个3G和4G标准，中国自主3G和4G标准对手机制造商是开放的。无论是理论研究还是实践证明，前一种方法有更大的风险，第二种方法虽然也存在问题，但成功的概率要大得多。

例如，EVD（Enhanced Versatile Disc）是2003年由9家中国企业牵头推出的新一代数字影音光盘标准，2005年，EVD标准获得当时信息产业部的支持，各项技术研究相继展开，目标是使其发展成为中国主导的数字影音全球标准。但是，EVD不能兼容当时在全球更具技术优势和市场竞争力的DVD标准，EVD联盟内企业也缺乏将更多的电影转化为EVD格式的能力，简单而言，EVD标准的兼容性非常差。最终，EVD 标准还未来得及"走出去"就瓦解了。到 2008 年，只有上海广电等极少数的几家企业还在进行 EVD 的改良研发工作，原 EVD 联盟中的绝大多数企业已经将战略转向 DVD 技术标准的研发和生产中，市场上也很难看到 EVD 碟机和碟片。目前，在新一代的高清视频标准竞争中，脱胎于 HDDVD，通过清华大学光盘国家工程研究中心和中国电子技术集团第三研究所的改造，采用了中国的音频标准 AVS 的 CBHD 标准同样面临不能兼容 BD 国际标准的问题，自主的 CBHD 标准发展举步维艰。即便在技术领先的情况下，如不采用与国际标准兼容的技术发展路线，在国际市场开拓上也会受到很大的限制。例如，日本的手机技术是领先全球的，第一台彩色 LCD 手机、第一台带相机的手机都出自日本手机品牌。但是，在 2G 时代，日本采用了和 GSM 不兼容的 PDC 标准，并且在国内采用了手机制造和运营搭售的模式，这导致日本手机品牌在国际市场占有率极低。以中国市场为例，在 2G 功能机时代，日本只有索爱（严格意义上讲也不能完全算作日本品牌）的市场份额在 5% 左右，其他日本品牌手机的中国市场占有率均在 1% 以下。目前，日本虽然仍然掌握智能手机产业链中一些核心零部件的供应，但在国际市场已经鲜有日本手机品牌销售。

是否兼容其他标准，在不同阶段应当有不同的战略选择。20 世纪 90 年代初期，金山公司的 WPS 在国内中文电脑办公软件市场上具有垄断地位，1994 年，微软与金山公司签订协议，使得微软旗下办公软件 Office 中最主要的部件 Word 能够和已经大量存在的 WPS 用户实现信息交流。在此之后，微软通过更实用的操作界面和优惠迅速削弱金山公司在国内办公软件领域的势力。在取得一定数量用户基础之后，微软终止和金山公司的合同，推出新的 Word 版本，使得 WPS 用户不能与 Word 之间继续进行信息交流，这对 WPS 构成致命性打击。2002 年，金山公司单方面推出可以兼容 Word 的 WPS 2002，宣告与微软历时 8 年的标准之争失败。在标准处于劣势和优势的不同阶段，微软采取了不同的兼容性战略，而金山公司则刚好相反，微软和金山市场地位的转换充分说明了兼容性选择对技术标准国际市场开拓的重要性。

ISO、IEC等国际标准化组织对国际技术标准的规定是比较基础和宽松的，即只在影响使用安全和影响产品使用最核心性能方面给出了相关技术标准规定，因此在实际的技术标准竞争中，不同国家和市场是可以形成多元化的标准体系的。我国自主技术标准在兼容性选择上有得天独厚的条件——国内市场的多样性，即要满足国内多样化的需求，自主标准从培育初期就需要兼顾各种市场需求条件。例如，由于我国气候和地理条件丰富多样，国内铁路标准系统已经形成若干子系统，能够适应多种特殊条件下运营的要求，而国际铁路建设和运营环境也是多样的，从某种意义上讲，国内铁路系统标准能够满足全球绝大多数国家铁路建设和运营的要求。我国提供有更好兼容性技术标准的条件是具备的，因此在"走出去"的过程中，要突出发挥我国自主技术标准兼容性强的优势，并强调自主技术标准的独特性，满足不同市场的需求，从而形成与发达国家技术标准差异化的竞争优势。

（三）积极参与国际标准体系

全球技术标准发展的一个趋势是：技术标准越来越以体系的形式出现，单个企业单一标准垄断全球市场的情况越来越少。一方面，产品网络化程度和复杂性越来越高，即便是最领先的企业也难以满足标准制定所需的全部资源；另一方面，全球竞争格局发生变化，对垄断的规制增强，发展中国家技术进步，使得越来越多的国家和企业要求在国际标准事务中有更多的发言权，因此国际标准化组织越来越倾向于在一个标准体系中采用来自不同国家和企业的标准，或同时颁布多个来源标准为国际标准。在这种情况下，我国自主技术标准进入国际市场，与发达国家跨国公司间的关系从"你死我活"的激烈竞争逐渐转变为竞争与合作并存，虽然具体到某项技术标准仍然是激烈的竞争，但从标准体系看，各个国家和企业的标准都有开放接口共同满足需求的趋势。

在这种情况下，并不需要做到某一个产品、系统的技术标准的完全自主。技术标准的"完全自主"非常困难，也没有必要。由 SSOs（Standard-setting Organizations）制定的 FRAND（Fair, Reasonable, and Non-discriminatory Terms，公平、合理和不带歧视性条款）是当前国际技术标准制定和扩散的重要原则，让更多的国家和企业参与到全球化的技术标准制定中，能够在提高整体效益的前提下，使技术标准得到更加广泛的参与，激励更多创新，并遏制垄断的产生。顺应全球技术标准发展的趋势，在制造强国框架下，我国自主技术标准的"走出去"也是积极参与国际标准体系的过程。

积极参与国际标准体系首先要发挥我国在制造能力和国内市场上的优势，扩大中国标准的国际影响力。作为赶超者，我国自主标准要得到国际市场的接纳必须满足两个前提：一是采用自主标准的产品足够多，国内用户形成较大规模，标准在国内实现了安全、成熟的运营，且在部分领域或整体上超过国外标准使用效果；二是自主标准的稳定性和优势要通过一定的渠道让国际市场了解和认识。第一个条件的实现主要依靠我国在制造和市场上的优势，先于其他国家将新的技术标准付诸产业化，并在真实的市场运转中验证和优化。对于第二个条件，在 ISO、IEC 等国际标准化组织中担任重要职位，在国际产业论坛上发表更多的主题演讲，在国际期刊和学术会议中发表更多的论文，提高相关领域中国企业家、科学家、工程师、设计师的国际声誉，这些都是提升中国自主技术标准国际影响力的重要途径。同时，要深入挖掘我国自主标准的优越性所在，并将这些优越性作为对外宣传的重点。例如，国外有很多标准受实验条件的限制采用的推演或计算机模拟的方法，而我国具备更好的现场和实际运营验证条件，从这个方面看，我国自主标准的可靠性、科学性、稳定性和兼容性要高于国外标准。

第 九 章
以节能技术为例的技术扩散政策

经济学家通常将技术演进的过程分为发明（invention）、创新（innovation）、扩散（diffusion）和产品使用（product use）四个阶段，但技术扩散显然是其中的一个关键环节。因为技术扩散与产品使用之间的互动和正向反馈，对一种发明、创新最终能否形成有竞争优势的工艺和产品，能否成为市场主导产品至关重要。然而，现有的技术政策却很少考虑技术扩散的阶段特征，节能技术政策就是一例。

早在20世纪80年代初，我国就确立了"能源开发与节约并重，把节约放在首位"的政策方针，并逐步形成较为完善的节能管理体制和节能与能效激励政策体系，在节能与能效提升方面取得了很大成绩。2018年中国能效经济委员会（CCEEE）的研究报告显示，2000—2016年，全球工业部门能耗下降幅度不到20%，而中国工业部门的能耗在2006—2016年的10年里就下降了43%，下降速度超过IEA国家能耗下降速度。[1]这些成绩的取得与我国节能技术的扩散与传播紧密相关。节能技术是指在能源勘探、开发、加工、运输和使用过程中提高能源利用效率，促进能源节约的技术。以各种政策鼓励新技术采用，提高能效，实现能源节约一直是我国节能减排的重要途径。但是这种推行方法仅考虑节能技术的"正外部性"特点，过多依靠行政命令方式推行，

---

① CCEEE：《中国能效2018》。

并且不重视节能技术扩散的规律和特点，在政策实际实施过程中往往出现"效率低""成本高"等问题。本章从现有研究很少关注的节能技术推广和技术扩散的特征出发，探讨了影响节能技术推广和扩散的因素，分析了我国节能技术推广过程中存在的问题并提出有针对性的建议。

一　概念演进：从"节能"到"能效"

"节能"真正成为一个国家的能源政策目标始于1973年第一次国际石油危机。第一次国际石油危机的爆发，给石油进口国带来了两个方面的影响：一方面，石油进口国开始高度重视能源进口安全；另一方面，节约能源开始成为这些国家能源政策的重要组成部分。以日本为例，第一次石油危机给其经济带来极大冲击，导致1974年日本战后GDP首次出现负增长（-1.4%）[1]。作为一种政策应对，日本1973年成立了"资源能源厅"，制定《石油紧急对策大纲》《石油及电力使用节约要领》等法规，要求冬季室温调到20℃，电梯运行率降低20%，休息日不能使用私车，一般企业节能20%，大企业每季度报告一次能源使用情况，每半年报告一次节能计划等[2]。这意味着，通常使用的"节能"的初始含义，是指通过可以忍受的一些措施，包括适当降低能源服务质量来应对能源危机。

在最基本的语义上，节能（Energy Conservation）意味着使用更少的能源，往往与一种"行为变化"有关。比如，关灯或者调节空调温度，直接带来用电量的减少。而能效（Energy Efficiency）意味着更有效率地使用能源，并常常与一种"技术变化"有关。能效度量同类产品、建筑或者交通工具用来提供同样的舒适程度、性能或便利程度所

---

① ［日］堂之上武夫：《日本政府的节能政策》，《能源与节能》2009年第2期。
② 沈中元：《日本百年节能史及其对中国的启示》，《国际石油经济》2009年第5期。

使用的能源数量的差别。① 以汽车驾驶为例，减少汽车驾驶，从而减少汽柴油消费量是节能的案例，而以使用相同的汽柴油量行驶了更多的里程则是能效提高的案例。可见，节能肯定减少了能源使用，但不一定总是最好的解决方式，因为它影响用能者的舒适性或安全性。而能效是在保证相同能源服务（如照明、供暖）水平、不影响用能者舒适性的前提下降低能源使用量。

利用能源的根本目的是人类生活更加便利、舒适和美好。为节能而节能，甚至为了节能而降低生活的便捷与舒适性，显然不可能成为一个国家长期的能源政策目标。正因为如此，1979 年世界能源委员会（WEC）把"节能"定义为"采用技术上可行、经济上合理、环境和社会可接受的一切措施，来提高能源资源的利用效率"。其中，"社会可接受"其实就排除了"降低能源服务质量"长期化的可能性，而着重强调提高能源资源的"利用效率"。1995 年，世界能源委员会进一步用"能效"概念取代"节能"概念，并把"能效"定义为"用更少的能源投入提供同等的能源服务"，② 并从能源服务的角度特别强调，"能源的使用并不是它们自身的终结，而是为满足人们的需要提供服务的一种投入。因此，能源利用水平应是以提供的服务来衡量，而不是用消耗能源的多少来表示"。可见，目前的"节能"已经与"能效"概念内

---

① "Key Concepts: Energy Efficiency: Energy Conservation vs. Energy Efficiency", Natural Resources Canada, Retrieved 2016 – 06 – 07, http: //www. nrcan. gc. ca/energy/efficiency/buildings/eeb/key/3967.

② 这是单纯从技术角度定义的能效，或者叫能源效率概念。综合能源效率概念则要复杂得多。一个国家的综合能源效率用单位 GDP 的能耗表示；部门能源效率则分为经济指标和物理指标，前者为单位产值能耗，物理指标工业部门为单位产品能耗，服务业和建筑物为单位面积能耗和人均能耗。而能源系统的（物理）效率通常用热效率表示，是指在使用能源（开采、加工转换、储运和终端利用）的活动中所得到的起作用的能源量与实际消耗的能源量之比。根据联合国欧洲经济委员会的物理指标能源效率评价和计算方法，能源系统的总效率由三部分组成：一是开采效率，即能源储量的采收率；二是中间环节效率，包括加工转换效率和储运效率，后者用能源输送、分配和储存过程中的损失来衡量；三是终端利用效率，即终端用户得到的有用能与过程开始时输入的能源量之比。其中，中间环节效率与终端利用效率的乘积称为"能源效率"。但应用中常见错误是把"终端利用效率"混同于"能源效率"。上述计算能源效率（热效率）相当复杂，需要大量的动态数据，而且终端利用效率难以精确计算，特别是没有考虑价格和环境因素的影响。

容逐步融合，两个概念事实上常常被替换使用。

二　节能技术扩散的路径与影响因素

（一）节能技术扩散的三个阶段

作为一种技术，节能技术须依赖某一载体，与之结合形成一种技术产品或服务，进而通过扩散实现整个节能技术的经济价值。因此，节能产品与服务的扩散过程即节能技术的扩散过程。绝大多数节能技术，譬如变频技术、LED 技术、智能温控技术等，是通过将其转换成能效产品（诸如变频空调、热水器、LED 照明灯和智能恒温箱等产品），通过用户的购买和使用来实现扩散。

节能技术扩散与其他技术一样遵循 S 形扩散规律[①]，即三个阶段：导入阶段、加速扩散阶段和扩散速率递减直到终止阶段。节能技术扩散的三个阶段呈现不同的特点（见图 9—1）。

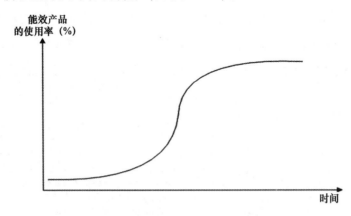

图9—1　节能技术 S 形扩散曲线

---

① Jaffe, Adam B., Newell, R. G., Stavins, R. N., "Energy – Efficient Technologies and Climate Change Policies: Issues and Evidence", *Ssrn Electronic Journal*, 1999.

在导入阶段，由于消费者对原有技术的路径依赖，加上采用新的节能技术的风险，新的节能技术采用比例较低，扩散速度相对缓慢。一般来说，最先采用新节能技术的主要是一些乐于"尝鲜"，或者对"节能"高度偏好和敏感的用户，并通过他们所形成的广告效应进一步实现下一阶段的扩散。与现有节能技术相比，新节能技术的节能效果越好，使用越便利，就越容易被新用户接受，技术扩散速度也就越快。

随着第一批采用新节能技术的使用者获得收益，新节能技术成本下降和性能进一步完善，节能技术进入加速扩散阶段。在技术加速扩散阶段，有两个关键经济因素相互作用和强化，不断推动节能技术扩散。

一是节能技术及其配套产品和服务之间存在的网络外部性。具有网络外部性的技术和产品达到启动规模后会产生加速扩散的正反馈效应。例如，太阳能热水器在政策激励下使用规模达到所需最低生产数量（超过网络外部性所需要的阈值），引发太阳能热水器市场的网络外部性，使得该市场上相关辅助设备提供商增多，进而太阳能热水器所具有的功能和价值也随之增加，反过来配套产品促进太阳能热水器的扩散。这样便形成一个正反馈调节过程，随着双边产品和功能不断增多，在一段时间内与太阳能相关的多个市场都将实现快速发展，并不断通过该过程促进太阳能热水器的扩散与推广。

二是规模经济性。新的节能技术随着市场份额增加，生产规模扩大，生产成本会快速下降，成本和价格降低加速新节能技术市场占有率的提高。网络外部性与规模经济性的作用之间彼此相互强化，新的节能技术进入加速扩散阶段。

经过一段时间的加速扩散和市场份额提升，节能技术扩散速度逐步放缓，最终这种节能技术趋于饱和，扩散速度趋向于零，这种节能技术的扩散进入终止阶段。而随着这种节能技术进入第三阶段，这种技术在扩散的第二阶段产生的新节能技术也逐步进入第三阶段。这样整个节能技术的扩散过程就形成了一个完整的、相互衔接的循环。在第一种节能技术终止扩散时，所有的节能技术都通过技术创新得到改进，或出现能够进一步改进或替代原有节能技术的新型创新型技术。

除了这些特征之外，整个节能技术扩散的过程还受到来自节能技术本身、节能技术信息、节能技术市场、能源市场和政府监管等多方面的影响。比如，政府将节能技术标准作为强制性规定和政策，很大程度上可以直接加速节能技术扩散的过程。如果政府的能效标准高于该技术所能达到的标准，则该技术会直接退出市场，停止扩散过程。[1]

（二）节能技术扩散的影响因素

理论上，节能技术将沿着 S 形曲线扩散，但不是所有的节能技术都能被市场接受，成功实现扩散。节能技术扩散过程中存在很多影响技术扩散的因素[2]。概括起来，影响节能技术扩散的因素主要有：节能技术本身、节能技术的相关信息、节能技术或服务市场发育程度、能源市场的性质与定价方式、节能技术的综合成本和外部激励政策等。

第一，节能技术本身的影响，主要是指节能技术的"质量"（节能技术的节能效果）和技术的复杂程度对技术扩散的影响。节能技术的节能效果直接关系到节能技术能否给用户节省更多的能源，带来更多的收益。使用节能技术的节能量与未使用节能技术时的节能量的差值越大，则节能技术在生命周期内给用户节省的能量就越多，在其他条件不变的情况下为用户带来的收益也会更多，因此也更易于传播。

节能技术的复杂程度主要通过观念和认识层面影响经济主体的决

---

① Newell, Richard G. , Adam B. Jaffe and Robert N. Stavins, "The Induced Innovation Hypothesis and Energy – Saving Technological Change", *Quarterly Journal of Economics*, 1999, pp. 941 – 975.

② Bhattacharjee S. and A. McCoy. Energy Efficient Technology Diffusion Factors: A Systematic Review. International Journal of Scientific & Engineering Research, 2012, 11 (3), pp. 1 – 2.

策。相比简单和易于操作和使用的技术，经济主体更难以接受复杂的、难以操作的技术。因此节能技术越简单、越易操作，其扩散速度和范围也就越大。

第二，节能技术的相关信息也是影响节能技术扩散的基本因素。这一影响主要包括如下几个方面。首先，信息的可获得性，即用户能否获得新节能技术的相关信息，如果缺乏一种新节能技术的相关信息，这种新节能技术根本不可能进入用户决策的选项。其次，用户获得信息的完整性。虽然用户获得的信息永远不可能"完美"，但从影响用户对节能与节能技术决策角度来看，信息的完整性与精确性非常关键。比如，传统的能效消费账单缺失很多信息，消费者很难从中了解其能源消费模式、能源价格形成方式，这导致其对节能技术和能源消耗产品的认知严重不足，同时也极大地增加了用户的信息成本。最后是信息的可靠性。从节能技术推广角度看，销售者往往有夸大节能效果的动机，导致消费者对卖方提供的数据不信任，进而阻碍节能技术扩散。

第三，节能技术或服务市场的发育程度。节能市场可以降低节能技术或服务的交易成本，促进信息的传播，给节能技术创新者带来回报。通过市场，节能技术的需求者可以更加便捷地获得节能技术及相关信息，节能技术提供者也可以更加准确地把握市场需求，进而减少双方进行节能技术交易的成本，促进节能技术的扩散。节能技术或服务市场还能给节能技术创新者创造相应的收益，这进一步激励技术创新者进行新的节能技术的研发与创新。而更多的节能技术将会吸引更多的节能技术需求者和相关服务提供商，从而进一步促进节能技术的传播。

第四，能源市场性质与定价方式。能源市场的性质和价格形成方式可以直接影响能源近期和远期的价格，从而影响节能技术的预期收益，最终影响节能技术的扩散速度。能源的特殊属性使得能源的价格（尤其是电价）在很多国家受到政府政策和大型能源公司的直接干预，导致能源价格不能真正反映市场供求。其结果是消费者和节能技术投资者无法获得未来能源定价信息。如果定价过高，则会对节能技术投资形成过度激励，如果能源定价过低，则会刺激消费者过度消费能源，从而抑制对节能技术的投资。

第五，节能技术的综合成本。节能技术的综合成本既包括技术产品本身的投资成本，也包括隐性成本。节能技术投资成本越高，周期越长、风险越大，节能技术扩散的速度越慢，扩散的范围越小。隐性成本主要指学习成本，其主要取决于对先前技术的依赖程度和新节能技术的复杂程度。对旧技术依赖程度越小，新节能技术越简单，隐形成本就越低，该技术就越容易得到扩散和推广。

第六，政策激励和补助。节能技术的外部性使企业或个人无法通过市场获得节能技术研发和扩散的全部经济收益，导致节能技术研发和供给不足，从而严重阻碍节能技术的扩散。因此，各国都会对节能技术研发和应用推广实施财政和税收激励政策。如果市场主体投资节能技术无法获得政府财政和税收补贴，采用低效措施又不会受到税收上的处罚，市场主体将更加倾向使用传统低效的做法，进而阻碍节能技术的采用和扩散。[①] 而当节能技术进入第二、第三阶段，补贴退坡速度过慢或过晚退出补贴政策都将影响整个节能技术扩散的正常进程，并造成政策和资金的浪费。

三　中国节能技术推广过程中存在的问题

中国一直重视节能技术推广工作，并建立了较为完整的节能与能效法律制度与管理制度，节能工作也取得了显著成效。然而，从节能技术扩散角度看，我国节能技术推广仍存在不少问题。

---

① 曹兴、柴张琦：《技术扩散的过程与模型：一个文献综述》，《中南大学学报》（社会科学版）2013 年第 4 期。

（一）节能信息不透明与信息披露不充分

我国实行了强制性能效标识制度和建筑物节能条例等政策措施。目前，仅有家用电器"能效标识制度"实施效果较好，对消费者购买行为起到了很好的市场引导作用。建筑节能等方面还存在能效信息不透明和信息披露不充分问题。比如，建筑节能和能效信息披露不及时，各地披露范围差异较大，信息披露不充分，信息披露的强制力不够，对于建筑建设和使用过程中节能的引导作用很弱，不利于建筑节能与节能技术采用和推广。

（二）能源价格对节能技术扩散的激励作用受限

能源价格对节能与节能技术的激励作用主要体现在两个方面。一是能源价格充分反映能源服务的市场价值，使能源价格与用户的价值评价匹配。比如，在电力需求高峰且电力供给紧张的时段，电力价格上涨自动调节高价值电力需求与供给的匹配，低价值电力需求则因价格高而主动减少在高峰时段的需求（相当于高峰时段的节能）。二是能源服务基准价格高，用户用能成本高能够激励用户主动购买节能和高节能技术，从而有利于节能和节能技术的推广。

目前，我国成品油零售价格属于国家指导定价，电力市场化改革处于试点阶段，零售电价主体依然是政府定价，能源价格对能源服务优化配置的作用难以实现。加上电、气、供热等能源服务具有公共服务属性而导致低定价政策导向，使用户的节能和提高能效主动性低，从而限制了能源价格对节能和节能技术扩散和推广激励作用。

（三）节能与能效市场化机制进一步发展面临多种障碍

合同能源管理是 20 世纪 70 年代在美国和加拿大等国发展起来的、基于市场运作的节能新机制。合同能源管理的实质是一种以减少的能源费用来支付节能项目全部成本的节能投资方式，用户可以使用未来的节能收益为工厂和设备升级，以及降低运行成本。基于这一机制运行的专业化公司就是"节能服务公司"。

20 世纪 90 年代以来，我国开始支持和鼓励节能服务公司以合同能源管理机制开展节能服务，并制定了一系列鼓励政策，包括享受财政奖励、营业税免征、增值税免征和企业所得税免三减三等优惠政策，极大推动了节能服务市场发展。2017 年，节能服务产业产值已经达到 4000 多亿元。

然而，我国节能市场化机制进一步发展仍然面临多种障碍，主要表现在以下方面：一是由于现行节能法律约束力弱，缺乏强制性规定，对能源利用效率低的企业或行为没有有效的惩罚措施，导致企业缺乏实施节能项目的动力；二是节能服务公司属于轻资产公司，银行信用评级低，难以提供符合银行贷款要求的担保或抵押资产，以合同能源管理方式实施的节能项目难以从银行融资；三是信用环境较差，节能服务公司提供了节能服务后，计量和结算面临用户"毁约"或不足额支付风险，抑制节能服务公司开拓市场的积极性。

（四）以行政手段推广节能技术成本较高

我国一直很重视节能工作，特别是在技术替代实现节能方面，但在实施过程中以政府为主导，采用行政问责制。比如，将减排和能效任务层层分解，进而通过自上而下的强制协议将任务完全摊派到企业进而实现落实，这样往往无法真正实现节能技术推广和能效水平提升。[1] 以行政手段推动节能技术的推广与应用，尽管短期内见效快，但这种强制性"一刀切"的做法，完全不考虑企业作为实施主体的自主性和选择权，必然抬高节能和节能技术推广的经济成本，导致"过度替代"等不利后果。例如，我国长期以来实施的燃煤发电机组"上大压小"政策[2]，从最初要求关停 10 万千瓦以下的燃煤发电机组，到 2018 年要求关闭所有煤耗和达不到超低排放的 30 万千瓦燃煤机组。这一政策没有考虑到当前能源转型大趋势下，随着波动性风、光电比例的大幅增长，燃煤发电机组将逐渐从基荷机组转向为波动性可再生能源电力调峰机组。在这种情况下，无法满负荷运行的大型燃煤机组煤耗和排放指标都将远远高于 30 万千瓦以下的机组，反而导致能耗和排放指标的恶化，同时提高了节能技术推广和实施的成本。

（五）节能技术补贴的错位与错配

节能技术有较强的正外部性，各国均采用补贴政策鼓励用户采用节能技术。为使财政资金利用效益最大化，这类补贴应充分考虑节能与节能技术采用与扩散的特点。正常情况下，政府补贴应该对处于扩散第一阶段的节能技术扩散，以使节能技术应用规模达到临界值，进入正反馈循环的第二阶段；在节能技术扩散的第二阶段，政府补贴应该逐步退出，因为随着采用该技术的用户规模增加，节能技术成本将会快速下降而被更多的用户接受。

然而，我国现行的"节能补贴"存在"错位"问题，即大都针对

---

[1]　Jaffe, Adam B. and Robert N. Stavins, "Dynamic Incentives of Environmental Regulations: The Effects of Alternative Policy Instruments on Technology Diffusion", *Journal of Environmental Economics and Management*, 1995, p. 29.

[2]　张树伟、陈晓娟：《"上大压小"政策的综合评估》，《能源》2014 年第 9 期。

已经实现商业化推广、已经在市场上流通的节能与节能技术。这类技术大都已经发展进入技术扩散的第二阶段，即没有政府补助该技术产品也能在自身规模效应和网络外部性的作用下实现技术扩散。

此外，"节能补贴"的补贴对象存在着"错配"问题，即补贴对象往往是有购买能力的用户，那些没有能力购买节能技术产品的潜在用户往往使用能效更低的产品。而从节能技术扩散角度看，这些没有能力购买节能技术产品的往往才是真正需要激励和补贴的用户。

四　加快我国节能技术扩散的政策建议

我国开展节能和能效提升的通行做法是以行政手段强制实施"技术替代"，很少考虑节能技术扩散的规律。为了进一步提高节能技术替代的效率，应在充分考虑节能技术扩散规律的基础上，理顺政府能效监管体系，并通过推动相关体制、机制建设，利用市场化手段推动我国节能技术扩散。

（一）加快推进能源市场化改革

一个能够充分反映市场价值和供需匹配的能源价格机制是能效提升的基础。这就要求能源行业的竞争环节（包括煤炭行业、电力行业的发电和售电、油气行业的上游和下游）实现充分开放竞争，价格通过市场竞争形成，而自然垄断环节（包括油气管网和输配电网）做到政府有效监管。目前，我国电力行业与油气行业的自然垄断环节的有效监管制度建设刚刚起步，妨碍了竞争环节的有效竞争，同时竞争环节也没有实现充分开放竞争，市场远没有成为基础配置机制。煤炭行业尽管竞争程度最为充分，但由于资源、环境税费比较低，煤炭市场竞争导致的资源与环境代价过高，煤炭价格过低，也不利于节能和能效的提升。因此，必须加快推进能源市场化改革，推动市场开放，加强有效监管，使市场真正成为能源资源的主要配置机制。

（二）构建灵活有效的节能与能效服务机制

在能源市场化基础上，构建一个充满活力的节能与能效服务市场，是加快推动节能与节能技术扩散的有效手段，是实现"要我提高能效"到"我要提高能效"的转变的有效途径。目前，我国应借鉴国际经验，大力推动如下三种市场化的节能与能效服务机制。

一是合同能源管理机制。从当前实践看，要进一步提升合同能源管理机制对我国节能与能效提升的促进作用，必须解决现有融资评价体系与轻资产服务类公司不匹配的问题和信用环境妨碍服务合同持续执行问题。

二是电力需求侧管理机制。电力需求侧管理是指电力行业（供应侧）采取行政、经济、技术等各种措施，鼓励用户（需求侧）采用各种有效的节能技术改变需求方式，在保持能源服务水平的情况下，降低能源消费和用电负荷。特别是，应大力完善基于市场价格来调节用户负荷需求和用电模式的需求相应机制，促进节能与节能技术扩散。

三是可交易节能证书机制。可交易节能证书又叫"白色证书"，产生于欧美国家的实践。它是指由政府部门为特定的责任主体制定节能目标（配额），责任主体需要在规定期限内完成。超额完成节能目标的责任主体与没有完成节能目标的责任主体可以通过市场交易来实现节能责任目标的"平衡"。这种节能证书的市场化交易机制可以促进企业主动采用先进节能和节能技术，有效降低社会的节能成本。

（三）健全政府节能与能效监管体系

节能与能效市场是一个典型的具有正外部性的市场，只有在更加健全的能效监管体系和法制体系的基础之上，通过适当的制度安排，才能真正改善其外部性问题，进而刺激企业和研究机构的节能技术研发投入，提高节能技术和能效服务的供给水平。

我国目前的节能与能效监管体系存在"节能与能效监管工作多部门监管，但没有机构专门负责到底，节能监管真空和重叠等监管不平衡"等问题。我国需要对现有的节能与能效管理体制进行梳理和整合，成立专门的节能管理机构，使"节能优先"的能源战略目标真正落到实处，"节能"真正成为国民经济与社会发展的"第四能源"。

此外，政府应该加强对促进节能技术扩散的非政府组织（NGO）的扶植和培育，通过引导非政府组织参与节能技术研发、扩散和能效标准制定的各个环节，激发它们在提高能效标准和促进能效扩散过程中的积极性，同时使它们逐步成为能效监管体系的一部分，使它们能够真正成为政府行为和企业行为的监督者，成为节能技术扩散的助推者。从而形成一个相互促进、相互制约，但又十分紧密的能效监管体系。

（四）利用"强制披露＋行业自查"完善能效信息披露制度

政府可以通过强制性信息披露政策，引导企业按照规定的格式进行产品节能和能耗信息的披露，可以较好地解决节能技术市场上信息"不完全"和"不对称"的问题。将"能效标识"成功的经验不断推广到其他行业和产品上，推动能效信息的标准化建设。接着政府应该引导协会和企业发挥其自身信息优势，使能效信息通俗化，使披露的能效信息跨产品具有可比性，使得消费者能够正确地理解信息并做出合意的决策。

此外，还应该充分发挥行业自治功能，利用行业协会引导企业在自愿的基础上推广"协会的能效认证和能效标识制度"，提高行业的标准化水平、进一步降低行业信息成本。而行业协会作为一个信息汇聚的平台，可以充分发挥自身的专业优势和信息优势实现对于所披露的能效信息的审查和监督，进一步降低政府对节能技术和节能技术市场的直接干预，减少能效信息失真的问题。

第 十 章

创新发展导向的税收政策

　　创新是制造强国建设的根本驱动力量，但创新活动不确定性高、风险较大，且具有外部正溢出效应，单纯依靠市场力量难以有效激发各类市场主体的持续创新活动。制定创新激励导向的税收政策，是世界各国鼓励实体经济创新驱动发展的通行做法。考虑到一国税收政策通常与其政治体制、财政制度和经济现实密切相关，世界各国中制定专门的创新激励税收政策的国家相对较少，大多数国家往往通过各类税收优惠措施来体现其激励创新的政策导向。近年来，我国先后出台了一系列旨在激励实体经济创新发展的税收优惠措施，在建设制造强国实现高质量发展过程中发挥了积极作用。然而，与目前我国制造业大而不强的现状对创新驱动的政策需求相比，目前我国税收优惠政策在激励创新上还存在措施难到位、力度不够强等诸多问题，亟须通过政策调整予以妥善应对。本章重点梳理当前我国创新激励导向的系列税收优惠政策措施，分析其在激励实体经济创新发展上存在的主要不足，并提出针对性强的解决措施。

一　中国创新激励导向税收政策的基本现状

（一）激励创新导向税收政策的法律层级分析

从创新激励导向税收政策的法律层级来看，中国仅在税收相关法律法规中存在零星的以鼓励创新为导向的税收优惠条款，税收优惠激励创新政策以财政部、国家税务总局、科技部等相关部门联合或单独颁布的部门规章为主，许多省市也参照制定了地方性的创新激励税收优惠规章制度。

1. 法律法规层面存在零星创新激励税收优惠条款

在法律法规层面，我国没有制定税收激励创新的专门法律法规，但在税收法律法规中颁布实施了一些以创新激励为导向的个别优惠条款。比如：《企业所得税法》第 27 条、第 28 条和第 32 条分别对符合条件的技术转让所得、国家重点扶持的高新技术企业和固定资产折旧政策做了减免征收、降低税率、缩短折旧年限和加速折旧等税收优惠处理措施。在此基础上，《企业所得税法实施条例》（以下简称《条例》）对《企业所得税法》创新激励的相关条款作了进一步的规定。比如：《条例》第 90 条对《企业所得税法》第 27 条技术转让所得减免征收企业所得税的具体条件和适用范围作了明确规定；《条例》第 95 条对《企业所得税法》第 30 条研究开发费用加计扣除措施进行了进一步说明；《条例》第 98 条对《企业所得税法》第 32 条固定资产加速折旧适用的折旧年限法和加速折旧法进行了明确规范。除此之外，《个人所得税法》和《企业增值税暂行条例》等法律法规也颁布了与创新激励直接相关的税收优惠条款，比如：《个人所得税法》第 4 条明确规定：与科技创新相关的科学、技术、教育、文化等方面的个人奖金所得，符合条件的可以免纳个人所得税；《企业增值税暂行条例》第 15 条规定：进口仪器或设备有直接证据表明是用于科学研究、科学试验或教学的，可以免征增值税。上述这些法律法规条款都是明显以创新激励为导向的税收优惠条款。

2. 规章制度层面涉及创新激励的税收优惠政策较多

我国创新激励的税收优惠政策主要是以部门规章制度、行政部门通知等法律形式存在，其主要政策意图旨在促进高新技术产业发展、鼓励企业投资人力资本和培养创新型人才、激励企业增加研发投入、鼓励技术转让和科技成果转化等。（1）为鼓励各类产业园区集聚发展，国家针对产业园区颁布实施了众多以创新激励为导向的税收优惠规章制度。如国发〔2007〕40 号文件对经济特区和上海浦东新区新设立的高新技术企业明确了过渡性的税收优惠措施，财税〔2015〕116 号文件明确将国家自主创新示范区成熟的税收优惠试点政策推广到全国范围内施行。（2）为促进高新技术企业、技术先进型企业、科技型企业、文化企业等产业发展，国家针对创新创意类的相关企业制定了一系列税收优惠规章制度。如财税〔2009〕55 号文件适当调整了重大技术装备的进口税收优惠政策，财税〔2014〕59 号文件完善了技术先进型服务企业的所得税优惠措施，财税〔2009〕65 号文件和财税〔2015〕6 号文件分别就动漫产业的税收优惠扶持措施和集成电路产业的企业所得税优惠政策进行了规范，财税〔2016〕122 号文件明确将技术先进型服务企业所得税优惠政策推广到服务贸易创新发展试点地区。（3）为完善创新激励导向的税收优惠政策，财政税务部门针对研发费用税前加计扣除、固定资产折旧、职工教育经费税前扣除等制定了专门的部门规章。如国税发〔2009〕号文件和财税〔2014〕75 号文件专门对固定资产加速折旧企业所得税政策进行了规范和完善，财税〔2015〕119 号文件专门对研究开发费用税前加计扣除政策进行了完善，财税〔2015〕63 号文件对高新技术企业的职工教育经费税前扣除政策进行了规范。我国激励创新的税收政策文件归纳如表 10—1 所示。

表 10—1　　　　　　　　　　激励创新的税收政策文件

序号	颁布机构	文件名称	涉及税种	政策效力
1	第十二届全国人民代表大会常务委员会	《企业所得税法》第27条、第28条、第32条	企业所得税	目前仍有效
2	国务院	《企业所得税法实施条例》第90条、第95条、第98条	企业所得税	目前仍有效
3	第十一届全国人民代表大会常务委员会	《个人所得税法》第4条	个人所得税	目前仍有效
4	科技部、财政部、国家税务总局	《关于修订印发〈高新技术企业认定管理办法〉的通知》（国科发火〔2016〕32号）	企业所得税	自2016年1月1日起实施
5	财政部、国家税务总局、商务部、科技部、国家发展和改革委员会	《关于新增中国服务外包示范城市适用技术先进型服务企业所得税政策的通知》（财税〔2016〕108号）	企业所得税	自2016年1月1日起至2018年12月31日止执行
6	财政部、国家税务总局、商务部、科技部、国家发展和改革委员会	《关于在服务贸易创新发展试点地区推广技术先进型服务企业所得税优惠政策的通知》（财税〔2016〕122号）	企业所得税	自2016年1月1日起至2017年12月31日止执行
7	财政部、国家税务总局、国家发展和改革委员会、工业和信息化部	《关于进一步鼓励集成电路产业发展企业所得税政策的通知》（财税〔2015〕6号）	企业所得税	自2014年1月1日起执行
8	财政部、国家税务总局	《关于高新技术企业职工教育经费税前扣除政策的通知》（财税〔2015〕63号）	企业所得税	自2015年1月1日起执行

序号	颁布机构	文件名称	涉及税种	政策效力
9	财政部、国家税务总局、科技部	《关于完善研究开发费用税前加计扣除政策的通知》（财税〔2015〕119号）	企业所得税	自2016年1月1日起执行
10	财政部、国家税务总局	《关于将国家自主创新示范区有关税收试点政策推广到全国范围实施的通知》（财税〔2015〕116号）	企业所得税、个人所得税	企业所得税政策自2015年10月1日起执行；个人所得税政策自2016年1月1日起执行
11	财政部、国家税务总局、商务部、科技部、国家发展和改革委员会	《关于完善技术先进型服务企业有关企业所得税政策问题的通知》（财税〔2014〕59号）	企业所得税	自2014年1月1日起至2018年12月31日止执行
12	财政部、国家税务总局	《关于完善固定资产加速折旧企业所得税政策的通知》（财税〔2014〕75号）	企业所得税	自2014年1月1日起执行
13	财政部、国家税务总局	《关于研究开发费用税前加计扣除有关政策问题的通知》（财税〔2013〕70号）	企业所得税	自2016年1月1日起全文废止
14	科技部、财政部、国家税务总局	《关于在中关村国家自主创新示范区开展高新技术企业认定中文化产业支撑技术等领域范围试点的通知》（国科发高〔2013〕595号）	企业所得税	2013年9月29日印发执行

序号	颁布机构	文件名称	涉及税种	政策效力
15	财政部、国家税务总局	《关于中关村国家自主创新示范区技术转让企业所得税试点政策的通知》（财税〔2013〕72号）	企业所得税	自2013年1月1日起至2015年12月31日止执行
16	财政部、国家税务总局	《关于中关村、东湖、张江国家自主创新示范区和合芜蚌自主创新综合试验区有关职工教育经费税前扣除试点政策的通知》（财税〔2013〕14号）	企业所得税	自2012年1月1日起至2014年12月31日止执行
17	财政部、国家税务总局	《关于进一步鼓励软件产业和集成电路产业发展企业所得税政策的通知》（财税〔2012〕27号）	企业所得税	2012年1月1日起至2017年12月31日止执行
18	财政部、国家税务总局	《对中关村科技园区建设国家自主创新示范区有关职工教育经费税前扣除试点政策的通知》（财税〔2010〕82号）	企业所得税	自2010年1月1日起至2011年12月31日止执行
19	财政部、国家税务总局、商务部、科技部、国家发展和改革委员会	《关于技术先进型服务企业有关企业所得税政策问题的通知》（财税〔2010〕65号）	企业所得税	自2014年1月1日起全文废止
20	财政部、国家税务总局	《对中关村科技园区建设国家自主创新示范区有关研究开发费用加计扣除试点政策的通知》（财税〔2010〕81号）	企业所得税	自2010年1月1日起至2011年12月31日止执行

序号	颁布机构	文件名称	涉及税种	政策效力
21	国家税务总局	《关于企业固定资产加速折旧所得税处理有关问题的通知》（国税发〔2009〕81号）	企业所得税	自2008年1月1日起执行；废止第五条，自2016年5月29日起停止执行。部分条款失效
22	国家税务总局	《关于印发〈企业研究开发费用税前扣除管理办法（试行）〉的通知》（国税发〔2008〕116号）	企业所得税	自2016年1月1日起全文废止
23	国务院	《关于经济特区和上海浦东新区新设立高新技术企业实行过渡性税收优惠的通知》（国发〔2007〕40号）	企业所得税	自2008年1月1日起执行，目前仍有效
24	财政部、国家税务总局	《关于退还集成电路企业采购设备增值税期末留抵税额的通知》（财税〔2011〕107号）	增值税	自2011年11月1日起执行
25	财政部、国家税务总局	《关于软件产品增值税政策的通知》（财税〔2011〕100号）	增值税	自2011年1月1日起执行
26	财政部、国家税务总局	《对中关村科技园区建设国家自主创新示范区有关股权奖励个人所得税试点政策的通知》（财税〔2010〕83号）	个人所得税	2010年1月1日至2011年12月31日止执行

续表

序号	颁布机构	文件名称	涉及税种	政策效力
27	财政部、国家税务总局	《关于个人非货币性资产投资有关个人所得税政策的通知》（财税〔2015〕41号）	个人所得税	自2015年4月1日起施行
28	财政部、国家税务总局、商务部、科技部、国家发展和改革委员会	《关于技术先进型服务企业有关税收政策问题的通知》（财税〔2009〕63号）	企业所得税、营业税	自2010年7月1日起全文废止
29	国务院	《关于批准国家高新技术产业开发区和有关政策法规的通知》（国发〔1991〕12号）	企业所得税、进出口关税、个人所得税（奖金税）	自批准之日起执行，目前仍有效
30	财政部、国家税务总局	《关于促进科技成果转化有关税收政策的通知》（财税字〔1999〕45号）	企业所得税、个人所得税、营业税	自1999年7月1日起实行
31	财政部、国家税务总局	《关于扶持动漫产业发展有关税收政策问题的通知》（财税〔2009〕65号）	增值税、企业所得税、营业税、进口关税、进口环节增值税	从2009年1月1日起执行，目前部分条款失效
32	财政部、国家税务总局、海关总署	《关于鼓励软件产业和集成电路产业发展有关税收政策问题的通知》（财税〔2000〕25号）	增值税、企业所得税、关税和进口环节增值税	自2000年6月24日起至2010年年底以前实行，目前全文废止
33	财政部、国家税务总局	《关于贯彻落实〈中共中央国务院关于加强技术创新，发展高科技，实现产业化的决定〉有关税收问题的通知》（财税字〔1999〕273号）	增值税、营业税、所得税、进出口关税等	自1999年10月1日起开始执行，目前部分条款失效

序号	颁布机构	文件名称	涉及税种	政策效力
34	财政部、国家发展和改革委员会、工业和信息化部、海关总署、国家税务总局、国家能源局	《关于调整重大技术装备进口税收政策的通知》(财关税〔2009〕55号)	进口关税、进口环节增值税	自2009年7月1日起实施
35	财政部、海关总署、国家税务总局	《关于修改〈科技开发用品免征进口税收暂行规定〉和〈科学研究和教学用品免征进口税收规定〉的决定》(财政部令2011年第63号)	进口关税、进口环节增值税、进口环节消费税	至2015年12月31日止执行
36	财政部、科技部、民政部、海关总署、国家税务总局	《关于科技类民办非企业单位适用科学研究和教学用品进口税收政策的通知》(财关税〔2012〕54号)	进口关税、进口环节增值税、进口环节消费税	自2013年1月1日起执行,自2016年1月1日起全文废止
37	财政部	《关于扶持新型显示器件产业发展有关进口税收优惠政策的通知》(财关税〔2009〕32号)	进口关税、进口环节增值税	从2009年1月1日至2011年12月31日执行
38	财政部、海关总署、国家税务总局	《关于进一步扶持新型显示器件产业发展有关税收优惠政策的通知》(财关税〔2012〕16号)	进口关税、进口环节增值税	2012年1月1日至2015年12月31日执行
39	财政部、国家税务总局、海关总署	《关于研发机构采购设备税收政策的通知》(财税〔2009〕115号)	进口环节增值税	执行期限为2009年7月1日至2010年12月31日。目前全文废止
40	财政部、商务部、海关总署、国家税务总局	《关于继续执行研发机构采购设备税收政策的通知》(财税〔2011〕88号)	进口关税、进口环节增值税、进口环节消费税	执行期限为2011年1月1日至2015年12月31日。目前全文废止

（二）创新激励导向税收政策的主要税种分析

从我国颁布实施的创新激励税收优惠政策涉及的税种来看，主要分为所得税、流转税两大类，包括企业所得税、个人所得税、增值税、关税、消费税、契税、印花税等主要税种。企业（个人）所得税的优惠方式以降低税率、减免税额、延期纳税、税前（加计）扣除、固定资产加速折旧等方式为主；增值税、关税、消费税、契税、印花税优惠方式以退税、免税、减税等方式为主。

1. 所得税激励创新的政策优惠措施

所得税优惠政策是当前激励创新税收政策的主要着力点和常规优惠手段，主要包括企业所得税优惠和个人所得税优惠两种。所得税优惠包括降低税率（比如对经认定的技术先进型服务企业减按15%的税率征收企业所得税）、减免税额（比如对软件和集成电路企业实行"两免三减半"的企业所得税优惠政策）、加计扣除（比如为支持企业自主创新对研究开发费用支出按150%加计扣除）、加速折旧（比如为支持企业更新研发设备实施固定资产加速折旧优惠政策）等主要方式。目前，我国初步形成了以所得税优惠为主的创新激励税收优惠体系，有力促进了企业科技创新和技术进步。

（1）企业所得税优惠

企业所得税优惠是当前创新激励税收优惠政策的主要内容和核心手段。降低和减免企业所得税适用税率，是企业所得税优惠的主要方式之一。比如：①为鼓励软件产业和集成电路产业发展，自2012年1月1日起至2017年12月31日，对软件和集成电路企业实施企业所得税"两免三减半"优惠，即自获利年度起前两年免征企业所得税，接下来三年按照法定税率（25%）减半征收，符合特定条件的集成电路生产企业享受企业所得税15%的优惠税率，对其中经营期超过15年的实施企业所得税"五免五减半"优惠（财税〔2012〕27 号）；②为鼓励经济特区和上海浦东新区新设立高新技术企业，自 2008 年 1 月 1 日起，经济特区和上海浦东新区新登记注册的高新技术企业，自取得收入起享受企业所得税"两免三减半"的优惠政策（国发〔2007〕40号）；③为激励技术先进型服务企业发展，自 2009 年 1 月 1 日至 2018年 12 月 31 日，技术先进型服务企业享受企业所得税 15% 的优惠税率（财税〔2014〕59 号）。

扩大与创新投入相关的所得税抵扣范围，是企业所得税激励创新的另一种优惠方式。目前较为典型的是企业研究开发费用加计扣除政策、固定资产加速折旧政策、职工教育经费支出应纳税所得额扣除政策和中小高新技术企业投资额 70% 纳入应纳税所得额扣除范围政策。上述四个政策都经历了从局部试点到逐步推广的过程，由原来散见于财政部、国家税务总局制定的若干个文件中，逐步形成较为统一规范的税收优惠政策。①研究开发费用加计扣除政策是指企业开发新技术、新产品、新工艺发生的研究开发费用，可以在计算应纳税所得额时加计扣除，即研究开发费用形成无形资产的，可以按照无形资产成本的150% 进行摊销；研究开发费用没有形成无形资产的，按照研究开发费用的 150% 扣除计入当期损益。2008 年以前，企业研究开发费用加计扣除政策散见于财政部、国家税务总局制定的若干个文件中；2008 年，《企业所得税法》及其实施条例和国税发〔2008〕116 号文件对研究开发费用税前扣除政策进行了规范统一。②固定资产加速折旧政策是指企业"新购进的固定资产，可缩短折旧年限或采取加速折旧的方法"。该政策到 2014 年初步成型，目前适用于生物药品制造业、专用设备制造业等 6 个行业的企业（财税〔2014〕75 号）。③职工教育经费支出应纳税所得额扣除政策，核心是指职工教育经费支出不超过工资薪金总额 8% 的部分可以在计算应纳税所得额时予以扣除。该政策最早适用于中关村、东湖、张江、合芜蚌等国家自主创新示范区和综合试验区的高新技术企业（财税〔2010〕82号、财税〔2013〕14号），后来扩展到经认定的技术先进型服务企业（财税〔2014〕59号），以及中国服务外包示范城市和服务贸易创新发展试点地区（财税〔2016〕108号）的技术先进型服务企业。④中小高新技术企业投资额的70%纳入应纳税所得额扣除范围政策是指：法人合伙人投资设立有限合伙制创业投资企业的，可按照该有限合伙制创业投资企业对未上市中小高新技术企业投资额的70%，抵扣该法人合伙人从该有限合伙制创业投资企业分得的应纳税所得额（财税〔2015〕116号）。该政策要求创业投资企业投资未上市中小高新技术企业2年（24个月）以上，且投资方式只能是股权投资。2015年10月1日起，该政策在全国范围内适用。

（2）个人所得税优惠

延期缴纳个人所得税或免征个人所得税，是创新激励个人所得税优惠政策的主要方式。延期缴纳个人所得税主要是指：在特定情况下，个人一次性缴纳个人所得税有困难的，可制订分期缴税计划，在不超过5个会计年度内（含）分期缴纳。该政策最早适用于中关村国家自主创新示范区内的技术人员，常用于高新技术企业转化科技成果给予相关技术人员的股权奖励（财税〔2010〕83号）；后来扩大到全国范围内的个人股东和技术人员，适用于中小高新技术企业以未分配利润、盈余公积、资本公积向个人股东转增股本情况（财税〔2015〕116号）；为鼓励个人投资，延期缴纳个人所得税政策自2015年4月1日起也适用于个人转让非货币性资产所得（财税〔2015〕41号）。免征个人所得税政策除《个人所得税法》第4条免纳个人所得税的适用情况之外，现有规章制度大多为鼓励企业加强高新技术人力资本投入和促进科技成果转化而设立。比如：经主管税务机关审核批准，自1999年7月1日起，科研机构、高等学校转化职务科技成果以股份或出资比例等股权形式给予科技人员的个人奖励，不征收个人所得

税（财税字〔1999〕45 号）；内资办的开发区企业从其留用的技术
转让、技术咨询、技术服务、技术培训净收入中提取的不超过 15%
的奖金，高新技术产品出口企业按国家法规从出口奖励金中发放给
职工的奖金不超过 1.5 个月标准工资的部分，不征收奖金税（国发
〔1991〕12 号）。

2. 流转税激励创新的政策优惠措施

增值税、消费税、关税等流转税优惠，也是常用的创新激励税收
优惠政策工具。退还增值税、免征进口关税、进口增值税、进口消费
税等方式，是流转税优惠政策激励创新投入的主要方式。流转税优惠
政策主要旨在加强我国自主研发能力，提高我国科学研究和技术开发
水平，推广国产技术装备应用，以及鼓励进口国内亟须但又无法满足
提供的产品、技术和设备。

增值税退还优惠政策仅适用于激励集成电路和软件产品等高科技
企业，以及鼓励研发机构加强国产设备的采购使用。为鼓励集成电路
和软件产品等产业发展，自 2011 年 11 月 1 日起，企业销售自行开发生
产的软件产品按法定税率缴纳增值税后，税务机关对其增值税实际税
负超过 3% 的部分即征即退（财税〔2011〕100 号）；企业因购进设备
形成的增值税期末留抵部分，若企业属于国家批准的集成电路重大项
目，该留抵税额期末可予退还（财税〔2011〕107 号）。为鼓励研发机
构加强国产设备的采购使用，自 2009 年 7 月 1 日至 2015 年 12 月 31
日，内外资研发机构采购国产设备全额退还增值税（财税〔2009〕115
号，财税〔2011〕88 号）。

免征进口关税和进口环节增值税、消费税政策，主要适用于我国
科学研究和技术开发必备但在国内无法提供的产品、技术或设备进口。
比如：免征进口关税和进口环节增值税、消费税，适用于科学研究、
技术开发机构进口的科技开发用品，以及出于科学研究和教学目的而
进口的科学研究和教学用品（财政部令 2011 年第 63 号）；2013—2016

年，这一政策扩展到科技类民办非企业单位予以适用（财关税〔2012〕54 号）。免征进口关税和进口环节增值税政策，还适用于国内企业生产国家支持的重大技术装备和产品确有必要进口的关键零部件及原材料（财关税〔2009〕55 号），以及新型显示器件的生产企业进口建筑材料、生产设备零配件（财关税〔2009〕32 号、财关税〔2012〕16 号），和动漫企业自主开发、生产动漫产品而必须进口的商品（财税〔2009〕65 号）。

二 当前创新激励导向税收政策存在的主要问题

（一） 多元政策意图使创新激励导向不明晰

首先，目前我国支持创新的税收政策系统性不足，没有形成成熟的政策体系。诸多支持创新的税收优惠政策仅仅是以国家税务总局暂行条例、通知、答复函、补充说明等"打补丁"的形式零星散布于多个税种文件中，法律层级效力较低，没有统一的税收法律法规或文件对鼓励创新的税收政策做出明确说明，难以体现税收法定原则。同时，以激励创新为导向的各个税种优惠政策之间缺乏内在联系，税收优惠立法过程信息透明度较低，给人以简单罗列仓促出台之感，缺乏权威性、系统性和稳定性。同时，税务部门在实际执法中弹性大，加大了企业执行难度，一定程度上也影响了税收优惠政策的实施效果。

其次，税收优惠政策大多存在多重目标导向，税收优惠激励创新的导向难以识别。比如：税收优惠政策措施（典型如企业所得税优惠）在减轻特定类型企业税务负担（比如小微企业）、促进特定产业发展（比如电子信息技术等高新产业）、支持重点群体创新创业（比如大学生、高校科研人员、下岗失业人员、退役士兵等）、鼓励进行创新创业投资（比如中小高新技术企业投资额70%可以纳入应纳税所得额扣除范围）等多重政策目标中均有出现，难以识别其主要政策目标是否以激励创新为导向。目前针对不同区域、不同企业资质认定的税收优惠政策非常多，既难以清晰界定到底哪种税收优惠措施以激励创新为目标，也难以评估某项以激励创新为导向的税收优惠措施的实际执行效果。

（二）税收优惠政策设计缺乏行业特定性

不同行业具有不同特征，但任何行业都应该鼓励创新。目前我国以激励创新为导向的税收优惠政策，在优惠对象选择上主要局限于软件、集成电路、重大技术装备、IT、医药产品、科研设备、科技企业孵化器等高新技术领域的行业，忽略了技术水平含量较低，但在商业模式、企业管理、激励机制上创新较多的其他行业，如物流、服饰、餐饮等非科技型服务业和轻工业，使得激励创新的税收优惠政策普惠性程度不高。2015年6月11日，国务院颁布的《关于大力推进大众创业万众创新若干政策措施的意见》（国发〔2015〕32号）虽然提出了完善我国普惠性的税收优惠措施，但在具体政策上还有待进一步落实。

从创新的维度来看，目前我国税收优惠政策激励创新的范围过于狭窄，更多偏重于激励技术创新，而没有将企业制度、组织方式、运营模式、生产方式、薪酬激励、管理方法等方面的创新纳入税收优惠范围。比如：尽管轻工业及服务业技术创新较少，但在激烈竞争下的企业制度创新、管理创新、商业模式创新则较为活跃。滴滴打车、顺丰快递、网络购物等新兴经济业态，从技术创新来看，所使用的计算机和互联网技术手段相对成熟，更多的是在企业制度、组织方式、运营模式、生产方式、薪酬激励、管理方法等方面进行了创新。单一对技术创新进行税收优惠激励，不利于充分发挥创新在产业转型升级中的全面引领作用。

（三）税种优惠模式与现有税制结构不匹配

当前，我国激励创新的税收政策偏重所得税优惠模式，但目前我国税制结构是所得税（企业所得税、个人所得税）和流转税（增值税、消费税、关税等）并重模式，货物劳务的流转税是我国税收收入的主要来源，企业所得税收入比重相对较低。在此基础上，侧重于所得税的税收优惠政策，对货物劳务流转税没有减税效应，对处于微利或亏损阶段的创新企业激励力度有限，难以发挥较好的创新激励政策效果。除此之外，以企业所得税为主的税收优惠政策，还可能制约货物劳务流转税的税收优惠政策空间。比如，高新技术企业、技术先进型服务企业等其他创新主体与高新技术产品相关的销售收入只享受企业所得税税收优惠，无法获取增值税税收优惠。

另外，当前的税收政策对创新人才的激励作用较弱，创新激励导向的个人所得税优惠政策严重不足。我国现行税收优惠措施大多从企业角度出发，税收优惠对象以企业为主。在投融资、股权激励、利润分配等个人参与的重要环节，缺乏针对个人的所得税优惠政策，导致我国个人的创业所得、从其投资兴办企业分得的股息红利所得、股权激励所得、转增股本所得等都面临着双重征税问题，不利于激发个人参与创新的积极性。目前我国奖金个人所得税减免优惠政策门槛较高，优惠范围较窄。只有省级以上科技部门批准的奖金，才能获得个人所得税减免优惠；公司给予创新人才的一般奖励性奖金，则不能享受个人所得税优惠。同时，目前我国针对工资、薪金所得适用 7 级超额累进税率，最高一级高达 45％，既增加了企业高素质人员的劳动力成本，又对优秀人才的创新努力产生了抑制效应，不利于充分发挥高素质人才的创新积极性。

（四）享受创新税收优惠的条件偏紧偏严

从企业获得创新激励税收优惠的难易程度来看，目前我国以创新激励为导向的税收优惠政策对享受优惠的对象设置了偏紧偏严的限定条件，实际覆盖面较窄，税收政策红利难以释放。

首先，以创新激励为导向的所得税优惠政策存在不足。一是高新技术企业认定资格门槛较高，且"一刀切"的直接优惠方式不利于激励企业创新。《高新技术企业认定管理办法》（国科发火〔2016〕32号）规定高新技术企业可享受15％的企业所得税优惠税率，但获得高新技术企业认定资格需要企业满足注册时间、拥有核心知识产权、高新技术产品（服务）收入占比、企业科技人员占比、企业研究开发费用占比等诸多条件；上述条件抬高了高新技术企业资格进入门槛，使得大量创新企业无法享受税收优惠政策。"一刀切"的直接优惠方式，容易滋生企业"盯住"政策门槛套取税收红利的投机倾向，对企业持续增加前期创新投入的激励效果不明显。二是所得税优惠政策对偏好创新创业的风险投资激励不足。财税〔2007〕31号文件和国税发〔2009〕87号文件对促进创业投资企业的所得税优惠政策进行了明确规范，提出了中小高新技术企业投资额的70％纳入应纳税所得额扣除范围政策，该项政策要求满足税前扣除的优惠条件较为苛刻，优惠对象仅限于创业投资公司（包括有限合伙创投企业），且其投资标的必须为中小高新技术企业。对投资方和被投资的科技企业均设立了高门槛，导致该项政策执行效果不佳，大量创业投资企业无法享受投资额税前抵免优惠政策。三是现行有限合伙风险投资企业的所得税政策存在缺陷。一方面，法人和自然人在制度上存在区别对待，有限合伙中的法人合伙人无法像自然人一样享受股息红利减免个人所得税的税收优惠，从合伙投资企业投资科技企业后分回的股息会形成重复征税，其税收负担高于自然人合伙人；另一方面，有限合伙制风险投资企业的自然人合伙人取得的收入，比照"个体工商户的生产经营所得"应税项目适用5%—35%的五级超额累进税率，其个人所得税实际税率明显高于个人投资者取得投资收益的实际税率。相对偏高的税收负担，明显制约了符合风险投资特征的有限合伙制企业组织形式发展。

其次，以创新激励为导向的增值税税收优惠对象范围太窄，且限制条件较多。增值税"即征即退"和免税优惠政策对不同行业进行差别对待，比高新技术企业所得税优惠范围还要窄。增值税"即征即退"优惠政策只适用于软件产业和集成电路产业（财税〔2011〕100号），免征增值税只适用于纳税人提供技术转让开发、技术咨询服务获得的收入（财税〔2016〕36号），其他行业能够享有的增值税优惠仅有购置研发设备的进项税可抵扣政策。同时，目前我国在增值税为负时政府不退税，企业只能以后抵扣冲销，税务部门占用企业大量留底税款；在实际征缴时，增值税能够抵扣的限制条件较多，经常发生不能抵扣的情况。在大部分企业增值税税负高于企业所得税税负情况下，增值税税收优惠范围窄、力度小，不利于减轻企业的增值税税负，与结构性减税的大方向也不相符。

（五）国有企业对税收优惠激励政策不敏感

国有企业对激励创新导向的税收政策反应不甚敏感。一方面，高新技术企业资格认定门槛较高，国有企业因多种原因常常不符合条件，难以享受高新技术企业税收优惠政策。另一方面，国有企业也缺乏争取创新税收优惠政策减少纳税的动机。尤其是处于市场竞争领域的国有企业，常常误把正常的企业纳税义务当成国有企业的"特殊贡献"大书特书，"纳税大户"几乎就是"企业高管人员有经营能力"的同义表达。在此观念影响下，国有企业争取创新税收优惠政策的积极性和主动性都较弱。更重要的是，国有企业对创新税收优惠政策不敏感，很大程度上是受政府干预的影响过大。即便国有企业希望争取财政支持或减少纳税，大多也可以通过诸如安排就业承担社会责任、争取环保技改专项资金等其他渠道获得。因此，以激励创新为导向的税收优惠政策对国有企业吸引力不大，创新激励税收政策在国有企业效果不佳。

此外，目前的《中央企业负责人经营业绩考核暂行办法》虽然经过 3 次修订，但由于考核内容指标过多过细，其在鼓励创新上的政策意图严重淡化。比如：在年度经营业绩考核利润总额和经济增加值指标的计算上，增加当期对研究开发的支出，会降低当期利润总额指标，从而使其在当期考核中处于不利的地位，加计研究开发费用75%形成税后净营业利润，仅仅适用于计算经济增加值指标。尽管《中央企业负责人经营业绩考核暂行办法》制定了专门的实施细则授予"科技创新特别奖""管理进步特别奖"等任期特别奖，但任期特别奖是一种事后对创新的奖励，而不是事前和事中对创新的激励。事实上，现有国有企业的考核评价周期相对较短，创新投入的利润贡献存在较长时滞，"创新驱动"见效慢，增加创新投入在现有考核机制下有"前任为后任做嫁衣"之实。

三　完善创新激励导向税收政策的对策建议

（一）建立健全创新激励导向的税收法律法规政策体系

我国应结合自身的现实情况和创新需求构建完善的创新激励税收法律政策体系。一是我国应该加快立法进程，提高创新激励导向税收政策的立法层次，形成支持"大众创业、万众创新"的税收体制与政策框架；二是梳理现有法律体系中激励创新的各项税收政策，对各部门制定的税收政策进行整理和优化，确保各项政策系统规范、目标明确、操作性强；三是在制定新的激励创新税收优惠政策时，必须对方式、内容、主体、程序等做出详细的规定，及时出台实施细则，加强税收政策支持创新的规范性、透明性。

（二）营造以激励创新为导向的普惠性税收政策环境

一是增强创新激励的税收优惠覆盖范围。首先，建议税务部门适当降低高新技术企业认定的门槛，适当扩大高新技术企业所得税税收优惠政策的激励范围，支持符合条件的传统企业、互联网金融企业等进行高新技术企业、技术先进服务企业等方面的认定，按照规定享受相关所得税优惠政策；打破增值税即征即退仅限软件产业和集成电路产业的限制，将增值税优惠逐步延伸到高新技术行业范围。其次，针对企业制度、组织方式、运营模式、生产方式、薪酬激励、管理方法等非技术方面的创新，制定专门的创新认定管理办法，符合条件的也应予以适当税收优惠。最后，加强企业自主研发、创新创业融资、创新人才激励、技术转移与成果转化等关键环节和重点领域的税收优惠覆盖面，形成全面支持企业创新的税收优惠配套体系。

二是延长税收优惠政策的时间期限，促使创新激励税收优惠政策常态化。我国创新激励税收优惠措施在初次实施时，税收优惠周期常常确定为 3 年，具有明显的尝试性、阶段性和短期性特征。建议税务部门重点筛选实施效果好的税收优惠政策，适当延长其优惠期限，尽量减少政策的频繁调整，创造相对稳定的税收优惠环境。比如：小型微利企业减半征税的企业所得税优惠政策（财税〔2015〕99 号）的执行期限只到 2017 年年底，技术先进型服务企业 15% 企业所得税优惠税率至 2018 年年底到期（财税〔2014〕59 号），建议国务院及其税务主管部门修订企业所得税法实施条例和实施细则等相关法规制度，将该税收优惠政策常态化。

（三）完善以创新激励为导向的企业所得税优惠政策

一是改变企业所得税优惠税率仅有 15% 一档这种"一刀切"的税收优惠方式，所得税优惠税率分成 10%、15% 和 20% 三个档次区别对待。建议对高新技术企业、技术先进型企业、科技型企业、文化企业等产业，根据创新投入和创新产出等指标细化分成三档管理，所得税优惠税率按 10%、15% 和 20% 三个档次递增匹配。鼓励所有企业参加创新企业认定，创新企业认定方法参照高新技术企业认定管理办法及管理工作指引等执行。在高新技术企业认定时，增加知识产权和科技成果转化能力等反映企业创新质量的指标权重，防止"无用专利"凑数来满足高新技术企业认定条件。修正高新技术企业认定中研发费用投入强度的要求，最近一年销售收入在 5 亿元以上的企业，要求企业最近三年研究开发费用总额占同期销售收入总额的比例不低于 2.5%。

二是放宽应纳税所得的抵扣条件和范围。①将传统企业和基础行业因机器设备和工艺技术升级发生的固定资产投入，纳入固定资产加速折旧所得税前抵扣优惠范围；购买知识产权形成的无形资产，参照固定资产加速折旧政策享受所得税前抵扣政策。②研发费用税前加计扣除政策，放宽仪器、设备研发"专用"的限制，只要有证据表明该仪器设备主要用于研发，就可以享受税收优惠；加大税收优惠力度激励产学研合作，对企业与高校及科研机构的研发合作给予研发费用税前加计扣除的优惠政策。③放宽现行创业投资企业所得税优惠条件，将投资主体仅包括创业投资公司放宽到所有企业，投资标的也从中小高新技术企业适度扩大到中小技术先进型服务企业、中小软件开发企业等标准清晰、容易界定的中小科技企业。④为鼓励风险投资企业对未上市的中小企业进行创新投资，建议将可抵扣创业投资企业应纳税所得额的投资额比例由现有的 70% 提高到 85%，当年不足抵扣的，可以在以后纳税年度结转抵扣；对风险投资公司获得利润再投资于中小科技企业的，不论其经济性质如何，实行再投资退税政策。

（四）逐渐扩大增值税等税种对创新激励的覆盖面和支持力度

加大增值税等其他税种在激励创新上的作用，扩大增值税等其他税种的优惠范围，逐步由以所得税优惠为主转变为所得税和增值税优惠并重，适应我国目前直接税与间接税并重的税制结构。一要完善高新技术企业的增值税优惠政策。打破增值税"即征即退"优惠仅适用软件产业和集成电路产业的限制，将这一政策逐步延伸到所有符合认定的高新技术企业、技术先进型企业、科技型企业以及文化企业，激励所有企业加强创新。二要建立健全和规范增值税为负时的企业退税实施操作办法，避免税务机关占用企业大量留底税款，增加企业负担。三要建议对知识产权交易业务实行增值税"即征即退"优惠，以"签订合同"方式推广知识产权的免征或减征契税和印花税，从而促进科技研发成果转化。四要简并增值税税率结构，做好取消 13% 增值税税率衔接工作。

（五）加大对创新人才的税收优惠力度

一是完善鼓励企业人力资本投资的税收优惠政策。建议税务部门取消现行对教育经费、培训费税前扣除限额的规定，实行按实际发生额据实扣除甚至加计扣除，降低企业自主培养人才的成本，鼓励企业进行人力资本投资，加大对创新人才的投入。二是加大个人所得税的政策覆盖面和优惠力度。①适当调整个人所得税生计费用扣除标准，科研创新人员的生计费用扣除金额，参照外籍个人在目前每月3500元的基础上再加计扣除1300元。②高科技人才因研发成果取得的应税收入，建议比照对稿酬所得的应纳税额减征30%的税收优惠政策，按照同等比例减征高科技人才的应纳税额。③扩大科研人员奖励性所得的税收优惠适用范围，免征科学技术奖金的个人所得税，颁发单位建议由原来的"省级人民政府、国务院部委和中国人民解放军军以上单位"调整为"地市级人民政府、国务院司局和中国人民解放军师以上单位"。④建议个人所得税应纳税所得额允许扣除个人教育培训等人力资本投资费用，鼓励个人加强自身教育，提升自身素质。⑤建议对高科技人才取得的技术转让收入，参照企业技术转让的税收优惠待遇，在一定额度内免征个人所得税，超过部分减半征收个人所得税。

（六）提升税收政策对国有企业创新的激励效应

政府干预是国有企业创新积极性不高的根源，减少政府对国有企业的不当干预，使国有企业行为回归普通企业特性，是创新激励导向税收政策能够发挥政策效果的前提条件和最根本的制度安排。一要优化政府对国有企业的绩效考核评价体系。调整以会计利润为核心的短期评价指标，尽可能采用长期指标与短期指标相结合的评价体系；除了考核财务指标外，要加大对非财务指标的考核，比如新产品销售占比就是一个能够激励高管人员加大创新力度的考察指标；考核周期有必要适当延长，一个周期以3—5年为宜。二要积极探索国有企业高管股权激励试点，通过股权激励设计使国有企业领导人员关注企业长远健康发展，提升企业创新的积极性和主动性。三要合理安排政府科研资金的资助方式和资助手段。对承担基础研发任务的中央国有企业以直接资助为主，对地方国有企业应降低直接资助力度，以间接资助为主。比如政府优先采购国有企业创新产品和技术，就是一个行之有效的间接激励地方国有企业创新的好办法。四要尽量减少国有企业的政策性负担，减少国有企业领导人员在保就业上的压力，增强国有企业在人力资源使用上的自主性。

第十一章

面向制造强国的人才培养体系

人才是建设制造强国的根本。要实现制造强国的战略目标，实现创新能力显著增强、以推进智能制造作为主攻方向等，都离不开各层次人才的通力合作。可以说，无论是高精尖的专业技术人才、经营管理人才还是基础性技术人才，哪一类人才出现短板都会对建设强大的制造业形成制约。在新一轮科技革命和产业变革中，各国也都把人才作为推动制造业战略发展的关键。正如习近平主席所说，人才竞争已经成为综合国力竞争的核心。谁能培养和吸引更多优秀人才，谁就能在竞争中占据优势。因此，认清我国的人才发展现状，对实现制造强国战略目标的制约，并找出解决问题的途径，具有重要的意义。

一　中国的人才状况及其对制造强国建设的影响

改革开放以来，中国的劳动力素质快速提升。根据各次人口普查的结果计算，劳动年龄（15—64 岁）人口的平均受教育年限明显提升。1982 年劳动年龄人口的平均受教育年限为 5.84 年①，1990 年为 6.81 年，2000 年为 8.29 年，2010 年则为 9.44 年，1982—2010 年，劳动年龄人口平均受教育年限累计增长了 3.6 年，年平均增长率为

---

① 只有 1982 年的劳动人口为 15—60 岁，其余年份均为 15—64 岁。

1.73%。人力资本的快速积累为制造业转型升级和跨越发展提供了最重要的劳动力基础，为实现制造强国目标提供了有力的人才支撑。

然而，我们也应该看到，中国当前的人才结构仍然存在各种问题，如受过高等教育的人才占比相对较小、工程技术人才相对紧缺、高端人才在制造业的分布较少、各类人才的技能结构和质量与实际产业需求存在较大差异等。这些人才结构问题对建设制造强国、提升我国制造业整体竞争力形成较大制约。下面重点分析中国当前存在的人才结构问题。

（一）受过高等教育的人才占比仍然较低

虽然中国劳动力素质在持续快速提升，但与发达国家相比，中国的人才素质还是较低，从总体上对提升制造业形成制约。一个重要表现就是，与发达国家相比，受过高等教育的人口占比较小。当前，完成高等教育的人口占25—64岁劳动力的比例，日本为49.54%，美国为44.63%，英国为43.49%，而中国仅有9.68%。完成研究生教育的人口所占比例，德国为12.33%，美国为12.20%，英国为11.83%，而中国仅有0.43%（见表11—1）。可见，中国的高素质人才虽然总量较多，但是其结构比例并不理想，高端人才相对较少。

表 11—1　　　各国完成高等教育的人口占 25—64 岁人口总量的比例　　单位：%

国家	完成高等教育的人口占比	完成各级高等教育的人口占比			
		专科	本科	硕士	博士
德国	27.64	0.64	14.67	10.99	1.34
日本	49.54	20.61	28.93①		
英国	43.49	10.13	21.53	10.61	1.22
美国	44.63	10.51	21.92	10.57	1.63
中国	9.68	5.77	3.48	0.43②	

注：德国、日本、英国、美国的数据为2015年，中国为2010年全国人口普查数据。

①日本本科及以上所占比例为28.93%。

②中国的0.43%是包括硕士和博士在内的研究生所占比例。

资料来源：OECD数据库。

（二）工程技术人才短缺

从教育专业来看，与制造业密切相关的工科教育出现了相对被压缩的弱势，无论是具有研究生培养资质的知名高等院校还是培养操作层面技术工人的普通专科学校和职业学校，不同程度上存在减少工科专业招生人数、压缩相关学时的状况，导致无论是高端的工程科学家还是产业实际操作层面的工程技术工人都出现短缺。

从统计数据来看，工科专业毕业生在各级各类毕业生中的占比都出现了不同程度的下降。从受教育程度由高至低来看，2004—2014 年，在研究生毕业生中，工学毕业生所占比重是各个学科门类中下降最多的，从 37.19% 下降至 34.46%，下降了 2.73 个百分点，理学毕业生占比下降的幅度次之，十年内下降了 2.49 个百分点。在普通本科毕业生中，工学普通本科毕业生占比从 36.99% 下降至 33.17%，下降了 3.82 个百分点；下降幅度仅次于师范专业。普通专业毕业生中，制造大类和电子信息大类的毕业生占比分别下降了 1.1 和 2.7 个百分点。中等职业学校毕业生中，与制造业相关专业的毕业生占比下降更多，加工制造类的毕业生占比下降了 8.5 个百分点，信息技术类的毕业生占比下降了 6.1 个百分点。[①] 各级各类毕业生中的工科专业人数占比下降，直接导致制造业中各级技术人才资源告急。

（三）高端人才在制造业的分布较少

以受过大学本科和研究生教育为代表的高端人才在行业间的分布是不均衡的，当前我国高端人才的行业分布结构，有制约制造业发展

---

① 相关数据根据中经网数据库中各级各类学校毕业生人数计算而得。

的不利方面，也有促进智能制造的有利方面。由于数据可得性的制约，这里使用 2010 年第六次全国人口普查数据来进行具体分析，从实践调研来看，行业分布的趋势在当前也仍然和第六次人口普查时的状况相似。

　　从不利于制造业发展的方面来看，高端人才在制造业的分布相对较少。在制造业的就业人口中，最高受教育程度为大学本科的占比为 3.1%，比所有行业的平均水平低 0.6 个百分点，在 19 个行业中排名第 15 位；最高受教育程度为研究生的占比为 0.3%，比所有行业的平均水平低 0.1 个百分点，在 19 个行业中排名第 12 位。需要关注的是，高端人才在制造业的分布，不仅远远少于金融业和房地产业等以高收入为代表的行业（后者由于高企的薪酬收入对高端人才的吸引力是很强大的），而且远少于公共管理和社会组织等以就业稳定性为代表的行业。以最高受教育程度为大学本科为例，高端人才在制造业的分布，甚至还要少于批发和零售业，以及交通运输、仓储和邮政业等这些收入优势并不十分明显的行业。我国目前仍然处于工业化阶段，制造业仍然是强国之基。高端人才在制造业的分布相对较少，无疑是不利于制造业发展的，这种人才分布状况也较难实现制造强国战略关于将制造业作为科技创新主战场的设想。

　　从有利于促进智能制造的方面来看，高端人才在科研行业，以及信息传输、计算机服务和软件业等行业的占比相对较大。从表 11—2 可见，在所有行业中，教育行业和科学研究、技术服务和地质勘查业的高端人才占比较大，其最高受教育程度为大学本科和研究生的就业人数占比较高，这是可以理解的，也是一个比较良性的结构。另外，信息传输、计算机服务和软件业的高端人才占比也相对较大，受过研究生教育的就业人口占该行业就业人数的 3.4%，仅次于科学研究、技术服务和地质勘查业以及教育行业；受过大学本科教育的就业人口占该行业就业人数的 24.6%，在 19 个行业中排名第 5 位。该行业中，软件业的高端人才占比最高，受大学本科教育的就业人数占该行业就业人数的43.6%，受过研究生教育的占比为8.2%。软件行业的发展在智能制造中有着关键的推动作用，因此，高端人才集中于该行业，对于智能制造的发展是有利的。

表 11—2   分行业就业人口的受教育程度分布   单位：%

行业分类	未上过学	小学	初中	高中	大学专科	大学本科	研究生
总体	3.4	23.9	48.8	13.9	6.0	3.7	0.4
农、林、牧、渔业	6.3	37.2	50.1	5.8	0.5	0.1	0.0
采矿业	0.7	13.1	50.1	23.0	8.7	4.1	0.3
制造业	0.7	13.1	56.3	20.1	6.4	3.1	0.3
电力、燃气及水的生产和供应业	0.2	4.2	28.3	33.1	22.0	11.5	0.8
建筑业	1.1	19.9	60.5	12.5	3.9	2.0	0.1
交通运输、仓储和邮政业	0.5	10.0	54.5	24.1	7.4	3.2	0.2
信息传输、计算机服务和软件业	0.1	2.2	18.2	24.3	27.0	24.6	3.4
批发和零售业	0.8	11.0	50.0	25.8	8.7	3.5	0.2
住宿和餐饮业	1.0	13.0	58.4	21.3	4.8	1.4	0.1
金融业	0.1	1.2	12.0	24.2	32.6	27.1	2.9
房地产业	0.7	8.5	33.7	27.4	18.3	10.6	0.8
租赁和商务服务业	0.4	5.7	29.5	24.3	20.7	17.1	2.3
科学研究、技术服务和地质勘查业	0.1	2.2	13.6	18.7	23.9	32.4	8.9
水利、环境和公共设施管理业	2.3	16.8	35.7	22.2	13.9	8.5	0.7
居民服务和其他服务业	1.6	15.2	57.0	20.4	4.4	1.3	0.1

续表

行业分类	未上过学	小学	初中	高中	大学专科	大学本科	研究生
教育	0.1	1.7	9.0	18.0	33.3	33.2	4.7
卫生、社会保障和社会福利业	0.2	2.5	14.3	27.5	33.9	19.3	2.3
文化、体育和娱乐业	0.3	5.2	31.5	25.2	18.6	17.4	1.9
公共管理和社会组织	0.5	3.4	14.7	23.0	31.6	24.9	1.9

资料来源：根据第六次全国人口普查相关数据计算而得。

（四）人才的技能结构和质量与实际产业需求存在较大差异

由于工程教育缺乏行业引导，高校无法按照行业用人标准进行人才培养；企业缺乏参与学校人才培养的积极性，校企合作缺乏制度和法律保障等原因，[①] 我国各级人才的技能结构和质量与实际产业需要仍然存在较大差异。

这种差异在市场上的反映就是，一方面，我国目前仍然存在大量的劳动力包括大量受过高等教育或者专业技术职业培训的劳动力。但另一方面，劳动力市场又连续多年出现需求略大于供给的情况，尤其是市场对具有技术等级和专业技术职称劳动者的需求均大于供给。根据人力资源和社会保障部组织的对中国人力资源市场的监测来看，多年来，各技术等级或专业技术职称的岗位空缺均多于求职人数，技术人才的需求无法得到有效满足。以 2016 年第一季度为例，从需求侧看，52.8% 的市场用人需求对劳动者的技术等级或专业技术职称有明确要求。从供给侧看，50.5% 的市场求职者具有一定技术等级或专业技术职称。从供求状况对比看，各技术等级或专业技术职称的岗位空

---

① 制造强国战略与工程技术人才培养研究课题组：《制造强国战略与工程技术人才培养》，《高等工程教育研究》2015 年第 6 期。

缺与求职人数的比率均大于 1。其中，高级工程师、高级技师、技师岗位空缺与求职人数的比率较大，分别为 2. 19、2. 11、1. 94。[①]

二　发达国家在先进制造人才培养方面的经验

借鉴发达国家在先进制造人才培养方面的经验，吸收适合中国国情的做法，有利于完善我国的人才培养体系，为制造强国更好地提供支撑。

（一）人才培养注重适应和平衡市场需求和劳动力自身偏好

中国当前正处于经济转型升级的阶段，落后的产能被淘汰，先进产能不断扩大，与之对应的则是人才的知识结构与技能结构也发生变化。因此，无论是普通教育还是职业教育，都需要随着市场需求不断调整，同时平衡其与劳动力自身偏好间的关系，提高教育的精准性，使各类教育更好地对接社会发展用工需求。

发达国家在平衡和调整劳动力自身偏好和企业需求方面，有一些成功的经验和机制是值得我国借鉴的。

在普通教育方面，有些发达国家会根据人口的动态变化、社会科技的发展以及市场的需求，引导高等教育学校对相关的学科设置进行调整。例如，日本政府就曾在 2015 年，基于对企业人才需求的调研和人口动态变化的预测，提出"对师范类的本科及研究生院，以及人文社会科学系的本科及研究生院，要基于 18 岁人口减少和人才需

---

① 中国人力资源市场信息监测中心：《2016 年第一季度部分城市公共就业服务机构市场供求状况分析》，http：//www. chrm. gov. cn/Content/842/2016/4/100889. html，last visited on April 23，2016.

要，……积极地进行组织废止或者向社会需求高的专业领域转换"①。

在对学生专业偏好的引导上，有些发达国家的政府有关部门会发布职业规划指导，让学生了解不断变化的市场需求，引导学生将自身偏好与企业需求相结合。有研究表明，关于劳动力市场需求前景的信息常常会影响学生们对"理想职业"的看法。因此，建立独立的由专家组成的职业规划指导机构，发布关于劳动力市场的技能、岗位需求等信息，有利于促进劳动力偏好与企业需求相吻合。例如，瑞士在中等教育阶段就有职业指导和相关信息发布机制，所有从事中等教育的教师都要接受不同程度的关于劳动力市场就业机会的相关培训，因此，七、八、九年级的学生在学校就能够了解到关于不同职业选择的信息。另外，瑞士还有为各个层面的教育和培训提供信息和咨询的独立咨询机构，学生可以就其感兴趣的专业进行职业前景等信息咨询。

在职业教育方面，发达国家通常会采用多种方式来引导和协调劳动力偏好以适应市场需求。

首先，通过推动企业大量地为学生提供到企业劳动现场实践的机会来协调劳动力的偏好与企业市场需求②。这种实践既包括长期的（通常持续几年）学徒制与数周或者数月的实习，也包括短期的（通常只有几天）工作观摩（Job Shadowing）。例如，德国、瑞士等国家就将学徒制作为职业教育培训的重要机制之一，不仅在传统行业中采用，在某些现代的技术领域如医院技术人员培养、IT 工程师（瑞士）也采用。企业为学生提供现场实践的机会，可以促进潜在雇主和劳动力之间的双向信息交流。各类企业愿意提供工作场所学习机会的数量，是市场需求的风向标，劳动者可以据此大体了解到当前阶段什么样的企业需求什么类型的技术和业务能力，大体了解到相应的技术和业务能力能

---

① 陆一：《日本国立大学文科"关停并转"相关政策分析——兼论两种文科的现代命运》，《复旦教育论坛》2016 年第 2 期。

② OECD, *Learning for Jobs*, Paris: OECD Publishing, 2010.

够获得什么样水平的报酬，从而能够更好地将自身偏好与企业需求结合在一起。另外，企业通过考察来工作场所参加学习的劳动者，也能够大体了解到未来能够招聘到的潜在雇员的素质水平和能力，并据此进一步调整其对雇员培训的方式和内容。

其次，有些发达国家会要求职业教育培训管理机构对市场上的技术需求进行评估，以此来指导职业教育培训机构提供相应的培训课程。职业教育培训管理机构通过调查企业或行业协会，或是借助第三方研究机构对未来市场上的技术需求进行评估，并进一步指导职业教育机构的课程设置。例如，澳大利亚、加拿大、爱尔兰和芬兰等国家会提供 5—10 年内对职业就业趋势变化的预测，欧盟也会就欧盟整体及其各成员国的中期技术变化进行预测。还有一些国家，如爱尔兰和芬兰甚至将技能预测作为政府制定相关政策的指南参考，同时用来为学生和社会各界提供相关信息。

（二）促进职业教育与普通教育和企业的互动

职业教育是培养高素质技术技能人才的重要途径。目前，中国已建成了世界上规模最大的职业教育体系，为国民经济发展提供了较好的技术人才支撑。但是，中国的职业教育仍然存在社会合作性较差、学校与企业协调沟通不足、职业教育缺乏办学特色、职业教育与普通教育的结合较弱、社会对职业教育依然存在偏见等问题。

对于这些问题，德国解决得比较好。德国的制造业一直处于全球领先地位，德国的职业教育培训也常常被视为最具特色而且最有效果的培训体系。德国职业教育最突出的几大特点是：第一，职业教育与正式教育紧密相关，职业教育有机地贯穿从初中到大学的整个教育阶段；第二，职业教育为"双元制"，学校与企业紧密相连。

首先，德国的职业教育有机而紧密地嵌入德国的整个教育体系中，从初中阶段一直延续到高等教育阶段，学生在每个阶段都可以有不同的职业教育选择。在四年小学教育之后，学生进入中等教育阶段，并被分流到不同的中学。德国有三种类型的中学。第一种是文理综合学校（Gymnasium），主要是教授学术理论型的课程，以便让学生毕业后能够进入综合大学继续学习。在德国要上综合大学须读完文理综合学校13年级的课程并通过相关入学考试（Abitur）。第二种是实科中学（Realschule），主要教授学术要求相对较低的课程，学生毕业后获得中学文凭。实科中学的毕业生可以在结业后进入职业专门学校（Berufsfachschule）就读，也可以在通过毕业考试后申请进入应用专科大学（Fachhochschule）就读。第三种是主体中学（Hauptschule），是为那些学术能力不强或者对学术不感兴趣的学生而设立的学校，学生毕业后会获得离校证书，毕业后可进入职业学校（Berufsschule）就读。实际上，实科中学和主体中学的大部分毕业生选择了职业教育学校。2007年，只有43%的初中生毕业后继续就读普通高中，57%的初中生毕业后选择了各类职业教育学校。而在选择职业教育中学的学生中，有75%选择了"双元制"职业教育中学，"双元制"职业教育中学的学制为两到三年，其中包含了一段时间的实习；其余25%的学生选择全日制职业教育学校。高等教育阶段，德国也有三类高校，第一类是综合性大学（TH，TU），第二类是应用专科大学（Fachhochschule），第三类是职业学校（Berufsakademie）。应用专科大学和职业学校采用"双元制"的培养模式。德国的教育体系从初中到高中再到高等教育的各个阶段都有不同的分流，但这些分流并不意味着学生被严格区分开来，而是给了学生很大的自由选择空间，在每一个阶段，只要学生能够达到相应的入学标准，就可以进入其希望的类型学校就学。而且，即便是在校学习期间，学生也依然可以申请转到其他类型的学校。

其次，德国职业教育最主要的特点是"双元制"，即采用学校教育和企业培训相结合的模式。在这种模式下，办学和培训的主体是"双元"的，即学校和企业；受教育者的身份也是"双元"的，既是企业的签约员工，也是学校的学生；学习的内容是"双元"的，既有理论的学习，也有实践的学习；学习和培训的地点和时间也是"双元"的，既有在校的学习，也有在企业的培训和实习，而且通常在企业培训和实习的时间占比非常高，为70%—80%。在有效的制度安排和多种激励下，德国企业积极参与到双元制职业教育中。参与企业的比例在24%以上，员工人数超过500人的大企业的参与率更是高达90%以上[1]。因此，学生的选择也非常广泛，在德国，约有349种职业可以提供"双元制"的培训方式。

正是这些特点，使得德国的职业教育在全世界都卓有成效，为德国培养了许多高素质的技能人才，为德国的先进制造业提供了有力的人才支撑。

（三）提高制造业技术人才的收入

随着第三产业的兴起，制造业对于年轻人的吸引力相对变小，制造业人才流失的问题，在许多发达国家也存在。发达国家如何增强年轻人对制造业的了解，培养其对制造业的兴趣，对于我们解决现阶段面临的制造人才储备不足问题也很有借鉴意义。

例如，美国就存在制造业对年轻劳动力的吸引力减小、高端人才在制造业分布相对较少的问题。为了吸引一大批高素质和高技术的劳动力进入和保留在制造业中，奥巴马政府以及美国各个州政府采取了一系列的措施，其中包括增强年轻劳动力对制造业的兴趣。例如，美国的一部分州会向企业提供一定的资源，以鼓励和促使企业让学生参与到制造环节中，让年轻人亲身体会到：无论是工作环境还是体力劳

---

[1] 丛明才、王婀娜：《德国职业教育研究及其启示》，《黑龙江高教研究》2016 年第 5 期。

动的辛苦程度，先进制造业都已经与传统制造业有了很大的不同；先进制造业需要从业人员掌握的技能，对于年轻人而言常常也是一种挑战和激励，让年轻人感觉到从事制造业也能够实现自身的价值。

有一部分美国企业认为，民众对于制造业的不正确看法是其人才流失的重要原因之一，因此，企业本身也非常注重通过各种方法引导民众对制造业尤其是先进制造业持有正确看法。有些企业甚至从小学生抓起，例如，美国丰田公司就有不同的项目是针对小学、初中和高中不同年级学生的。丰田公司会邀请五年级和八年级的学生参观特别的工厂，既让学生们了解制造业，也让他们对科学和技术产生兴趣。另外，丰田公司还有专门针对教师、职业顾问、学校管理人员和家长的宣传。

要增强制造业对劳动力的吸引力，最根本的还是要提升制造业技术人才的社会地位和收入。德国对制造业技术人才存在普遍的社会尊重，"市长邀请参加的活动，大牌技工坐头把交椅，董事长排在技工之后"。在德国、日本等发达国家，不少行业的技工工资水平要高于公务员、大学教授[1]。正是较高的社会认同和较合理的收入，将大量的优秀人才吸引到了德国制造业中。

（四）重视通过吸引高技术移民来弥补国内人才空缺

当发达国家国内出现人才空缺时，还会通过吸引优秀的高技术人才移民到国内（包括短期迁徙、短期工作以及国籍改变等）来快速满足劳动力市场对高技术人才的需求。吸引高技术移民的方式能够为移民接受国节省大量的教育和培训费用。另外，随着全球化的深入和劳动力的流动性加强，高技术移民还成为技术进步和创新的一个重要推

---

① 张烁：《把优秀人才吸引到制造业来》，《人民日报》2017 年 2 月 16 日第 5 版。

动力量。对美国和欧盟的经验研究表明，高技术移民能够提高全要素生产率，技术移民带来了文化和方法上的多样性，无论是对于工业上应用性的创新还是对于一般抽象知识和基础研究上的创新，都有积极的影响①。因此，发达国家越来越重视吸引高技术移民。在加拿大等国，外来移民占据了本国人口的很大比例。根据 OECD 的统计，2012年外来移民（包括获得各种居留权和工作权者）占本国人口总量的比重，瑞士为 28%，加拿大为 20%，德国为 13%，美国为 13%，英国为12%。这些国家的外来移民多数是高技术人才，例如，2013 年，在15—64 岁的劳动人口中，外来移民（包括获得各种居留权和工作权者）和本国居民受过高等教育的比例在加拿大分别为 57% 和 43%，外来移民的素质水平远远高于本国土著居民。这两者的比例在英国分别为 46% 和 33%，在日本分别为 32% 和 39%，在美国分别为 33% 和36%，在德国分别为 21% 和 25%②。可见，高技术移民已经成为发达国家移民中的重要组成部分。

　　发达国家经常会根据本国经济发展的需要以及科技发展的不同阶段来调整吸引高技术人才的政策。例如，在 20 世纪 90 年代末，通信技术人才、工程师等类型的人才紧缺，于是各发达国家的移民政策就调整为给这类人才提供更大便利，或者是设置新的签证类别专门吸引此类人才。例如德国就在 2001 年 8 月推出了一个新的绿卡项目，允许多达 2 万名非欧盟 IT 专家在德国工作五年，条件是这些高技术人员在相关信息技术领域有大学学位或其获得的年薪达到 51000 欧元。到了2003 年 1 月，德国政府共收到 6 万个申请，并发出约 13600 张绿卡③。

① Peri, G., "The effect of immigration on productivity: evidence from U. S. states", *Review of Economics and Statistics*, Vol. 94, 2012; Stuen, E., Mobarak, A. and Maskus, K., "Skilled Immigration and Innovation: Evidence from Enrollment Fluctuations in U. S. doctoral Programs", *Economic Journal*, Vol. 122, 2012.

② OECD, *International Migration Outlook 2014*, Paris: OECD Publishing, 2014.

③ OECD, *International Migration Outlook 2003*, Paris: OECD Publishing, 2003.

2005 年，德国的新移民法生效并取代了原来的 IT 专家绿卡项目。根据新的移民法，非欧盟的某些高素质人才（例如科学家，或者年收入高于 84000 欧元的高级管理人员）可以直接获得工作许可证和永久居留权，而其他高技能人才仍然需要经过劳动力市场测试。又如，英国 2001 年推出了一个针对如全科医生等具有某些特殊技术的高技能移民项目（Highly Skilled Migrant），这是欧洲首次采用积分评估的项目，积分涉及的条件包括受教育资格、工作经验、工作收入和过去获得的成就等。在刚推出的第一年，该项目就收到了 2500 个申请，其中 53% 获得了批准，在被拒绝的 47% 的申请里，有 30% 在复议后最终获得批准[1]。

发达国家在通过吸引高技术移民来弥补国内人才空缺时，也注重采用多种措施来确保吸引到的移民是本国劳动力难以替代的。例如，使用"人才短缺的职业名单"工具、设置较高的工资门槛、使用工作签证、为优秀的国际留学生颁发居留签证等。

三　构建更好支撑制造强国建设的人才培养体系

针对中国的人才状况，2016 年底，教育部、人力资源和社会保障部、工业和信息化部等部门共同编制了《制造业人才发展规划指南》，提出要"以深化产业与教育融合为抓手，以夯实人才队伍基础和培育急需紧缺人才为重点，对接制造强国建设战略任务和重点领域，提升人才服务先进制造业发展的能力"，为构建多层次多类型人才培养体系规划了路线图。在未来一段时间内，我们需要创新体制机制，充分借鉴发达国家在先进制造人才培养方面的经验，切实有效地动员各社会主体尤其是企业深度投入人才培养体系中，为制造强国夯实人才基础。

---

[1]　OECD, *International Migration Outlook* 2003, Paris: OECD Publishing, 2003.

（一）进一步加强对教育的投资

制造业人才尤其是高级人才的短缺，首先是一个人才总量缺乏的问题，其次才是人才结构不够完善的问题。因此，最根本的解决之道还是要提升我国人才培养的力度。虽然近年来，我国对教育的投入不断加大，无论是教育投资占 GDP 的比重还是教育支出占财政支出的比重，与日本、德国等主要发达国家的差距都不大。但是，美日德等主要发达国家的人才积累已经基本完成，而中国还处于人才积累的初期阶段，人才总量和质量远远不能满足本国经济社会发展的需要。因此，中国仍然需要进一步加大对教育体系（包括正规学校教育以及职业教育）的投资，加大对人才培养的力度，来进一步提高劳动力素质、改善劳动力结构、提升经济增长的质量、促进经济长期增长。

（二）有效提升企业在人才培养体系中的作用

企业对劳动者的技术需求，在一个时期稳定性的基础上，其实存在小幅动态变化的特点，这种小的动态变化积累一定时期后就会产生大的技术变化。如果不能密切跟踪并使教育培训体系动态地适应这种变化，就容易导致劳动者的技能与现实需求相脱节。要想使劳动者的技术获得与实际产业需求密切相关并互相吻合，就需要提升和强化企业在人才培养体系中的作用。

《制造业人才发展规划指南》也指出，目前我国企业在制造业人才发展中的主体作用尚未充分发挥，参与人才培养的主动性和积极性不高。而这点也恰恰是我国与发达国家在人才培养方面的重要差距之一。《制造业人才发展规划指南》提出了要"加快实现产业和教育深度融合"，包括"鼓励行业企业参与人才培养""发挥企业在职业教育中的

重要办学主体作用""推进职业教育集团化办学""加快产学研用联盟
建设"等。

如何才能有效地发挥企业的人才培养作用，实现《制造业人才发
展规划指南》提出的目标？无疑，市场与政府两种手段缺一不可。一
方面，从当前阶段来看，政府引导必须先行。例如，政府通过制定相
应的制度和政策，明确行业企业参与人才培养的权利、责任和义务；
给予积极参与人才培养的企业一定的财税优惠政策；要求企业定期向
社会披露其在人才培养方面的做法等相关信息；从多方面多角度合力
推进，调动企业参与人才教育与培训的积极性。另一方面，充分依靠
市场的力量，使企业在深度参与人才培养后能够在市场竞争中获益更
大。从这个角度来看，鼓励企业通过与高校进行产学研联合进行企业
所需的科技攻关，比鼓励企业投入通用技术的人才培养更有利于企业
获得市场竞争力的回报。

（三）多方式多渠道提升年轻劳动者对制造业的兴趣

要实现制造强国的目标，就需要提升年轻劳动者对制造业的兴趣，
以便将更多人才吸引到制造业中。提升年轻劳动力对制造业的兴趣，
需要多方式多渠道来系统地进行。一方面，加强对制造业重要性的宣
传以及让人们了解当今先进制造业的真实情况。鼓励先进制造业企业
深入学校去，既宣传了自己，也让学生认识到制造业的技术工作岗位
是什么样的。《制造业人才发展规划指南》也提出了"普通中小学要在
实践活动课程、通用技术课程中加强制造业基础知识、能力和观念的
启蒙和培养"。另一方面，更重要的是，要适当提高制造业劳动者的收
入，这是将人才吸引到制造业的关键。积极有效地进行收入分配的二
次分配调节，并使收入分配获得行业引导的功能。加强对部分行业例
如娱乐业的收入规范，有效增加制造业技术工人以及科研劳动者的劳

动收入。

（四）吸引能够填补人才缺口的高技术移民

通过吸引高素质、高技术的海外人才到国内来以弥补国内劳动力市场的人才空缺，这种人才"培养"方式也应该受到重视。目前，中国在吸引海外人才方面存在的主要问题是：来华的海外顶尖人才仍然相对较少；海外人才引进机制不够完善，包括人才甄选、人才引进后的配套落实等方面仍有待完善；等等。而且，在当前中美经贸摩擦的背景下，我国的海外人才引进既面临挑战，也有新的机遇。一方面，美国等发达国家对于中国引进海外顶尖人才设置了更多的障碍，这为我国带来了新的挑战。但另一方面，特朗普政府采取的一系列限制移民的措施，如通过技术人才移民签证的华人移民拿到绿卡的难度增加，中国在美留学生获得临时工作签证的要求更高更严等；同时，对于已经获得绿卡的华人技术人才，也出现了各种新的限制。这些措施也给我们带来了新的机遇。我们应该抓住有利时机，及时地优化和调整移民政策，将那些原来打算留在美国的技术人才吸引到中国来。

第十二章

产业共性技术的研发和供给体系

共性关键技术研发、产业共性技术公共服务平台是制造业创新体系的核心内容。然而，现有的国内研究仍然停留在对共性技术分类分级、共性技术重要性、共性技术研发管理与组织方式、共性技术扩散机制的介绍等方面，没有深入分析共性技术发展过程中关键环节（如共性技术知识产权的保护与分配）的机制，对国外经验的推介往往只"见其形"，不"见其因"。针对现有研究的问题，本章并不着重探讨"共性技术"的语义学定义，而是站在更加微观的角度，基于共性技术的"竞争前"基本特征，分析共性技术形成全过程中关键环节出现障碍的根本机理，结合理论机理剖析国外既有安排的成功之处与经验教训，给出破解共性技术发展关键环节主要障碍的合理建议。

一 共性技术的基本特征及其发展障碍

（一）共性技术的技术特征与经济特征

共性技术的通用英文称谓是 generic technologies 或 pre-competition technologies，其称谓反映出两个基本的技术特征，一是"通用性"（generic），二是"竞争前"（pre-competition）。第一，generic 体现了共性技术的影响范围，即共性技术可能大范围地应用于不同产业、不同领域的工艺、产品和服务①。尽管不同国家从自身科技发展和产业发展特点出发，对共性技术给出了不同定义，如日本产业技术研究所（AIST）仅将共性技术限定于"标准化技术和测量技术"，美国标准技术研究院（NIST）将共性技术定义为"对不同应用领域的新产品、新工艺和新服务开发至关重要的使能技术"②，但不同定义在共性技术潜在产业化应用范围非常广泛这一点上是有共识的③。第二，pre-competition 体现了共性技术的研发阶段，即共性技术是技术开发的早期阶段，商业应用前景往往并不明朗，主要是为后续的产品技术开发和商业应用提供技术基础④。共性技术研发的任务是概念证明，是基础研究科学成果和产品开发专有技术（专利技术）之间的桥梁。多数情况下，在新的市场应用开发之前，必须获得新的共性技术。因此，美国"先进技术计划"（Advanced Technology Program，ATP）明确提出不支持产品开发项目，而是集中支持早期阶段（early-stage）的技术开发项目。

共性技术的两个重要技术特征决定了共性的基本经济特征，即"外部性""信息不完全"与随之而来的市场失灵问题。由于共性技术的潜在应用范围非常广泛，因此共性技术特别是产业共性技术的效益很容易溢出到研发主体之外的其他主体和部门之中，社会收益远远高于研发主体的私有收益，具有很高的经济外部性。由于共性技术处于竞争前阶段，技术路线不明朗，技术的性能指标、应用前景和经济指标都属于未知数，因此研发风险高，研发收益难以预测，具有很高的

① *National Institute of Standards and Technology*, *ATP Overview*, 1998; Keenan, M., "Identifying E-merging Generic Technologies at the National Level: the UK Experience", *Journal of Forecasting*, 2003, 22（2 –3）: 129 – 160.

② *National Institute of Standards and Technology*, *ATP Overview*, 1998.

③ 李纪珍:《产业共性技术供给体系》，中国金融出版社 2004 年版。

④ Tassey, G., *The Economics of R&D Policy*, Westport, Connecticut: Quorum Books, 1997.

信息不完全性。外部性和信息不完全这两个经济特征相叠加，致使共性技术研发面临着严重的市场失灵问题[①]。如果缺少恰当的政府干预，这一问题的直接结果，就是共性技术供给不足，最新的基础科学研究成果无法有效转化为商业技术应用，依赖于新一代共性技术进步与扩散的新产品、新服务与新工艺开发滞后。

（二）共性技术发展的关键障碍

经过 20 世纪 70 年代到 80 年代的信息技术革命之后，科技日益成为国家竞争的主题。随着全球经济技术发展水平不断提高，科技更新速度加快，激烈的科技竞争更从竞争性技术应用和商业化阶段前移到基础研究和共性技术研发阶段。考虑到政府干预在解决共性技术研发市场失灵问题上的必要性，推动共性技术发展成为许多国家和地区科技政策和产业政策的重点之一[②]。我国早在 1995 年《国务院关于"九五"期间深化科技体制改革的决定》中已提出要加强行业共性技术研究。近年来，我国发布的各类制造业战略和规划都强调应重点开展行业"共性关键技术研发""突破共性关键技术与工程化、产业化瓶颈"。尽管我国现有政策已经明确了对共性技术的大力支持，但主要政策和学术研究还局限于共性技术的研发与转化，对共性技术创新链条上的其他环节关注不足。然而，共性技术的技术特征和经济特征从根本上决定了，在识别、研发、应用、扩散等技术发展过程的关键阶段，共性技术都面临着一些与专有技术不同的特殊障碍。如果相关政策不能有针对性地破解这些特殊障碍，仅仅以对待一般专

① Stiglitz, J. E., "The Private Uses of Public Interests: Incentives and Institutions", *Journal of Economic Perspectives*, 1998, 12 (2): 3 – 22.

② Freeman, R., "Part I – Introduction", in, Dosi G., C. Freeman, R. Nelson, G. Silverberg and L. Soete, *Technical Change and Economic Theory*, New York: Columbia University Press, 1988, 1 – 8.

有技术发展的思路对待之，就难以使外部条件契合共性技术发展的内在需求。

从共性技术的特殊性质和各国发展共性技术的历史经验来看，共性技术发展的特殊障碍集中体现在以下方面（见图12—1）。第一，技术识别阶段的"双盲"条件。"竞争前"特征意味着共性技术的技术路线和应用市场仍然在生成初期，二者不仅难以预计，而且随时可能出现预想不到的变化。科技和经济实力越强的国家，共性技术研究的市场失灵越容易出现在创新链条的早期①，可靠的市场信息和技术信息更加缺失。此时，决策者只能在技术和市场近乎"双盲"的条件下识别具有潜力的共性技术，判断失误的概率很高。第二，技术研发阶段的竞合关系。共性技术研发多数需要跨领域知识，加之风险高、投入大，因而要求研发主体在竞争前阶段进行广泛合作。一旦共性技术开发完成，创新活动进入专有产品技术开发和市场开发阶段，各研发主体（特别是企业）则可能成为直接竞争对手。如果不能处理好竞争前阶段与竞争阶段的竞合关系，研发主体之间将很难在竞争前阶段达成合作，或在合作中过于保守，降低共性技术研发成功率。第三，技术应用阶段的知识产权分配。共性技术研发涉及多个利益主体，而"通用性"特征意味着没有参与研发的利益主体也能从共性技术的后续开发中获益。共性技术研发主体之间的知识产权分配以及后续保护，决定了是否能在发挥共性技术正向外部性的同时，保持研发主体开展共性技术研发的积极性。如果处置不当，或是限制共性技术的扩散与共享，或是影响共性技术研发与供给水平。

后文将以图12—1展示的共性技术创新链条以及各环节上的关键障碍作为分析框架，结合理论分析与各国经验，剖析创新政策和产业政策如何化解这些障碍，促进共性技术发展。

---

① 邹樵：《共性技术扩散机理与政府行为》，华中科技大学出版社2015年版。

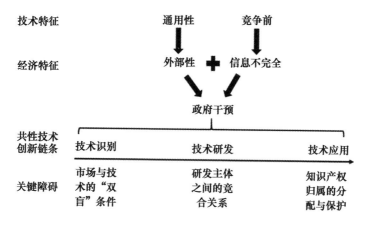

图 12—1　共性技术发展的关键障碍节点

资料来源：笔者整理。

二　共性技术识别：破解"双盲"条件

（一）共性技术事前识别与设计的难点

由于存在严重的市场失灵，普惠性政策难以促进市场主体主动投入共性技术研发，因此各国政府纷纷采取结构性政策，定向支持共性技术研发。设立从事共性技术的常设科研机构，或组织开展共性技术科研计划，是结构性政策的主要实施方式。在政策实施过程中，首要的问题，就是恰当选择需要加以支持的共性技术。一方面，越是远离应用阶段的、处于萌芽和生成初期的关键共性技术，市场失灵程度越高，其发展越需要结构性政策的支持。另一方面，对共性技术研发与供给需求最为迫切的产业，如半导体、生物技术、纳米技术等产业，普遍面对着技术快速变化的动态环境①。而在商业应用明确之前，共性技术发展必然面临着技术路线和市场信息"双盲"的条件。在这种条件下，提高识别关键共性技术的正确率，是一项极富挑战性和风险的工作。

迄今为止，理论研究对如何识别或设计共性技术言之甚少。多数现有研究采取事后视角，对已经进入技术扩散和商业化阶段、"通用性"特征表现突出的共性技术进行回溯性分析。这些研究突出了共性技术的经济价值和影响范围，但对事先识别和判断未来的关键共性技术却启发不大。例如，David②指出，直到发电机和电动机发明后，电力技术作为共性技术的价值才被发掘出来，并广泛应用于国民经济各大部门。首个尝试采取事前视角分析共性技术的研究来自Thoma③。不过，Thoma的研究仍然侧重于共性技术供给方在技术应用阶段的商业模式选择，而不是研发活动开始之前的技术识别。创新研究则普遍认为，我们应当以演化的思路对待共性技术发展，任由不同的竞争前技术自行演化，由一种产品应用扩展到另一种产品应用，而市场最终会选择出最有前景、通用性最强的共性技术。"双盲"条件下发展共性技术如同追求传说中的圣杯（Holy Grail），必然以随机探索为主，经过反复的试错和学习④，最终成功具有很强的偶然性。

这种主流的理论观点意味着，共性技术只能随着其演化过程逐渐

① Miyazaki, K. Search, "Learning and Accumulation of Technological Competences: The Case of Optoelectronics", *Industrial and Corporate Change*, 1994, 3 (3): 631 – 654; Maine, E. and E. Garnsey, "Commercializing Generic Technology: The Case of Advanced Materials Ventures", *Research Policy*, 2006, 35 (3): 375 – 393.

② David, P. A. "The Dynamo and the Computer: An Historical Perspective on the Modern Productivity Paradox", *American Economic Review*, 1990, 80 (2): 355 – 361.

③ Thoma, G. , "Striving for a Large Market: Evidence from a General Purpose Technology in Action", *Industrial and Corporate Change*, 2009, 18 (1): 107 – 138.

④ Hooge, S. O. , Kokshagina, P. , Le Masson, K. Levillain, and B. Weil, Designing Generic Technologies in Energy Research: Learning from Two CEA Technologies for Double Unknown Management, European Academy of Management – EURAM 2014, Jun, 2014, Valencia, Spain.

"展露"（reveal）给相关主体，而无法被相关主体预先识别、设计或管理。不过，出于应对科技竞争和解决市场失灵问题的强烈需要，在过去四十年里，英、法、美、澳等国政府不断尝试在国家和产业层面识别具有潜力的共性技术并加以前期支持，积累了不少可行的政策实践经验。成功的政策实践并不能改变共性技术演化方向和应用价值难以预见的本质，但可以通过恰当的技术手段和组织手段，集中跨领域专家的意见，及时地、最大限度地整合有关技术和市场两方面的信息，力争部分破解"双盲"条件，使结构性政策既不至于遗漏多样化的共性技术萌芽，又能够尽快识别并锚定在具有广阔应用前景的共性技术之上。在相对成熟的共性技术识别方法中，目前已经被多个国家和地区采用的"技术预见"方法是比较成功的典型。

（二）对共性技术的"技术预见"与"技术预测"

"技术预见"（Technology Foresight）和"技术预测"（Technology Forecasting）是两种不同的方法（见表12—1），前者能更好地应对不确定环境下的"双盲"条件。20世纪40年代，为了适应军事技术竞争的需要，技术预测方法开始兴起，到70年代臻于成熟。而到了80年代，科技发展的不确定性日益增加，新出现的、注意展望多种共性技术可能性的技术预见方法开始受到关注。技术预测方法以定量分析为主，在既定的时间框架中，对新技术的性能参数、发展时机、产品、工艺、销售状况、市场占有率等进行分析和评估，很少涉及战略和政策层面的考量[1]。技术预见方法则更加注重长远的未来和战略性决策，更多地引入定性分析和半定量分析，对科学、技术和经济的长期前景进行系

---

① Cho, Y. and T. Daim., "Technology Forecasting Mthods", in Tugrul, D. (ed.), *Research and Technology Management in the Electricity Industry*, London: Springer, 2013.

统性考察①，旨在识别能产生最大经济社会效益的新兴共性技术。

表 12—1　　　　　　　技术预测方法与技术预见方法的差异

	技术预测方法	技术预见方法
研究对象	技术的性能参数、发展时机、产品、工艺、销售状况、市场占有率等	科学、技术和经济的长期前景，能产生最大经济社会效益的新兴共性技术
技术特点	以定量方法为主，较少依赖专家意见，无须达成共识	运用定量、定性、半定量等多种方法，依赖专家意见，注重过程公开和工作程序，需要达成共识
实施国家	美国（1937）、荷兰（1949）、以色列（1954）、加拿大（20 世纪 60 年代）、法国（1961）、英国（1963）、德国（1964）、意大利（1965）、瑞士（1965）、奥地利（1966）、日本（1975）、中国（1985）、印度（1997）	日本（1971）、美国（20 世纪 80 年代）、加拿大（20 世纪 80 年代）、荷兰（1988）、德国（1991）、新西兰（1992）、英国（1993）、澳大利亚（1994）、韩国（1994）、法国（1994）、西班牙（1995）、意大利（1995）、匈牙利（1997）、奥地利（1997）、挪威（1998）、瑞典（1998）、葡萄牙（1999）、丹麦（2000）、芬兰（2001）、中国（2002）

资料来源：改编自《技术预测与技术预见：内涵、方法及实践》（中国科协创新战略研究院《全球科技经济瞭望》2017 年第 3 期。）

　　英国政府是全球最早采用"技术预见"方法识别共性技术研发优先级的主体之一，至今仍是各国参照开展技术预见活动的典范②。1993 年，英国政府设立技术预见项目，其中专设了技术预见指导小组

---

① Martin, B. , "Research Foresight and the Exploitation of the Science Base", Office of Science and Technology, HMSO: London, 1993.

② Keenan, M. , An Evaluation of the Implementation of the UK Technology ForesightProgramme, PhD thesis, University of Manchester, 2000; Keenan, M. , "Identifying Emerging Generic Technologies at the National Level: the UK Experience," *Journal of Forecasting*, 2003, 22 (2 - 3): 129 - 160.

（Technology Foresight Steering Group），在 15 个产业技术预见工作组的分析结论基础上，识别产业层面和国家层面正在形成的共性技术并就其重要性排序，指导英国研究理事会和英国高等教育拨款委员会①将有限的政府科研经费更有针对性地资助关键共性技术研发。技术预见指导小组成立之初，共由十余名英国科学界和产业界中最知名的专家组成，确保整个小组的知识结构能够覆盖大部分的科技领域；配备三名熟悉技术预见技术与流程的技术顾问，使小组能够识别、评价跨领域的共性技术；日常管理工作由四至五名英国政府科技处的公务员组成的中心组（Central Team）负责。由于英国政府科技处的首席科学顾问本人担任技术预见指导小组主席，加之中心组直接向科技处首席科学顾问和政府各部门部长报告，政府和技术预见指导小组建立了很强的联系。

在使用技术预见方法对共性技术进行评级时，英国政府强调同时考虑需求拉动和科学推动两方面的力量②，即机会的吸引力（attractiveness）和可行性（feasibility）（见图 12—2）。关键指标包括以下方面：（1）哪些经济需求或社会需求为新兴共性技术提供了发展机会；（2）在开发共性技术的需求机会时，英国拥有哪些领先其他国家的优势或落后于其他国家的劣势；（3）哪些科学进步可能为新兴共性技术带来新的发展机会；（4）在开发共性技术的科学机会时，英国拥有哪些领先其他国家的优势或落后于其他国家的劣势；（5）在特定技术可以实现经济或社会效益之前，相关战略研究和后续技术开发的成本

---

① 英国研究理事会（UK Research Councils，UKRC）和英国高等教育拨款委员会（HEFCs）属于非政府部门的公共机构，负责管理绝大部分的英国政府科研经费。其中，英国研究理事会归口管理的科研经费用于资助各类研究项目，属于竞争性经费；高等教育拨款委员会掌握的科研经费则属于稳定性支持。

② PA Consulting, PREST, SPRU, ISI, The Identification of Emerging Generic Technologies – A Methodology for the UK, Report prepared for OST/DTI, 1992；Martin, B., "Research Foresight and the Exploitation of the Science Base", Office of Science and Technology, HMSO：London, 1993；SQW（Segal Quince Wickstead），PREST, Prioritisation criteria, A paper to the UK Technology Foresight Steering Group, 1994.

多高，需要怎样的人力资源支持；（6）明确实现相关战略所需的时间范围，决定究竟是应发挥英国既有的优势追求某项需求机会或科技机会，还是改变文化或科技基础设施、克服现有的弱势以追求某项新兴的需求机会或科技机会。产业技术预见工作组根据以上标准确定本领域内的新兴共性技术的优先级，再将结果上报技术预见指导小组，由其决定值得支持的跨领域共性技术。

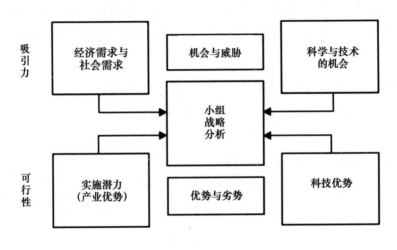

图 12—2 英国共性技术评价标准

资料来源：SQW（Segal Quince Wickstead），PREST，Prioritisation criteria，A paper to the UK Technology Foresight Steering Group，1994。

值得注意的是，对处于"双盲"条件下的新兴共性技术而言，需求机会和技术机会都不清晰，而且变化速度很快。高度标准化的、固定不变的评价指标固然有助于结构化地集中各组意见，给出相对客观的预见结果，但也很可能因此无法响应动态的机会与能力条件。为了解决这方面问题，英国政府采取多种手段，赋予专家灵活决策的权力，并确保"双盲"条件下的多元化信息和动态决策逻辑能在沟通中得以保留，为政府干预的战略提供参考。第一，允许产业技术预见工作组自行决定如何运用各方面标准，即自行确定各个标准的权重。第二，要求产业技术预见工作组在向技术预见指导小组提交结论时，清楚解释其运用标准的原则，使分析结果不至于受到专家个人研究兴趣的影响。第三，在1999年启动第二期技术预见项目时，在负责识别产业内部共性技术的产业技术预见工作组和负责确定跨领域共性技术的技术预见指导小组之外，增设专门的专题组（the matic panels），负责与产业技术预见工作组协同沟通，增强跨领域的信息交流。事实上，从第二期技术预见项目开始，英国政府已经充分认识到"双盲"条件对跨领域共性技术预见的挑战，据此改变了技术预见项目的焦点，将促进跨领域网络的形成置于中心位置，不再要求技术预见指导小组提交对跨领域共性技术的量化评级，而是将工作和报告的重点放在跨领域专题的识别与解释上。

如表12—1所示，目前主要发达国家都已经应用技术预见方法识别关键共性技术，中国也于2002年正式启动国家层次的共性技术预见工作。从进入21世纪后各国的最新实践来看，加强不同预见技术的交叉融合和跨领域参与机制，加强对条件变化和多样化信息的反应速度，是破解"双盲"条件下共性技术识别难题的主要趋势。例如，日本的"技术预见调查"始于1971年，该项目就未来30年各个领域的科技发展方向进行技术预见调查，每5年发布一次。2005年完成的第8次技术预见调查中，采用的方法主要包括德尔菲法、社会与经济需求调查法、文献计量法和情景分析法。2010年完成的第9次技术预见调查除继续使用传统的德尔菲法和情景分析法外，又加入了地区研讨会的方法。2015年的第10次技术预见调查基于传统的德尔菲法，依托大数据及数据科学的发展，开发了在线的德尔菲调查系统，在线向专家发放问卷，能够在短时间内收集大量数据，再借助在线统计和可视化技术，分析问卷调查结果。除此之外，还专门设立了情景分析委员会和未来社会愿景评估研讨会，所使用的情景分析方法和未来愿景分析均是面向问题解决的调查方法。

三　基于竞合机制的共性技术研发制度

（一）不同阶段共性技术研发的差异化组织形式

由于共性技术研发周期较长且应用前景不明，加之越是远离应用阶段的新兴共性技术，越需要跨领域的科学技术知识[1]，因此共性技术研发往往需要企业、科研机构、产业协会、政府部门等多种主体共同合作。这不仅有助于分担研发风险，降低单个主体需要承担的研发成本，而且有助于吸引风险投资和可能的应用主体[2]，提高未来共性技术应用的多样性，实现范围经济。然而，当共性技术研发进入后期，越来越接近市场应用阶段，企业主体之间的关系必然从以利益共享为主转向以利益冲突为主。考虑研发主体之间利益关系的转变，各国政府针对不同阶段、与应用阶段距离不同的共性技术研发活动，采取了差异化的组织形式。

第一，对于具有最高研发风险、对国民经济发展具有重大影响的关键共性技术，不少国家采用专项计划的方式，以财政资金为主支持研发。例如，日本的下一代制造计划（Next Generation Manufacturing，NGM）通过专项计划支持共性的生产工艺模型开发，而制造业企业可以对模型进行后续调整，提高本企业工艺自动化水平。在这些专项计划中，日本政府承担了全部研究经费。第二，对于研发周期较长、需要持续研发投入的基础共性技术（如测量、测试技术），各国纷纷设立

---

① Hooge, S. O. , Kokshagina, P. , Le Masson, K. Levillain, and B. Weil, Designing Generic Technologies in Energy Research: Learning from Two CEA Technologies for Double Unknown Management, European Academy of Management – EURAM 2014, Jun, 2014, Valencia, Spain.

② Shane, S. A. , *Academic Entrepreneurship*: *University Spinoffs and Wealth Creation*, Cheltenham: Edward Elgar Publishing, 2004; Maine, E. and E. Garnsey, "Commercializing Generic Technology: The Case of Advanced Materials Ventures", *Research Policy*, 2006, 35 (3): 375 – 393.

公共科研院所，由政府承担多数日常经费和大部分研发经费，组织开展相关研究。日本工业技术研究院、美国国家标准技术研究院、韩国产业技术研究所、加拿大国家研究委员会等机构都属于这一类型。第三，对于比较接近市场应用阶段、企业有动力参与研发的产业共性技术，政府只起引导作用，促使政产学研各方面组建联合研究体或产业技术联盟共同开发。美国在 1987 年设立的半导体制造技术研究联合体（Semiconductor Manufacturing Technology，SEMATECH）就属于这类组织。SEMATECH 非常成功，到 1995 年就帮助美国半导体企业压制了日本的技术竞争，重返全球第一的地位。

就以上三种共性技术研发组织方式而言，第三种方式涉及的利益主体更加多元化、市场化，参与主体跨时间竞合（Inter-temporal Coopetition）关系变化带来的问题也最为突出。为了尽可能防止未来的竞争关系降低企业等研发主体合作开展早期共性技术研发的积极性，各国政府越来越多地在共性技术研发中引入 PPP 模式（Public-Private Partnership），探索建立可持续的多方竞合机制。其中最重要的原则，是由政府部门或其他非营利组织牵头，制定和平衡多方面的目标与利益，整合不同主体的技能、专长和资金①。当然，这种方式在出现伊始并不非常完美，但经过逐步演化，组织形态和管理模式日趋成熟，与研发主体间竞合关系的契合度也逐步提高，已经成为发达国家组织产业共性技术研发的共同选择。

（二）以 PPP 模式促进共性技术研发的成功经验

作为曾经采用 PPP 模式成功促进共性技术研发的典范，美国的经

---

① Stevens, H., G. Van Overwalle, B. Van Looy and I. Huys, "Perspectives and Opportunities for Pre-competitive Public – private Partnerships in the Biomedical Sector", Biotechnology Law Report, 2013（3）: 131 – 139.

验做法及其转变值得借鉴。美国的产业技术联盟也经历过竞合关系处理不当，研发主体合作不够深入、高效的问题；但美国政府注意调整PPP模式下的资金投入、组织管理、利益分配等安排，已经积累了不少应对难题的经验，并将应用到近年启动的国家制造创新研究网络（National Networking Manufacturing Innovation，NNMI）之中。SEMATECH是美国最早的公私伙伴合营的共性技术研发联盟之一。1984年，美国国会放松了对企业技术联盟的反垄断规制，13家美国大型企业即在1982年联合成立了半导体研究联盟，旨在加快半导体共性技术研究，应对日本企业的威胁。然而，在成立之初，成员之间的互信度较低，企业对其他同业成员后续的竞争性威胁存在顾虑，担心其他成员滥用专有信息或搭便车，因而在对联盟的投入上十分保守。部分企业甚至指派即将离职或者权限不足的管理人员负责联盟相关的日常工作。

1987年，为了充分发挥国内企业的研发力量，尽快夺回美国在半导体设计与制造工艺上的优势，美国政府决定仿效日本政府组织大规模技术合作研究的做法，由国防科学委员会和半导体协会出面，共同牵头成立了SEMATECH。政府部门与行业协会的支持和协调增强了研发联盟的公信力。SEMATECH最初的目标是开发下一代半导体制造技术，但美国政府很快发现这一目标并不可行，转而将联盟研发活动限制在"竞争前"阶段的共性技术和产业基础设施研发[1]，明确了联盟不组织开展任何产品研发活动的原则。这一原则既激发了联盟成员开发可行的共性技术的积极性，又降低了联盟成员对其他成员利用联盟资源开展竞争性研发的顾虑，促使成员企业迅速协商制定了具体的研发计划和时间表。各成员企业派遣高级技术主管参与计划和技术预见，在董事会拥有投票权，并分担一半的研究经费；政府通过国防部负担联盟另一半的研究经费。由于接受了财政资金，SEMATECH必须接受国会委托的第三方对技术研发进

---

① Grindley, P., D. C. Mowery and B. Silverman, "Sematech and Collaborative Research: Lessons in the Design of High – technology Consortia", *Journal of Policy Analysis and Management*, 1994, 13: 723 – 758.

展、管理效率、产业影响等方面的评估。

新的安排部分解决了共性技术研发伙伴之间的合作问题，SEMAT-ECH 也很快取得了巨大的成功。然而，随着联盟活动的推进，特别是在基础共性技术研发完成之后，SEMATECH 原有的 PPP 模式又面临新的挑战，其中的主要挑战都与联盟成员在产品开发与工艺开发中凸显的竞争关系有关。一是有些成员企业参与了其他联盟，或者与其他企业存在合作关系。这些企业并未分摊研发成本，却在产业和工艺研发中受益于 SEMATECH 的最新研究成果，不受限制。二是有些成员与国外企业甚至是日本企业存在战略协议和合作研究关系，美国政府对联盟的资助和联盟的最新研究成果无疑会使这些美国企业强有力的直接竞争对手受益。三是随着研发从"竞争前"转向竞争阶段，政府公共政策目标与企业盈利目标之间的分歧加大，政府不愿支持竞争性的产业与工艺开发，企业的自主投入意愿增加。

SEMATECH 竞合机制的变化如图 12—3 所示。20 世纪 90 年代中期，美国政府认为 SEMATECH 已达成最初的目标，便适时地将其由 PPP 模式的技术联盟转为企业技术联盟，以适应成员企业竞争性研发活动日增的变化要求。1996 年，美国政府退出了对联盟的管理；1997 年，美国政府停止向联盟提供财政资助。这一转变将联盟的主导权完全交给企业，企业完全根据市场机制选择合作研发或竞争性研发，这对联盟的持续发展至关重要。由于美国半导体产业已经重获优势，联盟成员企业已经完全有能力也有意愿自行斥资支持 SEMATECH 的活动。此后，SEMATECH 不必再因接受政府资助而集中于共性技术研发，或在研发成果的使用范围和研发活动的合作范围上受限。由于仅仅依靠美国国内供应链已经不足以开拓国际市场，加之美国政府退出意味着"研发成果仅能用于美国制造业"的规定不复存在，SEMATECH 改变战略，将多家国际企业吸引为联盟新成员①。由于机制转换及时，SEMATECH 长久保持活力，至今仍在发挥作用。

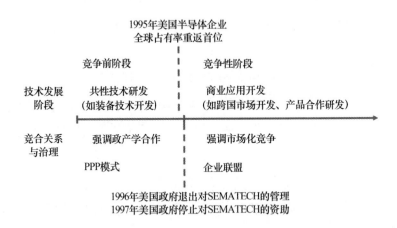

图 12—3　SEMATECH 竞合机制的变化

资料来源：Hof, R. D. , "Lessons from Sematech", *MIT Technology Review*, 2011。

美国政府通过 PPP 模式平衡共性技术研发竞合关系的经验，延续到近年的国家制造创新研究网络建设工作和制造创新研究院组织工作之中，并形成了更加灵活、高效的机制。2012 年 7 月，"先进制造伙伴计划"工作组发布了《抓住国内先进制造业的有利先机》的报告，正式提出国家制造创新网络的设想，并启动了制造创新研究院的建设工作。美国总统科技顾问委员会发现，美国制造业的衰落并非基础科学创造不足或劳动力价格过高所致，其短板在于缺少在基础研究与商业项目之间起转换作用的共性技术研究。这一普遍问题与 SEMATECH 成立之时美国半导体产业面临的挑战非常类似，因此美国政府也建议采用与 SEMATECH 类似的机制，建立政产学研合作、采取 PPP 模式的制造创新研究院（Institute of Manufacturing Innovation，IMI），促进各个制造创新

---

① Hof, R. D. , "Lessons from Sematech", *MIT Technology Review*, 2011.

研究院通过 NNMI 实现交流与合作，填平基础研究和商业应用之间的鸿沟。截至 2017 年年初，美国已经建立了 14 个制造创新研究院（见表 12—2），致力于共性技术研发以及技术推广、产品开发、产品出口、人才培训等相关工作①

表 12—2　　　　　美国现有的制造创新研究院（截至 2017 年）

成立时间	名称
2012 年	增材制造创新研究院（America Makes）
2013 年	数字设计与制造创新研究院（DDIMI）
	轻量化制造创新研究院（LIFT）
2014 年	电力美国制造创新研究院（Power America）
2015 年	复合材料制造研究院（IACMI）
	光电集成制造创新研究院（AIM）
	柔性混合电子制造创新研究院（NextFlex）
2016 年	先进功能织物创新研究院（AFFOA）
	数字制造创新研究院（Smart）
	化工流程强化应用快速发展研究院（RAPID）
	生物制药创新研究院（NIIMBL）
	先进生物组织制造研究院（ATB）
2017 年	可回收绿色制造创新研究院（REMADE）
	先进机器人制造创新研究院（ARM）

资料来源：中国电子信息产业发展研究院：《美国制造创新研究院解读》，电子工业出版社 2018 年版。

美国制造创新研究院的组织运行各有特色，但在处理成员机构之间的竞合关系方面则运用了一些共同的原则和做法。

第一，研究院尽管也会开展一些竞争性研究项目和客户需求驱动的研究项目，但都明确地将开发"竞争前"技术作为研究院的根本使命，促使潜在的竞争对手也能积极合作。与 SEMATECH 管理人员全部

---

① 中国电子信息产业发展研究院编：《美国制造创新研究院解读》，电子工业出版社 2018 年版。

来自企业界的做法不同，美国政府要求研究院的领导机构必须是非营利组织，而且不建议由大学作为领导机构，以充分保证领导机构的独立性，不会偏向某方成员，秉承公平的、合乎社会福祉的思路来处理研究院成员之间的关系。例如，尽管数字设计与制造创新研究院是由伊利诺伊大学 UI 实验室牵头，但该实验室并不属于伊利诺伊大学，而是一个独立的非营利性组织。

第二，政府与企业界共同投资，分担风险，分享成果。但随着共性技术研发的推进，政府投入递减；成果越接近商业应用阶段，政府投入越少，逐步实现行政力量的退出，符合研究院成员企业由以"竞争前"合作为主向以竞争性商业应用为主的关系转变。在 PPP 模式下，对于每个新建的制造创新研究院，美国政府都会投入 1 亿美元左右的招标资金，申请者的配套资金（可以采用现金、知识产权或授权等方式）不得低于政府投入资金。所有资金在 5—7 年内分批投入。政府投入在前三年逐年增加，此后逐步减少，到第五至第七年完全退出。此前，研究院成员机构必须寻找到以市场机制协调竞合关系、继续推进共性技术研发与商业应用的有效机制。这种通过调整资金投入配比、拓宽研究院的资金来源的方式非常灵活，有助于在早期就吸引和支持更多有共性技术研发合作意愿的中小企业和适应参与主体竞合关系转变的安排，既是 SEMATECH 的成功模式，也是美国政府对各个制造创新研究院的基本指导模式。

第三，新建的制造创新研究院虽然采用了与 SEMATECH 类似的会员制度，但与创立初期的 SEMATECH 不同，对会费的缴纳要求相对较低，更有利于吸引资金紧张的中小企业加入，促进行业合作研发。SEMATECH 成立时，要求成员企业将半导体产品销售收益的 1% 上缴联盟作为会费（最低 100 万美元、最高 1500 万美元），这种会员费计算方式对中小企业而言是沉重的负担，曾经广受诟病。最新成立的各个制造创新研究院则普遍采取分级会员制，对初级会员的会费缴纳要求很低，而初级会员也享有比较广泛的权利。例如，增材制造创新研究院是根据 NNMI 计划成立的首个制造创新研究院，其会员分为铂金、金、银三个等级，银会员的年费仅为 1.5 万美元。加之制造创新研究院可以通过研发合同、试制合同、基金申请等多种来源获取资金支持，一些研究院还专门针对中小企业和初创企业会员开设技术支援服务。这种低门槛要求对中小企业非常友好，更加有利于合作机制的良性运转。

第四，制造创新研究院强调共性技术创新对本土制造业的拉动作用，对接纳外国机构成员采取极其保守的态度。SEMATECH 早期成员有不少与国外竞争对手有合作，引发各方对美国财政资金投入收益是否溢出到其他国家的质疑。当前，国外企业已经深度植入美国制造业生态圈之中，将国外企业屏蔽在商业合作之外已不现实。但制造创新研究院的使命在于先进共性技术研发与扩散，因此在原则上和行动上都将国外机构隔离在外，防止国内其他成员出于对研发成果外溢的疑虑而不积极投入研究院的合作与交流。

四 知识产权归属与共性技术扩散应用

由于多数共性技术研发需要多个主体长期的共同投入，因此其知识产权不像企业内部研发成果那样可以简单归属于单一主体，而且研发主体在研发过程中的知识共享，也使其面临着自身知识产权泄露的风险。此外，由于共性技术具有在多个产业领域实现商业开发与应用的潜力，因此共性技术知识产权归属造成的影响比合作研发的专用性技术（如产品技术）知识产权归属的影响更加广泛，超越了合作研发主体自身的边界。从研发主体收益的角度来看，各方研发主体在研发初期无法预见共性技术成果应用的所有可能性，无法签订完备的知识产权分配契约，可能因技术应用新方向的出现而产生纠纷。从社会公共利益的角度来看，共性技术扩散的范围越大，共性技术研发对产业发展和经济发展的影响越深广，但研发主体与未参与研发的其他利益主体之间有关知识产权的冲突也越突出。如何公平分配、有效保护共性技术知识产权，使得知识产权安排在激发和鼓励研发主体合作开展共性技术研发的同时，有利于共性技术扩散与应用，是充分发挥共性技术应用价值的难点所在。为了社会公共利益和研发主体利益，美国等发达国家和地区在共性技术知识产权分配与保护中的基本原则，是"机会公平"最大化与"利益冲突"最小化[1]。无论是在独立的共性技术研发机构之中还是在多方主体合作的共性技术研发平台与研发项目之中，这一原则都是影响知识产权安排的基本要素。

（一）独立研发机构中的共性技术知识产权安排

对于独立的技术研发机构特别是政府出资创设的公共技术研发机构而言，研发方向越趋向共性技术，跨机构合作以及各主体之间的"利益冲突"问题就越突出，相关问题与公共机构为全社会创造"机会公平"使命之间的矛盾也越突出。这就要求公共技术研发机构根据研发方向与合作机制灵活调整知识产权安排。例如，随着研发重点的转变（从以应用技术研究为重转为以前瞻性产业共性技术研究为重），我国台湾地区工业技术研究院（以下简称台湾工研院）的知识产权政策就发生过重大调整，通过扩大分享知识产权收益，推动跨机构合作，鼓励共性技术研究[2]。1973 年，台湾地区政府参考韩国科技学技术研发体制，将原本按照政府机关管理的三个研究所（联工所、矿研所、金工所）改组合并为工研院，承担政府委托研发项目，同时开展辅导或

① National Research Council and Russian Academy of Sciences, *Technology Commercialization: Russian Challenges, American Lessons*, Washington, D. C.: The National Academies Press, 1998.

② 史钦泰:《产业科技与工研院——看得见的脑》, 中国台湾工业技术研究院, 2003 年。

协助企业研发、关键技术引进与推广等工作。成立之初，工研院尽管从事战略性产业的关键技术先导研究，但其主要研发方向在于应用性研究。在 1986 年的台湾地区技术发展长期规划中，工研院更被定位为任务导向的应用研究机构。这一阶段，工研院大量承接政府资助项目，产出专利数量与密度高于全球多数类似机构，但这类项目的知识产权均属"国有"财产，该院不能自由转让，因此研发成果的技术应用以技术与专利混合式转移为主，且技术与专利授权几乎采取非专属授权的方式①，以期最大限度地惠及当时内部研发能力还十分薄弱的台湾本土企业。

20 世纪 90 年代，台湾企业内部研发能力增强，工研院的主要使命开始由应用技术开发转向前瞻性的共性技术研发，引领国际合作与研发联盟的功能亦大大强化，科研成果的知识产权安排也随之发生重大变化。1997 年前后，台湾电子通信行业（工研院早期支持的重点产业）已渐趋成熟，企业已经能够独立开展或以业界合作的方式开展商业化应用研究，取代了工研院部分应用研究的既有功能，加之知识经济的加速发展使得前瞻性研究与突破性创新的重要性已经大大超过简单的技术开发与改进引用。在这一背景下，工研院提出了加强前瞻性产业共性技术研发的战略，建立开放性的前瞻研究计划竞争机制。台湾地区也改变了国有知识产权管理思路，其重大变化之一就是政府资助研发成果自 1999 年起由归属"国有"改为归属研发执行单位，旨在建立起共性技术研发合作单位共担失败、共享成功的机制，促进产学研各界就共性技术研发与应用开展广泛合作。知识产权归属的变化极大影响了 1999 年后工研院共性技术研发项目的知识产权应用方式与知识产权产出质量。第一，工研院建立全院统一的知识产权申请作业平台、成立技术转移与服务中心、整

---

① 史钦泰：《产业科技与工研院——看得见的脑》，中国台湾工业技术研究院，2003 年。

合管理各单位产生的知识产权、改变技术授权权利金收取方式、提高专利运用奖金等，促进工研院内部前瞻性技术的研发与转化。第二，工研院开放创新前瞻计划，开放研究院区的办公空间和研究空间，扩大开放实验室，推动企业和其他科研机构参与共性技术研究。企业参与产学研合作创新前瞻计划的数量大增，技术与专利授权开始更多采用专属授权的方式，使得研发主体能够优先分享知识产权收益。第三，在政府资助研发成果知识产权归属研发执行单位之后，专利申请和维护费用也改由研发执行单位负担。工研院改变了此前盲目追求专利数量的做法，更加注重加强共性技术研究的专利分析与专利布局，采取专精战略，提高专利质量，发挥知识产权研发与应用的最大效益（见图12—4）。数据显示，截至2012年，工研院专利已累计超过18219件，技术转移年均约640家次，同时提供知识产权的专业服务，成为台湾企业的专利后盾。

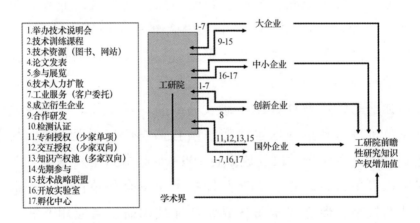

图12—4　中国台湾工研院技术应用战略趋势

资料来源：史钦泰：《产业科技与工研院——看得见的脑》，中国台湾工业技术研究院，2003年，第192页。

（二）多方合作平台中的共性技术知识产权安排

就多方主体合作的共性技术研发平台与研发项目而言，由于研发要素和资源投入大量来自企业，社会"机会公平"与企业"利益冲突"之间的平衡问题始终存在。为了应对这一普遍问题，发达国家探索出了会员制的差别化知识产权安排。这种安排既顾及了合作研发共性技术的企业主体的知识产权收益需要，又有利于降低其他组织特别是中小企业获取并应用最新共性技术的障碍，成为近年来共性技术研发平台和研发联盟中最为常见的安排。早在20世纪80年代美国半导体研究联盟（SEMATECH前身）成立之时，联盟已经明确了成员企业共同开发共性技术、共享知识产权成果的原则。所有成员企业均可分享使用联盟创造的知识产权，而所有研究成果在研发成功的最初两年内不得向非成员企业转让。这保证了成员企业能够优先获取共性技术研发收益，形成了有效的知识产权保护，规避了共性技术研发中的知识产权纠纷，但也妨碍了新共性技术大范围的快速传播与应用，不利于最大限度地开发共性技术的应用。美国政府介入并向SEMATECH提供财政资助后，为了使创新成果能够惠及更多美国企业，创造"机会公平"，在维持共性技术知识产权归属联盟成员企业这一原则的同时，取消了之前共性技术知识产权在生成前两年不得向联盟外企业开放的规定，允许所有美国企业在支付转让费或专利使用费时取得SEMATECH所有共性技术的使用权。

在科技革命开启全球产业技术激烈竞争的新形势下，为了加快制造业共性技术的扩散与应用，以美国为代表的发达国家将基于分级会员制的知识产权归属机制广泛引入了新建的共性技术研发联盟之中，相关安排也更具灵活性，更趋细致、成熟。美国近来力推的制造创新研究院就是如此。2014年10月，美国先进制造国家项目办公室在公开征集建议和进行多次工作会议之后，借鉴 SEMATECH 知识产权管理的成功经验和教训，发布了《国家制造创新网络项目知识产权管理指南》。该《指南》指出，制造业创新知识产权管理要保护制造创新研究院各参与方的利益，同时为企业特别是中小企业降低知识产权方面的阻碍，使之可以更容易地利用所需之知识产权，增进创新动力。为此，《指南》为新设立的制造创新研究院提供了处理知识产权问题的根本原则，全面覆盖了研究院层面的知识产权管理、项目层面的知识产权管理、知识产权归属、研究院出资生成的知识产权权利、非研究院出资生成的知识产权权利、背景知识产权、数据权利与管理、发布权、政府权力等十四个方面。尽管美国各个制造创新研究院制定了不同的知识产权管理方法，但都依据上述原则，确立了严格依据研发资源投入和会员等级设定研发成果知识产权归属和许可授权的制度。

以 2013 年成立的数字设计与制造创新研究院（DMDII）为例，该院根据生成知识产权的资源来源将研究院活动相关的知识产权划分为四类，清晰界定了各类知识产权的归属（见表 12—3）；在此基础上，特别针对政府出资项目生成的知识产权应用（许可授权）做出了分级规定。研究院专门成立了知识产权咨询委员会，就知识产权相关问题提供支持。每个研究院项目在申请时都需要提交知识产权管理计划，其中至少应包括项目知识产权所有权、许可权、收入分配等内容，根据会员级别做出差别化的许可授权规定。DMDII 的会员分为四类，即企业、学术机构/非营利组织、州政府和地方政府、联邦政府；前两类会员分别分为三个和四个等级，不同等级的会员能获得相应的知识产权权利。具体的，对企业会员而言，在政府出资的研究院项目产出知识产权后，企业铂金（一级）会员和金（二级）会员一般能够免费享有所有知识产权的非专有商业开发权；企业一般（三级）会员则需要和项目知识产权所有人签订协议，才能获得额外的知识产权权利。

表 12—3　　　　　　　　　　DMDII 的知识产权分类与归属

知识产权类别	研发投入来源	知识产权归属
研究院项目知识产权	政府完全出资或政府部分出资＋项目参与机构（成员机构）出资	－成员机构根据自身会员级别享有知识产权的许可授权
共同利益项目知识产权	项目参与机构（成员机构）私有资金	－完全归属或专有许可给出资的项目参与机构，或在"项目授权协议"中事前约定 －知识产权事宜由出资的项目参与机构自行商定
背景知识产权	成员机构的自有投资（项目开始之前就获得的知识产权或项目开始之后在项目之外生成的知识产权）	－完全归属投资机构，其他机构使用须获得相应许可
第三方背景知识产权	非成员机构的自有投资（项目开始之前就获得的知识产权或项目开始之后在项目之外生成的知识产权）	－完全归属投资机构，其他机构使用须获得相应许可

资料来源：中国电子信息产业发展研究院：《美国制造创新研究院解读》，电子工业出版社 2018 年版。

清晰的知识产权安排使参与美国制造创新研究院的大型企业与中小企业各得其利，为广大的参与企业创造了共性技术合作的收益机会。一方面，大型企业信赖政府背书的知识产权顶层设计，不再担忧大量投入产出的共性技术知识产权泄露，对未来知识产权归属与收益分配的信心增强，更加乐意开展前瞻性的技术研发合作，并与合作伙伴共享知识产权，配合开展商业化许可，提高了共性技术应用的供给水平。例如，2017 年美国国防部委托德勤公司开展的 NNMI 评估报告显示，2016 年成立的美国先进功能织物创新研究院已经通过类似的知识产权安排，成为一个值得信赖的合作研发召集者，从而打破了美国纺织品制造商常年拒绝合作研发的历史[①]。另一方面，中小企业通过缴纳低廉

① Deloitte, Manufacturing USA: A Third – Party Evaluation of Program Design and Progress, 2017.

会费加入制造创新研究院后，即使只能成为三级会员，无论是否直接出资参与研发项目，都能以更加合法、便捷的方式获知共性技术研发的最新进展并争取授权应用。此前，美国制造业中小企业在知识产权应用方面面临的主要障碍是，面对繁复的知识产权法律条文，无力判断应如何合法使用他人所有的知识产权。制造创新研究院的知识产权规定与知识产权咨询委员会，为广大中小企业提供了一个标准的了解和使用最新知识产权的平台。

五　促进共性技术供给和扩散的配套政策

自20世纪90年代末中国公共科研院所改制以来，共性技术供给水平下降成为制约中国制造业高水平创新发展的症结所在。这种结构性的缺陷及其负效应一定程度上为多年的高速经济增长和应用性技术进步所掩盖。然而，随着中国制造业各部门的技术发展水平日益接近国际前沿，全球技术竞争焦点转向前瞻性、指向性的新兴技术，产业共性技术供给与应用不足的负面效应会被快速放大。充分利用当前企业具有的强烈共性技术需求以及国家与企业具备较充裕的资金投入能力的有利条件，抓住全球高素质研发人才快速流动的有利时机，前瞻性地推进共性关键技术研发和产业共性技术服务，是一项既利当前又益长远的重大举措。当前，中国多数行业仍处于增长周期中，加之新一轮科技革命赋予的赶超机会，推进共性技术供给改革的空间较大，政策手段也可以更加灵活。借鉴发达国家发展共性技术的成熟经验，系统解决共性技术发展全链条上识别、研发与应用等关键环节的关键问题，通过帕累托改进（至少是部分利益相关者受益）或卡尔多改进（构建补偿机制）等可以减少改革阻力的方式主动推进共性技术供给机制改革，是推动共性技术持续快速发展的基础。

　　第一，完善技术预见过程，细化过程中使用的技术评价标准体系，推动各层次特别是国家层次的共性技术预见工作系统化、标准化。中国的国家级别技术预见工作直到 21 世纪才开始起步。国家层次上，科技部自 2002 年起每五年组织一次技术预见工作，主要服务于历次国家五年科技规划编制。中国科学院 2003 年启动了"中国未来 20 年技术预见研究"，此后五年完成了多个产业领域的技术预见研究。地区层次上，2001 年以来，北京、上海、广东、湖北、天津、山东等省市也先后开展了技术预见工作。这些技术预见工作普遍遵循了技术预见的常见流程，有不少还采用了线上专家库、网络调查等信息化手段，在多轮、多方面征求专家意见后再集成分析，为科技规划和科技政策提供了重要支撑。

　　然而，与发达国家相比，当前中国的共性技术预见在实施上仍然存在一项共同缺陷，即专家评价标准体系过于简化，造成大量原本可供参考的信息丢失。以中国工程院和国家自然科学基金委员会共同组织的"2035 技术预见项目"为例，该项目面向各界专家的网络调查问卷（见表 12—4）包含了技术预见所需的技术吸引力、技术可行性、时间线分析等关键要素，但与澳大利亚（见表 12—5）、英国（大量借鉴了澳大利亚的评价思路）等国的类似调查相比，不仅问题过少，而且过于笼统。例如，中国工程院的问卷只要求专家对技术应用对经济发展的重要性直接评分，而澳大利亚 CSIRO 则要求专家指明技术应用在市场规模、市场增长、生产率提升等方面的作用。相比之下，中国的评价指标只能提取专家对某个要素的量化评分，无法反映评分背后的具体思路与判断依据，而后者恰恰是技术预见方法（Technology Foresight）能够比技术预测方法（Technology Forecasting）更好应对长期变化和"双盲"条件的根本原因。中国各级政府以及组织开展共性技术预见工作的各类机构，应当加快细化技术评价标准体系的步伐，使量化分析和高层讨论能够在充分保留专家多样化视角与思路的前提下进行，在技术变革速度加快的大背景下提高共性技术识别的准确性和系统性。

表 12—4　　　　　　中国工程院"2035 技术预见项目"专家调查问卷

分析维度	调查问题
技术本身的重要性	从技术的核心性判断技术本身的重要性（高、较高、中、低） 从技术的通用性判断技术本身的重要性（高、较高、中、低） 从技术的非连续性判断技术本身的重要性（高、较高、中、低）
技术应用的重要性	该技术应用对经济发展的重要性（高、较高、中、低） 该技术应用对社会发展的重要性（高、较高、中、低） 该技术应用对国家与国防安全的重要性（高、较高、中、低）
中国的技术基础与竞争力	该技术项目我国当前的研发水平（国际领先、接近国际水平、落后于国际水平）
预期实现时间	该技术在全球范围内的技术实现时间（具体年度） 该技术在中国的技术实现时间（具体年度）
技术发展的制约因素	该技术发展的制约因素（人才队伍及科技资源、法律法规政策、标准规范、研发投入、工业基础能力、协调与合作）

资料来源：王崑声等：《中国工程科技 2035 技术预见研究》，《中国工程科学》2017 年第 1 期，第 34—42 页。

表 12—5　澳大利亚 CSIRO（联邦科学与工业研究组织）技术优先级评价指标体系

分析维度	评价指标	相关参数
技术吸引力	潜在收益	市场规模、市场增长、生产率提升、健康、安全
	澳大利亚获取潜在收益的能力	本地使用者开发利用该技术的能力
技术可行性	技术潜力	相关研究领域的发展水平、该技术当前在技术发展 S 曲线上的位置
	澳大利亚的研发能力	是否存在大量相关投入、澳大利亚的相关研发技术与研发设施储备

资料来源：Tegart G., A Review of Australian Experience with Foresight Studies and Priority Setting. Nexus Paper 2/97, University of Canberra, 1997。

第二，创造产学研各界联合研发共性技术的良好平台，采取公私合营、治理透明的方式，真正建立起社会广泛参与的共性技术研发合作机制。近五年来，各级政府直接推动建设了一批制造业创新中心（如国家动力电池创新中心）和产业技术研究院（如上海产业技术研究院、江苏省产业技术研究院、广东省工业技术研究院），试图以中国台湾地区工业技术研究院、德国弗朗霍夫学会、美国 SEMATECH 等成功的共性技术研发机构或研发联盟为标杆，打造中国共性技术供给的新生力量。这些新设机构在短时间内已经取得了不少成就，如广东省工业技术研究院已经与德国弗朗霍夫学会下属多个研究所开展了科技合作项目，但从治理机制与运营机制来看，仍然以政府或国有企业为绝对主导，距离国外成熟的多方投资、社会参与治理的 PPP 模式还有较大差距，不利于企业主体探索形成可持续的竞合机制。例如，国家动力电池创新中心于 2016 年成立时，虽然引入了政府基金和社会资金以分散股权、避免体制僵化，但中央企业北京有色金属研究总院仍是最大股东，而同为股东的宁德时代和北汽集团的相关负责人在创新中心成立之初甚至在访谈中对创新中心所知不多①。

为了推动产学研各方特别是企业主体突破"联而不盟"的情况，自发形成能够良好平衡企业竞合关系的共性技术合作研发机制，中国各类新兴的共性技术研发组织应当借鉴并落实国外组织的成功经验，在资源、治理、管理等方面实现全面改进。首先，应依托海外高层次人才而不是依托既有的科研院所全新设立中国工业技术研究院，作为中国共性技术供给的重要机构，同时为各省市建设多样化的工业技术研究院和制造业创新中心树立国内范本。其次，根据国际成熟共性技术研究机构的普遍规则，中国工业技术研究院和各层次产业技术研究院应采取"公私合作"的 PPP 模式，运营经费大约 1/3 来自国家财政，

---

① 《国家动力电池创新中心在疑虑中前行》，http：//libattery. ofweek. com/2016 – 08/ART – 36001 – 8440 – 30021192_2. html。

1/3 来自政府的竞争性采购，1/3 来自市场，从资金来源上平衡短期（竞争）导向和长期（合作）导向。再次，应由技术专家、政府官员、企业家代表和学者共同组成专业委员会作为最高决策机构，研究院最高管理者（主席）采取全球公开招聘的方式，通过专业委员会和管理社会化减少政府的行政干预，同时保证研究院的高效运营和专业管理；研究院每年向社会发布翔实的年度运营报告，用于披露研究院的财务收支和业务活动，形成社会监督的机制。同时，对企业参与意愿更强的产业共性技术研究机构，应学习美国 SEMATECH 和制造创新研究院的做法，预先设置政府退出机制，激发企业等研发主体寻求长期合作机制的主动性，促使研发组织机制向可持续的市场化竞合机制转变。最后，研究院研究人员收入宜以具有竞争力的固定报酬为主，项目收入仅作为研究人员的报酬补充，避免研究内容和项目设置过度商业化；研究院机构设置按照产业发展需求而不是学科体系设置，研究人员考评应以社会贡献而不是学术成果为主，以此保证研究成果的应用服务功能。国家可以考虑设立配套的引导资金，引导研究院为中小企业、前沿技术和落后地区等具有较强社会外部性的领域投入。

第三，在制造业创新中心等新设的共性技术研发联盟与研发平台中设立规范的会员制度，明确会员等级与知识产权权益之间的关联，注意降低中小企业最低进入门槛，并为其提供知识产权分级授权和知识产权援助服务。围绕重点行业转型升级和先进制造领域，形成一批制造业创新中心（工业技术研究基地），是近年来我国制造业创新体系建设的一项重点工程。由于政府的引导，大型央企和民企已经通过新建的制造业创新中心联系起来，发挥联盟优势和平台协作优势，在重大装备、重大生产工艺上获得了一些突破性进展。但另一方面，中小企业在新建制造业创新中心中的参与度始终很低。然而，共性技术应用的最大受益者应当是成千上万的中小型制造企业，共性技术的大规模商业化开发与推广离不开为大型企业配套的中小企业。

为了使共性技术研发能够匹配不同地区、不同部门、不同规模制造业企业的实际问题，有针对性地加快最新共性技术在广大制造业企业中的扩散与应用，必须切实降低中小企业了解、获取、应用相关知识产权的障碍。首先，应讨论制定政府领投、企业参与、专业运作的共性技术研发平台的知识产权保护和使用权分享制度，保障成员机构特别是中小企业能够以便捷、合法的方式获得先进共性技术并加以应用。其次，应设立广泛的共享机制，如技术设施共享、共同的技能培训、最佳制造技术实践分享、内部成员和外部相关者的信息共享等，使大、中、小型的制造业创新中心成员企业都能获取有关共性技术发展方向的最新信息，从而在技术应用、人才培养和就业创造上形成共同利益和一致行动，更加高效地实现前沿的、跨领域的共性技术转化应用。最后，应加强平台在知识产权生成、知识产权保护、知识产权诉讼等方面的服务能力，为中小企业会员提供知识产权应用的相关咨询与指导。

第十三章

促进新兴技术突破的区域创新体系

构建区域创新体系是我国实施创新驱动发展战略的重要任务，是加快建设制造强国密不可分的配套支撑条件。"区域创新体系"无论是理论提出还是实践应用都最先来自发达国家。我国学者是从20世纪90年代末期才开始将区域创新体系引入国内并开展相关学术研究的，同时也被科技部门写入政策文件之中，促进了理论与实践相结合。但由于我国经济发展的阶段性以及政府、企业家、知识界等对区域创新体系的理解尚处于概念导入和理论消化吸收时期，加之区域创新体系从诞生到成熟也要经历漫长的时期，所以我国各级政府推动建设区域创新体系的计划几乎没有取得实质性进展。当前，我国既处于产业转型升级的关键节点，又处于新一轮科技革命与产业变革的爆发期，构建有利于新兴技术突破的区域创新体系无疑具有非常重要的战略意义和突出的创新意义。

一 区域创新体系与新兴技术突破的理论关系

构建有利于新兴技术突破的区域创新体系是我国创新驱动发展和建设制造强国的一种重要探索，亟须理论创新。虽然国内外相关理论并没有直接对这个概念进行系统介绍和深入研究，但关于区域创新体系却有了比较深厚的积累，无论是理论建构还是实践应用都有了较快的发展，欧盟在创新体系建设方面走在世界前列，也探索出许多有益的做法，并推动理论创新。鉴于此，有必要对区域创新体系和新兴技术突破进行概念界定和理论关系的辨析，以便为构建具有中国特色又有利于新兴技术突破的区域创新体系提供理论基础。

（一）概念界定

有利于新兴技术突破的区域创新体系涉及新兴技术、突破性创新和区域创新体系三个基本概念。既有研究对上述概念都做过深入的探讨或综述，现就这些概念的本质内涵进行总结，以便为下文讨论区域创新体系与新兴技术突破的理论关系提供铺垫。

"区域创新体系"概念是由英国卡迪夫大学教授 Cooke 于 1992 年提出来的。经过二十多年的深入研究，理论界对于"区域创新体系"概念的认识日趋成熟，于是国外许多学者由此将注意力转向新兴领域研究，如跨行政区的区域创新体系、开放区域创新体系等。同样，我国学者对区域创新体系的研究也取得了"压缩式的进步"，在很短的时间内集中吸收了国外此前研究成果，并结合国情提出了中国特色区域创新体系，甚至还引起了国家决策部门的高度关注。笔者在梳理文献时发现，区域创新体系概念的基本内涵是比较清楚的，也产生了一些共识，主要包括：一是具有一定的地域空间；二是以生产企业、研发机构、高等院校、地方政府机构和服务机构为主要的创新主体；三是不同创新主体之间通过互动，构成创新系统的组织和空间结构，从而形成一个社会系统；四是强调制度因素以及治理安排的作用。上述的内涵特征是不同类型区域创新体系的共性所在。

然而，国内外学者对新兴技术的认识可谓见仁、见智。如中国社会科学院工业经济研究所未来产业课题组①认为，大数据、深度学习、工业物联网、虚拟现实/增强现实（VR/AR）、可穿戴设备、3D 打印、无人驾驶汽车、石墨烯、基因测序（精准医疗）、量子通信、高端机器人、云服务等一批前沿科技成果纷纷走出实验室，相继步入产业化阶段，极有可能成为影响未来的新产业，换言之，这些领域都是新兴技术领域。目前看，比较权威的说法来自国务院正式批复的文件，其中明确提出，我国下一步要重点突破的领域主要包括：新一代信息技术产业、高档数控机床和机器人、航空航天装备、海洋工程装备及高技术船舶、先进轨道交通装备、节能与新能源汽车、电力装备、农机装备、新材料和生物医药及高性能医疗器械十大领域，这些领域被政府列为我国制造业未来十年发展的重点方向，也是本书认为我国新兴技术未来需要突破的重点行业领域。

当前，"创新"成为我国时代发展的主旋律，创新驱动发展已上升为国家战略。"创新发展"被正式写入国家"十三五"规划纲要②，并成为引领未来经济社会发展的新发展理念之一。熊彼特教授作为创新理论的鼻祖，认为创新就是"创造性的破坏"。然而，随着创新活动日趋复杂和路径分化，学者们根据创新强度的不同，把技术创新分为渐进性创新（Incremental Innovation）和突破性创新（Radical Innovation）③。其中，渐进性创新通常被认为既有产品性能出现较小的改动，能够继续发挥原来技术的潜力，满足主流客户需求，进而强化成熟公司的竞争优势。而突破性创新通常建立在新的技术路线或方案的基础上，暂时不符合主流用户需求，但可能具有潜在的小众用户市场。突

---

① 中国社会科学院工业经济研究所未来产业课题组：《影响未来的新科技新产业》，中信出版社 2017 年版。

② 国家"十三五"规划纲要的全称是《中华人民共和国国民经济和社会发展第十三个五年规划纲要》。

③ 渐进性创新又被一些学者称为可持续性创新、演化性创新，突破性创新也被有些学者称为破坏性创新、革命性创新。

破性创新在开辟市场的过程中会不断面对新的问题，迫使企业通过完善技术和利用新的商业模式来解决问题。无疑，突破性创新对新创企业而言是充满风险的，却是它们成功进入市场的基础，并可能导致整个行业重新洗牌。在梳理国外相关文献的基础上，突破性创新概念可以做出如下界定，突破性创新是导致产品性能主要指标发生巨大跃迁，对市场规则、竞争态势、产业版图具有决定性影响，甚至导致产业重新洗牌的一类创新。对此，本书认为，新兴技术的突破就是一种突破性创新，它颠覆了传统技术范式及相应的组织方式，并孕育出新的业态。

（二）区域创新体系与新兴技术突破的互动关系

目前，我国正处于从技术模仿、消化和吸收阶段向一些关键领域的核心技术实现突破的阶段转变。制造业是一个国家技术创新的主要载体，推动制造业重点领域新兴技术突破和解决制约地区支柱产业关键共性技术瓶颈都离不开区域创新体系发挥特有的基础性支撑作用。这些作用主要表现为以下几点。

第一，完善的区域创新体系是新兴技术取得突破的必要条件。完善的区域创新体系可以为新兴技术实现突破性创新提供要素支持、功能支撑、环境配合等基础条件，同时有利于培育形成新兴技术实现突破性创新的能力和保持持续创新的动态能力。并且，区域创新体系也不是静态不变的，而是为了适应新兴技术培育、孵化和产业化而不断优化调整要素配置、组织方式、主体关系和制度环境，突破传统的思维和运行方式，实现体系改造升级，促进不同主体、不同机构、不同要素、不同行业的资源整合和协同创新，不断为新兴技术的突破提供源源不断的"正能量"。

第二，区域良好的地方创新文化、制度环境以及相关配套政策为新兴技术取得突破提供基础保障。敢于创新、爱拼敢赢的地方文化可以通过耳濡目染、潜移默化、交流交往等途径培育更多富有创新精神的微观主体和营造崇尚创新的社会氛围，可以为新技术突破提供优质的土壤。而且，区域创新体系的有效制度安排可以为新技术实现突破性创新提供导向性的激励机制，激发各类创新主体敢于突破渐进式创新路径，引导各类支持创新的中介组织和投资机构大胆放弃原有促进创新的惯性思维，最大限度减少技术市场应用的不确定性风险。

第三，地方政府为了激发创新活力和弥补各类创新主体的创新投入成本而采取了一些精准的支持政策，有利于解决创新链条中的薄弱环节，使创新活动能够高效进行。此外，区域创新体系作为一个各类创新主体、中介组织、投资机构以及地方政府等正式或非正式组织的"连接体""大本营"和"关系网"，自然有利于创新主体围绕新技术创新链条的研发设计、信息共享、技术配套、风险投资、孵化、中试、产业化等环节建立各种合作关系，进而提高新技术突破的成功概率。

第四，区域创新体系具有平台化、网络化、社会化的综合优势，能够为完成新兴技术突破的主体提供支撑。正如林平凡、刘城[1]指出的，区域创新体系可以为创新实施主体提供互补性资产（创新资源、创新平台、创新人才、创新服务等），并通过创新参与者之间互动和协同合作，减少创新过程中交易费用，加快突破性创新速度。区域创新体系具有平台经济的基本属性，将通过其网络为新兴技术突破提供人才、资金、市场咨询、链条衔接等资源或服务，在更大范围内动员创新资源参与突破性创新，实现高效配置，较快推动新兴技术的应用转化。

第五，区域创新体系的核心主体（特别是重点研究院所、大学专业科研机构或行业龙头企业）往往是实现新兴技术突破的实施主体或

---

① 林平凡、刘城：《区域创新体系中产业突破性创新能力形成机理研究》，《广东社会科学》2014 年第 6 期。

中坚力量。新兴技术的突破需要投入大量的科研资金、组织大量高层次专业人才参与和具有前期的技术积累，一般而言，中小企业或小微企业凭借自身的实力难以单独完成这么大的创新任务，也难以在一段时间内保持持续性投入。区域创新体系核心主体除了自身实力和创新管理优势之外，还容易整合外部的创新资源参与其中，通过建立联盟协作、共同开展协同创新项目、共同攻关重大科技专项、人才合作培养等方式形成更强大的科技创新超级集团，同时相对容易获得国家科技专项、新兴产业发展等相关政策支持。

另外，新兴技术的突破也会倒逼各类主体加快打造区域创新体系升级版。新兴技术实现突破性创新势必改变既有产业原有的技术创新路径，同时孕育着新的区域主导产业，必将打破原有的区域产业组织体系，使得新兴产业最终成为引领区域发展的新动能。而为了确保新兴技术的突破能够最终实现既定的目标，包括政府、企业、中介组织等在内的区域创新体系主体都要积极探索适应新兴技术突破的制度环境、组织变革、要素支撑体系、创新链条配套衔接等。而这些变化将重塑区域创新体系，使其本质内涵发生质的飞跃，形成更有利于新兴技术成长的环境。更具体地讲，新兴技术的突破将倒逼新的制度供给，与之相适应的制度安排将优化甚至代替原来的制度环境，从而引发区域性的制度创新，填补原来的制度空白。地方政府也在突破性创新的倒逼下调整甚至改变地区创新战略方向和目标，探索高效运行的政产学研良性互动关系，以便在引导要素流动、平台设立、政策设计等方面更好地服务于新兴技术的发展需求。当然，新兴技术实现突破性创新也是现有的地方化科研组织体系需要面对的一次重大冲击，这种历史冲击将诱发创新组织体系变革，进而形成更新的创新链治理机制。同时，新兴技术的突破也必然促进地方政府产业发展的战略性调整，带动相关产业协同发展，而行业重新洗牌将为后发的企业提供弯道超车的机会。新兴技术的突破将相应地改写相关产业的行业技术标准，使得拥有新兴技术的企业有机会掌握行业的话语权。此外，新兴技术从突破到孵化转化、产业化都将带动区域创新体系协同跟进，反过来为其提供适配性的创新生态。

（三）区域创新体系促进新兴技术突破的主要途径

区域创新体系不是创新的"孤立国"，而是置身于世界科技革命与产业变革的浪潮之中，从外界源源不断吸收一批具有革命性突破的新兴技术信息、组织变革方式、创新发展模式等，由此带动区域内相关创新主体感知、了解和掌握相关资讯，明确创新方向和技术路线，以获得赶超的机会。同时，区域创新体系加强自身的建设，以适应环境的变化，积极争取掌握全球科技创新的主动权。

区域创新体系是各类创新主体集聚的创新网络，将为新兴技术突破提供内核和动力。任何创新活动都需要相关的主体承接，也需要相关中介组织、风险投资机构以及创新配套机构作为支撑。各类相关主体协同创新功能发挥将有利于新兴技术的孕育，有利于承担单位借力顺利实施突破性创新项目或计划，使创新链条环环相扣，最大限度降低创新可能遇到的各种风险。

充满竞争的创新环境是新兴技术突破的内在动力。一个有活力的区域创新体系拥有一个良好竞争的创新环境，只有创新主体之间充满竞争，才能够有内在动力去探索新兴的技术领域，也才有积极性将科技成果应用转化。创新竞争是新兴技术突破的源泉。美国硅谷之所以成功，关键在于众多企业身处创新竞争文化，企业家和风险投资人对创新的超额利润充满激情和渴望。当创新主体争先恐后地全力投入新兴技术的研发和知识积累之中，创新效率会明显提高，新兴技术实现突破的可能性也将大大增加。

地方政府是新兴技术突破的"助推者"。区域创新体系具有公共产品的属性，地方政府构建区域创新体系义不容辞。地方政府对区域创新体系战略方向、共性技术平台建设、完善配套基础设施、政策支持等方面都将发挥主导作用。新兴技术的突破能力很大程度上取决于地方政府能否创造良好的创新环境，能否制定行之有效的科技创新战略。尽管新兴技术的突破方向具有高度的不确定性，但地方政府对创新主体的引导和支持却能够起到"四两拨千斤"的作用，特别是建设新兴技术需求的共性技术平台、引导社会资本参与、帮助创新成果应用和产业化等。

市场需求是新兴技术突破的驱动力。正如上文所述，区域创新体系不是孤立存在的，而是开放的，面向市场需求不断引导创新主体把握新兴技术前沿方向。新兴技术的突破虽然具有高度的市场不确定性，但其出现将创造潜在的市场需求，如触屏技术的诞生和应用带动智能手机、掌上电脑、笔记本电脑、投影屏幕等相关产品的升级。同样，增材技术的推广应用打开了个人定制的巨大市场需求，包括普通工艺品制造、飞机机身制造、房屋建造等众多领域。开放式的区域创新体系就是创新主体与用户实现良性互动的社会网络，用户的需求甚至消费习惯可以为创新主体提供创新创意的方向或点子，这些需求或点子某种意义上就是未来市场的潜在需求所在。

二 构建有利于新兴技术突破的区域创新体系模式

在传统产业增长乏力和新旧动能转换之时，加快新兴技术突破是我国培育发展新兴产业和促进传统产业改造升级的关键所在，又是我国抢占行业发展制高点、提升产业国际竞争优势和掌握发展主导权的重要途径。而行业新兴技术的突破性创新既需要创新主体的日积月累和成果转化应用，又需要一个功能健全、生态良好、机制灵活的区域创新体系作为支撑。事实表明，新兴技术的突破基本上诞生在区域创新体系成熟、创新氛围浓厚、成果应用转化便利、产业基础和配套条件相对完善的地区，如美国的硅谷、128 公路、北卡三角科技园，英国剑桥科学园，等等。相比之下，我国是一个幅员辽阔、地区差异大、科技创新处于后发赶超的国家，国家区域创新体系尚不完善，各地区区域创新体系发育程度参差不齐，只有北京、上海、深圳等一线及部分二线城市的区域创新体系具备功能运行的能力，其他城市的创新体系仍处于建设起步阶段，无法为新兴技术突破提供基础条件。与发达国家的情况不同，我国以区域为组织单元的区域创新体系并不强，而以部门机构为组织单元的创新体系具有体制优势。换言之，我国同时存在块状和条状的区域创新体系，这两类区域创新体系有各自的优势，前者市场化更强，后者更具有集中力量攻关优势。因而，在这样的背景下，我国构建有利于新兴技术突破的区域创新体系不宜搞一种模式，应该探索多元化的发展模式。主要模式包括以下几种。

（一）有利于新兴技术突破的"块状"区域创新体系

一是以集群为依托的产业专业化型创新体系。这种创新体系是集群创新网络演化而成的，带有明显的草根性和根植性。我国专业化产业集群往往是由大量的中小企业、小微企业和少数行业龙头企业组成的，集群的初始技术主要通过模仿和消化吸收获取，集群内部不具备原创性技术研发能力并缺少相应的机制。同时，绝大多数的传统产业集群繁殖于大城市的地方化产业园区或中小城市（含县），这些多是专业化程度很高的地方，一般而言，区域创新环境相比大城市或特大城市而言差距较大，难以为新兴技术实现突破提供最佳的创新土壤。

二是以大城市为依托的多元化环境型创新体系。北京、上海、深圳等城市都着手建设全球科技创新中心，它们的共同之处在于拥有产业多样化的环境、众多的高素质人才、灵活的创新政策环境，以及开放、高效、畅通的国际化技术转移渠道。正如著名城市学家雅各布斯所言，城市多样化有利于创新，这个假说被城市经济学家们称为"雅各布斯外部性"。当然她所指出的多样化涉及文化、产业、人口来源等经济社会领域。无论是北京、上海还是深圳都是多样化程度非常高的城市，在创新主体能力、创新资源整合、创新市场化环境、技术传播扩散等方面优势突出，在电子信息、生物技术、装备制造等行业具有全球创新的优势，有机会实现新兴技术突破性创新。

（二）有利于新兴技术突破的"条状"区域创新体系

一是以大型的行业科研机构为依托的集中攻关型创新体系。我国拥有一批具有行业技术积累和产业化优势的国有科研骨干机构，这些机构基本经过兼并重组、改制或划转等形式进入中央企业之列，并成为其下属的子公司或直属单位。这类机构是在计划经济时期艰苦创业和改革开放以来的体制转型中生存下来的，以单位为核心，包括下属机构和企业、技术应用企业等在内的网络比较发达。同时，这类企业的传统科研优势较强，长期积累了雄厚的社会资本，容易获得同行业企业认可。集中攻关型的创新体系虽是以某一单位或某类单位联盟为依托，但其在承担国家科技重大项目时能够利用其既有的体制优势，实现跨地区、跨部门、跨领域的协同创新，集中动员创新资源参与技术研发及后续推广应用，在较短时间内实现新技术新工艺的突破。

二是以创新型大学和国家级科学研究机构为依托的政产学研用融合型创新体系。作为科技创新人才集聚地，创新型大学和国家级科学研究机构（如中国科学院）承担着基础研究、科技研发和技术推广应用等方面的创新任务。这类单位拥有丰富的人才资源，具有深厚的创新积累，能够长期跟踪新兴技术前沿方向，也容易获得国家科研经费的资助。但由于这些机构受行政体制、机构职能等因素影响难以建立一个产学研用较为完整的创新链，为此需要与政府、相关企业、风险投资机构等单位共同组建政产学研用融合为一体的区域创新体系。政产学研用融合的区域创新体系既可以实现跨区域、跨单位、跨行业、跨学科开展科研项目的协同创新，又可以将各创新主体的优势综合发挥出来，实现创新链与产业链相互促进、互利共赢。

以上两大类创新体系具有浓厚的中国特色，部门体制倾向比较突出，政府介入的力量比较明显，但也具有发达国家区域创新体系的基本特征，如创新体系主体网络、动力机制、创新链等。尽管现阶段我国存在多种类型的区域创新体系，但真正能够促进新兴技术突破的创新体系主要是上述四类。每一类创新体系不仅具有地方化的特征，同时具有开放、包容、融合的特点。在新一代信息技术方兴未艾的今天，这些区域创新体系开始通过互联网、物联网、大数据、云计算等现代信息化手段拓展创新网络的广度和合作深度，驾驭或动员更多的社会资源共同参与创新，从而能够为新兴技术突破节约时间和成本，也减小了创新成果与用户的距离。

三　构建有利于新兴技术突破的区域创新体系的建议

制造强国是以习近平同志为核心的党中央为实现伟大复兴的"中国梦"而做出的一项重大战略部署，是振兴实体经济、筑牢强国基石的关键举措。在应对经济新常态和促进新旧动能转换的过程中，各地区因地制宜地探索建立有利于新兴技术突破的区域创新体系是一个比较迫切而又艰巨的任务。与发达国家相比，我国区域创新体系在推动新兴技术突破的机制、模式和效果方面仍有明显的差距。为此，我国各地区实施创新驱动发展战略时需要准确把握突破性创新、区域创新体系、新兴技术等相关概念和理论，学习借鉴国内外先进经验，探索各具特色的创新发展路径。当务之急是，国家应尽快实施一些务实管用的措施，着力解决激励不足、模式僵化、政策不聚焦等问题。

第一，打造一批综合实力强、创新体系完善、产学研用结合紧密的创新利益共同体。围绕制造强国明确的重点领域，有关地区或机构共同组建新兴技术创新联合体、区域创新共同体或产业创新联盟，建立协同创新机制，突破体制机制障碍，通过区域创新体系社会网络动员各类创新资源共同参与，利用较短时间实现新兴技术取得突破性创新。

第二，支持构建超越地域、无边界的新型区域创新体系。随着互联网技术的普及和跨地区或跨国的技术创新交流日益增多，地方政府在构建区域创新体系时要突破传统的行政区域思维，引入无边界、互联的思路，规划建设连接全国乃至全球创新节点的创新网络平台，与国内外先进的科技创新中心实现互联互通，促进地方化社会创新网络向外延伸，从中获取外部创新知识和新兴技术信息。

第三，实施区域创新体系与新一代信息技术的融合发展。随着新一代信息技术日新月异和组织方式的变革，地方政府推动区域创新体系建设要有互联网思维，推动传统区域创新网络与移动互联网、物联网、大数据、云计算等新一代信息技术融合发展，把各创新主体的数据资源打通、串联起来，建立共建共享机制，让数据成为新兴技术突破的"种子"。另外，探索网络化的平台发展模式，将各类创新主体、中介组织、创新平台、孵化空间、产业化载体等连接起来，进而形成一个不同主体互动、共享、合作的网络平台。

第四，实施差别化、导向性的精准支持创新政策。无论是中央政府科技主管部门还是地方政府负责部门，都应加强调研，找准新兴技术突破的薄弱环节，特别是基础研究、研发投入、试验、中试、风险投资等环节，要完善区域创新体系，使之平稳运行，有的放矢地出台有针对性的政策，确保创新主体能够顺利地渡过难关，走出创新的"死亡之谷"。

第五，探索市场化的区域创新体系模式。各级政府要重视市场力量推动区域创新体系发展的重要作用，鼓励企业或民间的中介组织主导构建新型的区域创新体系，由创新体系的受益者支付必要的费用。同时，地方政府也要采取购买服务的方式支付创建主体的相应费用，在创新基础设施、科技平台建设、科技专项攻关等方面给予适当倾斜。

第六，建立以重大科技专项攻关带动区域创新体系建设的机制。在国家层面，要围绕制造强国战略计划突破的新兴技术领域，统筹实施一批重大科技专项攻关项目，并将区域创新体系列入项目设计和实施之中，让项目相关参与单位共同组建创新联合体，建立长效合作机制，把项目参与单位、参与项目研究实验室（含工程研究中心等）、科技中介服务组织等方面主体或平台编织成一个组织有序、高效运作、职责明确、功能完善的创新体系，同时委任1—2位德高望重的专家或企业家担任创新体系首席专家，充分利用其深厚的技术积累或丰富的管理经验，让他们指导区域创新体系高效运转。

参考文献

中文参考文献

［美］奥斯特罗姆：《制度性的理性选择：对制度分析和发展框架的评估》，保罗·A. 萨巴蒂尔编《政策过程理论》，彭宗超、钟开斌等译，生活·读书·新知三联书店 2004 年版。

白树强：《全球竞争政策——WTO 框架下竞争政策议题研究》，北京大学出版社 2011 年版。

白万豪、张义芳：《美国阿波罗计划信息沟通管理对我国科技重大专项的启示》，《科技管理研究》2013 年第 3 期。

［日］日本规格协会（JSA）：《日本国际标准化活动经济效益》，边红彪译，中国标准出版社 2008 年版。

毕吉耀、张哲人、李慰：《特朗普时代中美贸易面临的风险及应对》，《国际贸易》2017 年第 2 期。

蔡昉：《发挥超大规模市场优势，实现经济社会发展目标》，《经济日报》2020 年 3 月 12 日。

蔡璞、殷正华、林海珍：《政策导向之前瞻方法建构——以个人化医疗为例》，《科技管理学刊》2011 年第 3 期。

曹兴、柴张琦：《技术扩散的过程与模型：一个文献综述》，《中南大学学报》（社会科学版）2013 年第 4 期。

陈劲、戴凌燕、李良德：《突破性创新及其识别》，《科学管理研究》

2002 年第 5 期。

陈玲：《官僚体系与协商网络：中国政策过程的理论建构和案例研究》，
　　《公共管理评论》2006 年第 2 期。

陈玲、赵静、薛澜：《择优还是折衷——转型期中国政策过程的一个解
　　释框架和共识决策模型》，《管理世界》2010 年第 8 期。

陈永杰：《小微企业在我国经济中的地位与作用》，《经济研究参考》
　　2013 年第 32 期。

陈峥：《能源禀赋、政府干预与中国能源效率研究》，博士学位论文，
　　中南财经政法大学，2017 年。

程如烟、王艳：《美国重大科技专项组织实施的主要特点》，《科技管理
　　研究》2008 年第 6 期。

丛明才、王婀娜：《德国职业教育研究及其启示》，《黑龙江高教研究》
　　2016 年第 5 期。

邓洲：《国外技术标准研究综述》，《科研管理》2011 年第 3 期。

邓洲：《技术标准导入与战略性新兴产业发展》，《经济管理》2014 年
　　第 7 期。

［美］迪克希特：《经济政策的制定：交易成本政治学的视角》，中国人
　　民大学出版社 2004 年版。

［瑞典］佩尔森、［意］塔贝尼克：《政治经济学：对经济政策的解
　　释》，方敏等译，中国人民大学出版社 2009 年版。

［瑞典］西格法德·哈里森：《日本的技术与创新管理：从寻求技术诀
　　窍到寻求合作者》，华宏慈译，北京大学出版社 2004 年版。

董佳敏、刘人境、张光军：《大科学工程组织管理模式对比分析及对我
　　国的启示》，《科技管理研究》2016 年第 16 期。

段伟红：《技术官僚的"谱系"、"派系"与"部系"——对西方"中
　　国高层政治研究"相关文献的批判性重建》，《清华大学学报》（哲
　　学社会科学版）2012 年第 3 期。

冯身洪、刘瑞同:《重大科技计划组织管理模式分析及对我国国家科技重大专项的启示》,《中国软科学》2011 年第 11 期。

付玉秀、张洪石:《突破性创新:概念界定与比较》,《数量经济技术经济研究》2004 年第 3 期。

傅建球:《国际科技合作新趋势对中国科技发展的挑战及其对策》,《科学管理研究》2005 年第 1 期。

关婷:《促进企业能效的公共干预:中德两国地方能效行动的比较》,博士学位论文,浙江大学,2015 年。

郭佩霞:《促进创新型中小企业发展的财税政策取向》,《税务研究》2011 年第 6 期。

郭佩霞、胡彬:《激励企业创新的财税政策评析与建议》,《地方财政研究》2016 年第 5 期。

国家市场监督管理总局反垄断局:《中国反垄断执法年度报告(2019)》,法律出版社 2020 年版。

何强:《攀比效应、棘轮效应和非物质因素:对幸福悖论的一种规范解释》,《世界经济》2011 年第 7 期。

贺俊:《产业政策批判之再批判与"设计得当"的产业政策》,《学习与探索》2017 年第 2 期。

贺俊:《创新平台的竞争策略:前沿进展与拓展方向》,《经济管理》2020 年第 8 期。

贺俊:《从效率到安全:疫情冲击下的全球供应链调整及应对》,《学习与探索》2020 年第 5 期。

贺俊:《调整新经济结构性产业政策指向》,《中国社会科学报》2016 年 9 月 23 日。

贺俊、吕铁:《从产业结构到现代产业体系:继承、批判与拓展》,《中国人民大学学报》2015 年第 5 期。

贺俊、吕铁、黄阳华等:《技术赶超的激励结构与能力积累:中国高铁经验及其政策启示》,《管理世界》2018 年第 10 期。

贺俊:《走出"重复引进和产能过剩"的产业怪圈》,《财经》2017 年第 9 期。

洪银兴:《论强化竞争政策的基础地位》,《中国价格监管与反垄断》2020 年第 8 期。

胡文龙、杜莹芬:《企业税负衡量研究述评》,《中国流通经济》2014 年第 11 期。

黄斌、刘波:《政府重大科技项目组织管理方式的探讨》,《江苏科技信息》2006 年第 12 期。

黄群慧:《百年目标视域下的新中国工业化进程》,《经济研究》2019 年第 10 期。

黄群慧:《从新一轮科技革命看培育供给侧新动能》,《人民日报》2016 年 5 月 23 日。

黄群慧:《改革开放 40 年中国的产业发展与工业化进程》,《中国工业经济》2018 年第 9 期。

黄少卿、江飞涛、白雪洁、潘英丽:《重塑中国的产业政策:理论、比较和实践》,格致出版社 2019 年版。

黄晓勇:《中国节能管理的市场机制与政策体系研究》,社会科学文献出版社 2013 年版。

黄振羽:《大科学工程组织的治理结构冲突与演化研究》,博士学位论文,哈尔滨工业大学,2015 年。

江飞涛、蔡卫星、李晓萍等:《我国产业补贴的现状、问题与对策》,《中国社会科学院工业经济研究所内部报告》,2020 年。

江飞涛、陈伟刚、黄健柏、焦国华:《投资规制政策的缺陷与不良效应——基于中国钢铁工业的考察》,《中国工业经济》2007 年第 6 期。

江飞涛、李晓萍:《当前中国产业政策转型的基本逻辑》,《南京大学学报》2015 年第 3 期。

江飞涛、李晓萍:《直接干预市场与限制竞争:中国产业政策的取向与根本缺陷》,《中国工业经济》2010 年第 9 期。

江飞涛、武鹏、李晓萍:《中国工业经济增长动力机制转换》,《中国工业经济》2014 年第 5 期。

江鸿、贺俊:《"十三五"期间促进中小企业创新发展的政策思路与措施》,《学习与探索》2015 年第 9 期。

江小涓:《经济转轨时期的产业政策:对中国经验的实证分析与前景展望》,上海人民出版社 1996 年版。

江小涓:《体制转轨时期的增长、绩效与产业组织的变化:对中国若干行业的实证研究》,上海人民出版社 1999 年版。

焦国华、江飞涛、陈舸:《中国钢铁企业的相对效率与规模效率》,《中国工业经济》2007 年第 10 期。

靳仲华、周国林:《欧盟科学技术概况》,科学出版社 2005 年版。

瞿宛文:《赶超共识监督下的中国产业政策模式——以汽车产业为例》,《经济学》(季刊)2009 年第 2 期。

兰飞、李扬子:《支持小微企业科技创新的财税政策效果分析与对策》,《税务研究》2014 年第 3 期。

李丹:《论加强中国竞争政策与产业政策的协调——基于反垄断法的角度》,《宏观经济研究》2016 年第 12 期。

[韩] 李根(Keun Lee):《技术赶超的熊彼特分析》,于飞、陈劲译,清华大学出版社 2016 年版。

李璜、赵睿涛:《伽利略计划为欧盟未来航天系统提供的管理和融资教训》,《卫星应用》2012 年第 6 期。

李纪珍:《产业共性技术供给体系》,中国金融出版社 2004 年版。

李平、江飞涛、王宏伟:《重点产业调整振兴规划评价与政策取向探讨》,《宏观经济研究》2010 年第 10 期。

李伟、贺俊、江鸿：《"十四五"时期我国通信产业发展的战略取向》，
　　《改革》2020 年第 9 期。

李晓琳：《市场经济体制背景的竞争政策基础体系解构》，《改革》
　　2017 年第 3 期。

李晓萍、江飞涛：《干预市场抑或增进与扩展市场：产业政策研究中的
　　问题、争论及理论重构》，《比较》2012 年第 3 期。

李志军、唐飞鹏：《激励创新的税收政策：事后奖励还是事间激励》，
　　《中国经济时报》2017 年 2 月 21 日。

梁晔：《大科学创新的组织管理》，《江苏科技信息》2005 年第 12 期。

廖春发：《欧洲伽利略计划进展述评》，《国际技术经济研究》2006 年
　　第 3 期。

林平凡、刘城：《区域创新体系中产业突破性创新能力形成机理研究》，
　　《广东社会科学》2014 年第 6 期。

林毅夫：《新结构经济学与中国产业政策》，《决策探索》2014 年第
　　10 期。

刘秋生、赵广凤、彭立明：《国际科技合作模式研究》，《科技进步与对
　　策》2007 年第 2 期。

刘生龙、胡鞍钢：《基础设施的外部性在中国的检验：1988—2007》，
　　《经济研究》2010 年第 3 期。

刘世锦：《市场开放、竞争与产业进步——中国汽车产业 30 年发展中
　　的争论和重要经验》，《管理世界》2008 年第 12 期。

刘湘丽：《日本的技术创新机制》，经济管理出版社 2011 年版。

陆一：《日本国立大学文科"关停并转"相关政策分析——兼论两种文
　　科的现代命运》，《复旦教育论坛》2016 年第 2 期。

路风、封凯栋：《发展我国自主知识产权汽车工业的政策选择》，北京
　　大学出版社 2005 年版。

路风：《走向自主创新》，广西师范大学出版社 2006 年版。

吕铁、贺俊：《政府干预何以有效：对中国高铁技术赶超的调查研究》，《管理世界》2019 年第 9 期。

吕铁：《论技术标准化与产业标准战略》，《中国工业经济》2005 年第 7 期。

栾福明、王雨佳、韩平飞：《完善支持大众创业的税收政策探讨》，《经济纵横》2016 年第 2 期。

［英］罗伯特·哈尔、克莱尔·法鲁克、戴维·普罗伯特：《技术路线图——规划成功之路》，苏竣等译，清华大学出版社 2009 年版。

潘铁、柳卸林：《日本超大规模集成电路项目合作开发的启示》，《科学学研究》2007 年第 2 期。

任世平：《2007 年欧盟科技发展综述》，《全球科技经济瞭望》2008 年第 1 期。

［日］三輪芳郎：《日本産業政策論の誤解》，東京經濟新報社 2002 年版。

［美］沙希德·尤素福：《新千年的东亚奇迹》，约瑟夫·E. 斯蒂格利茨、沙希德·尤素福编《东亚奇迹的反思》，王玉清、朱文晖等译，中国人民大学出版社 2003 年版。

沈中元：《日本百年节能史及其对中国的启示》，《国际石油经济》2009 年第 5 期。

［美］施格拉：《政策过程的框架、理论和模型比较》，保罗·A. 萨巴蒂尔编《政策过程理论》，彭宗超、钟开斌等译，生活·读书·新知三联书店 2004 年版。

石亚军、于江：《大部制改革：期待、沉思与展望——基于对五大部委改革的调研》，《中国行政管理》2012 年第 7 期。

史娇蓉、廖振良：《欧盟可交易白色证书机制的发展及启示》，《环境科学与管理》2011 年第 9 期。

史钦泰：《产业科技与工研院——看得见的脑》，中国台湾工业技术研究院，2003 年。

宋泓：《国际产业格局的变化和调整》，《国际经济评论》2013 年第
　2 期。

孙晋、钟瑛嫦：《竞争政策的理论解构及其实施机制》，《竞争政策研
　究》2015 年第 3 期。

孙林岩、汪建：《先进制造模式的概念、特征及分类集成》，《西安交通
　大学学报》（社会科学版）2001 年第 2 期。

谭铁牛：《人工智能的历史、现状和未来》，《求是》2019 年第 4 期。

［日］堂之上武夫：《日本政府的节能政策》，《能源与节能》2009 年第
　2 期。

田正：《日美半导体协议冲击下的日本半导体产业发展研究——基于日
　本高科技企业经营业绩的分析》，《日本学刊》2020 年第 1 期。

［美］托马斯·费里德曼：《华为拥有帮助结束其与特朗普的战争的计
　划》，《纽约时报》2019 年 9 月。

王崑声等：《中国工程科技 2035 技术预见研究》，《中国工程科学》
　2017 年第 1 期。

王信贤：《谁统治？论中国的政策制定过程：以〈反垄断法〉为例》，
　（台湾）《中国大陆研究》2010 年第 1 期。

王元、刘峰：《向国际大科学工程和计划组织学习什么》，《科技日报》
　2011 年 10 月 31 日。

王泽华、万映红：《虚拟企业网上合作模式探讨》，《中国软科学》
　2001 年第 4 期。

巫永平、吴德荣：《寻租与中国产业发展》，商务印书馆 2010 年版。

吴家喜、董诚：《国外重大科技专项组织实施特点与启示》，《科技管理
　研究》2011 年第 9 期。

吴敬琏：《设计得当的产业政策能催生创新，强化竞争》，"第 3 届大梅
　沙中国创新论坛演讲"，2016 年 11 月 4 日。

吴敬琏：《中国经济 60 年》，《比较》2010 年第 3 期。

伍晓鹰：《"新常态"下中国经济的生产率问题》，社会科学文献出版社 2015 年版。

[日] 小宫隆太郎、奥野正宽等：《日本的产业政策》，黄晓勇等译，国际文化出版公司 1988 年版。

谢伏瞻：《论新工业革命加速拓展与全球治理变革方向》，《经济研究》2019 年第 7 期。

徐峰、许端阳：《国外政府支持重大科技计划或专项组织管理特征分析与借鉴》，《科技管理研究》2011 年第 14 期。

薛澜、陈玲：《中国公共政策过程的研究：西方学者的视角及其启示》，《中国行政管理》2005 年第 7 期。

薛澜、朱旭峰：《中国思想库的社会职能——以政策过程为中心的改革之路》，《管理世界》2009 年第 4 期。

韩学勇：《完善我国小微企业税收优惠政策研究——基于公平的视角》，《税收经济研究》2012 年第 6 期。

[加] 雅各布斯：《城市经济》，项婷婷译，中信出版社 2007 年版。

杨保华主编：《神舟七号飞船项目管理》，航空工业出版社 2010 年版。

杨青：《项目管理及其在航天项目中的应用》，《航天工业管理》1999 年第 5 期。

叶振宇：《构建促进新兴技术发展的区域创新体系》，《经济日报》2018 年 11 月 15 日。

于立、刘玉斌：《中国市场经济体制的二维推论：竞争政策基础性与市场决定性》，《改革》2017 年第 1 期。

张树伟、陈晓娟：《"上大压小"政策的综合评估》，《能源》2014 年第 9 期。

张烁：《把优秀人才吸引到制造业来》，《人民日报》2017 年 2 月 16 日第 5 版。

张维迎:《为什么产业政策注定会失败?》,"亚布力中国企业家论坛西安峰会演讲",2016 年 8 月 25 日。

张义芳:《美国阿波罗计划组织管理经验及对我国的启示》,《世界科技研究与发展》2012 年第 6 期。

赵英:《提高我国制造业国际竞争力的技术标准》,《中国工业经济》2007 年第 4 期。

制造强国战略与工程技术人才培养研究课题组:《制造强国战略与工程技术人才培养》,《高等工程教育研究》2015 年第 6 期。

中国电子信息产业发展研究院编:《美国制造创新研究院解读》,电子工业出版社 2018 年版。

中国社会科学院工业经济研究所未来产业课题组:《影响未来的新科技新产业》,中信出版社 2017 年版。

中国社会科学院经济所课题组:《"十四五"时期深化工业化进程的产业政策与竞争政策研究》,《经济研究参考》2020 年第 11 期。

中国信息通信研究院:《5G 经济社会影响白皮书》,2018 年。

中华人民共和国国务院:《国家中长期科学和技术发展规划纲要》,中国法制出版社 2006 年版。

周程:《日本官产学合作的技术创新联盟案例研究》,《中国软科学》2008 年第 2 期。

周金凯:《特朗普上台对中美直接投资的影响分析》,《经济学家》2017 年第 2 期。

邹樵:《共性技术扩散机理与政府行为》,华中科技大学出版社 2015 年版。

网络参考文献

叶甜春：《新形势下我国集成电路发展的回顾与展望》，2020 年 11 月 10 日，http：//www. elecfans. com/d/1374407. html。

《中国能源效率报告（2016）》，https：//www. bp. com/zh_cn/china/reports－and－publications/bp_2016. html，last visited on May 27，2018。

中国人力资源市场信息监测中心：《2016 年第一季度部分城市公共就业服务机构市场供求状况分析》，http：//www. chrm. gov. cn/Content/842/2016/4/100889. html。

Mark Purdy and Paul Daugherty，Why Artificial Intelligence Is the Future Of Growth，https：//www. accenture. com，2017.

英文参考文献

Acemoglu, D. , D. Autor, D. Dorn, G. Hanson and B. Price, "Import Competition and the Great U. S. Employment Sag of the 2000s", *Journal of Labor Economics*, Vol. 34, 2016.

Acemoglu, D. , James A. Robinson, "Inefficient Redistribution", *American Political Science Review*, 95, 2001.

Ahrens, "China Policy Making Process", A Report of the Hill Program on Governance, 2013.

Amsden, A. H. , *Asia's Next Giant, 1989: South Korea and Late Industrialization*, New York: Oxford University Press, 1989.

Antonelli, C. , "Localized Technological Change and Evolution of Standards as Economic Institutions", *Research Policy*, No. 2, 1994.

Apollo program office. "NASA－Apollo Programmanagement", *National Technical Information Service*, 1967.

Arthur, W. B. , "Competing Technologies, Increasing Returns, and Lock－in by Historical Events", No. 5, 1989.

Autor, D. , D. Dorn and G. Hanson, "The China Syndrome: Local Labor Market Effects of Import Competition in the United States", *American Economic Review*, Vol. 103, 2013.

Bairoch, P. , 1993, Economics and World History: Myths and Paradoxes, Brighton: Wheatsheaf, Baskin, E. , Krechmer, K. & Sherif, H. M. , "The Six Dimensions of Standards: Contribution Towards a Theory of Standardizaiton", selected papers from the seventh international conference on management of technology, 1998.

Baumol, W. J. , "Entrepreneurship: Productive, Unproductive and Destructive", *The Journal of Political Economy*, 98 (5), 1990.

Baumol, W. L. , Litan, R. E. , Schramm, C. J. , *Good Capitalism, Bad Capitalism and the Economics of Growth and Prosperity*, Yale University Press, 2007.

Bhattacharjee S. and A. McCoy, "Energy Efficient Technology Diffusion Factors: A Systematic Review", *International Journal of Scientific & Engineering Research*, 2012, 11 (3).

Blind, K. & Grupp, H. , "Interdependencies Between the Science and Technology Infrastructure and Innovation Activities in German Regions: Empirical Findings and Policy Consequences", *Research Policy*, No. 5, 1999.

Blind, K. , "The Economics of Standard: Theory, Evidence, Policy", London: Edward Elgar, 2004.

Bloom, N. , M. Draca and Reenen, "Trade Induced Technical Change? The Impact of Chinese Imports on Innovation, IT and Productivity", *Review of Economic Studies*, Vol. 83, 2016.

Bosworth, B. and S. Collins, "Rebalancing the U. S. Economy in a Post Crisis World", *ADBI Working* , 2010.

Bray, O. H. , and Garcia, M. L. , "Technology Roadmapping: The Integration of Strategic and Technology Planning for Competitiveness", Proceedings of the Portland International Conference on Management of Engineering and Technology, 1997.

Cabral, M. and J. Silva. , "Intra – Industry Trade Expansion and Employment Reallocation between Sectors and Occupation", *Review of World Economics*, Vol. 142, 2006.

Chang, H. – J. , *Kicking Away the Ladder: Development Strategy in Historical Perspective*, London: Anthem Press, 2002.

Chang, H. – J. , "Kicking Away the Ladder: Infant Industry Promotion in Historical Perspective", *Oxford Development Studies*, 31 (1), 21 – 32, 2003.

Choi, Y. , "Technology Roadmap in Korea", Session 5: foresight Activities in Asian countries, the second international conference on technology foresight – Tokyo, 27 – 28 Feb. 2003.

Cho, Y. and T. Daim. , "Technology Forecasting Mthods", in Tugrul, D. (ed.) *Research and Technology Management in the Electricity Industry*, London: Springer, 2013.

Cho, Y. , Yoon, S. – P. , Kim K. – S. , "An Industrial Technology Roadmap for Supporting Public R&D Planning", *Technological Forecasting & Social Change*, 2016 (107): 1 – 12.

Ciuriak, D. , "The Return of Industrial Policy", Ciuriak Consulting Inc. ; C. D. Howe Institute; BKP Development Research & Consulting GmbH, 2013.

Cleland, D. I. , King, W. R. , *Systems Analysis and Project Management*, McGraw – Hill, 1975.

Coate, Stephen T. , Stephen E. Morris, "On the Design of Transfers to Special Interests," *Journal of Political Economy*, 103, 1210 –

1235, 1995.

David, P. A. , "Clio and the Economics of QWERTY", *American Economic Review*, No. 5, 1985.

David, P. A. "The Dynamo and the Computer: An Historical Perspective on the Modern Productivity Paradox", *American Economic Review*, 1990, 80 (2): 355 –361.

Deloitte, Manufacturing USA: A Third – Party Evaluation of Program Design and Progress, 2017.

Devereux, M. and H. Genberg, "Currency Appreciation and Current Account Adjustment", *Journal of International Money and Finance*, Vol. 26, 2007, pp. 570 –586.

Eckl, V. C. and D. Engel, "How to Benefit from Publicly Funded Pre – competitive Research: an Empirical Investigation for Germany's ICR program", *Journal of Technology Transfer*, 2011, 36: 292 –315.

Erceg, C. and J. Linde, "Is There a Fiscal Free Lunch in a Liquidity Trap", *Journal of the European Economic Association*, Vol. 12, pp. 73 –107, 2014.

Evans, P. , *Embedded Autonomy*, Princeton, NJ, Princeton University Press, 1995.

Farrell, J. & Salnoer, G. , "Standardization, Compatibility, and Innovation", *Rand Journal of Economics*, No. 1, 1985.

Farrell, J. & Shapiro, C. , "Dynamic Competition with Switching Costs", *Rand Journal of Economics*, No. 1, 1988.

Feenstra, R. B. , Mandel, M. , Reinsdorf and M. Slaughter, "Effects of Terms of Trade Gains and Tariff Changes on the Measurement of US Productivity Growth ", *American Economic Journal: Economic Policy*, Vol. 5, 2013.

Freeman, R. , "Part Ⅰ – Introduction", in Dosi G. , C. Freeman, R. Nelson, G. Silverberg and L. Soete, *Technical Change and Economic Theory*, New York: Columbia University Press, 1988, 1 – 8.

Galvin, R. , "Science Roadmaps", *Science*, 280 (5365): 3.

Gandal, N. , "Competing Compatibility Standards and Network Externalities in the PC Software Market", *Review of Economics & Statistics*, No. 4, 1995.

Giovanni Peri, "The Effect of Immigration on Productivity: Evidence from U. S. States", *Review of Economics and Statistics*, 2012, Vol. 94, No. 1: 348 – 358.

Goldin, C. and L. Katz, *The Race between Education and Technology*, Belknap Press, 2008.

Grindley, P. , D. C. Mowery and B. Silverman, "Sematech and Collaborative Research: Lessons in the Design of High – technology Consortia", *Journal of Policy Analysis and Management*, 1994, 13: 723 – 758.

Handley, K. , "Exporting under Trade Policy Uncertainty: Theory and Evidence", *Journal of International Economics*, Vol. 94, 2014.

HENDERSON R. M, CLARK K. B, et al. Architectural Innovation: The Reconfiguration of Existing Product Technologies and the Failure of Established Firms. *Administrative Science Quarterly*, 1990, 35 (9).

Hof, R. D. , "Lessons from Sematech", *MIT Technology Review*, 2011.

Hooge, S. O. , Kokshagina, P. , Le Masson, K. Levillain, and B. Weil, Designing Generic Technologies in Energy Research: Learning from Two CEA Technologies for Double Unknown Management, European Academy of Management – EURAM 2014, Jun, 2014, Valencia, Spain.

Jaffe, Adam B. and Robert N. Stavins, "Dynamic Incentives of Environmental Regulations: The Effects of Alternative Policy Instruments on Technology Diffusion", *Journal of Environmental Economics and Management*, 1995, 29: S – 43 – S – 63.

Jaffe, Adam B. and Robert N. Stavins, "The Energy Paradox and the Diffusion of Conservation Technology", *Resource and Energy Economics*, 1994b, 16 (2): 91 - 122.

Jaffe, Adam B., Newell, R. G., Stavins, R. N., "Energy - Efficient Technologies and Climate Change Policies: Issues and Evidence", *Ssrn Electronic Journal*, 1999.

Johnson, C. A., *MITI and the Japanese Miracle*, Chicago: Stanford University Press, 1982.

Jomo, K. S., "Financial Liberalization, Crises, and Malaysian Policy Responses", *World Development*, Vol. 26 (8), 1998.

Kang, David C., *Crony Capitalism: Corruption and Development in South Korea and the Phillipines*, Cambridge: Cambridge University Press, 2002.

Katz, M. & Shapiro, C., "Network Externalities, Competition, and Compatibility", *American Economic Review*, No. 75, 1985.

Keenan, M., An Evaluation of the Implementation of the UK Technology ForesightProgramme, PhD thesis, University of Manchester, 2000.

Keenan, M., "Identifying Emerging Generic Technologies at the National Level: the UK Experience," *Journal of Forecasting*, 2003, 22 (2 - 3): 129 - 160.

Keith Maskus, Ahmed Mushfiq Mobarak, Eric T. Stuen, "Skilled Immigration and Innovation: Evidence from Enrolment Fluctuations in US Doctoral Programmes", *The Economic Journal*, 2012, Vol. 122: 1143 - 1176.

Kenichi Ohno, "Learning from Best Practices in East Asia: Policy Procedure and Organization for Executing Industrial Strategies", presentation at the International Workshop on Aid and Development in Asia and Africa, 2011.

Kerrl, C. I. V., Phaal, R. and Probert, D. R., "Roadmapping as a Responsive Mode to Government Policy: A Goal - Orientated Approach to Realising a Vision", Moehrle M., Isenmann, R., Phaal, R., *Technology*

Roadmapping for Strategy and Innovation, Berlin, Heidelberg: Springer, 2013: 67 – 87.

Khan, M. H. , "Rent, Efficiency and Growth", in M. H. Khan & K. S. Jomo (Eds.), *Rents, Rent – Seeking and Economic Development: Theory and Evidence in Asia*, Cambridge University Press.

Khan, M. H. , "Rent – seeking as Process", in M. H. Khan & K. S. Jomo (Eds.), *Rents, Rent – Seeking and Economic Development: Theory and Evidence in Asia*, Cambridge University Press, 2000.

Kiser, L. , E. Ostrom, "The Three Worlds of Action: A Metatheoretical Synthesis of Institutional Approaches", In E. Ostrom (ed.), *Strategies of Political Inquiry*, Beverly Hills, CA: Sage, 1982.

Koopman, R. , Z. Wang and S. Wei. , "Estimating Domestic Content in Exports When Processing Trade Is Pervasive", *Journal of Development Economics*, Vol. 99, 2012.

Koopman, R. , Z. Wang and S. Wei, "How Much of Chinese Exports is Really Made in China?" NBER Working Papers 14109, 2008.

Lin, Justin Yifu, *The New Structural Economics: A Framework for Rethinking Development and Policy*, Washington D. C. , World Bank, 2012.

Maine, E. and E. Garnsey, "Commercializing Generic Technology: The Case of Advanced Materials Ventures", *Research Policy*, 2006, 35 (3): 375 – 393.

Mark Purdy and Paul Daugherty, "Why Artificial Intelligence Is the Future of Growth", https: //www. accenture. com, 2017.

Maskus, K. E. & Penubarti, M. , "How Trade – related are Intellectual Property Rights?" *Journal of International Economics*, No. 39, 1998.

Matutes, C. & Regibeau, P. , "A Selective View of the Economics of Standardization: Entry Deterrence, Technological Progress and International

Competition", *European Journal of Political Economy*, No. 12, 1996.

Mion, G. and L. Zhu, "Import Competition from and Offshoring to China: A Curse or a Blessing for Firms?", *Journal of International Economics*, Vol. 89, 2013.

Miyazaki, K. Search, "Learning and Accumulation of Technological Competences: The Case of Optoelectronics", *Industrial and Corporate Change*, 1994, 3 (3): 631 – 654.

Motta M, *Competition Policy: Theory and Practice*, Cambridge: Cambridge University Press, 2004.

Nakamura, E. and J. Stession, "Fiscal Stimulus in a Monetary Union: Evidence from US Regions", *American Economic Review*, Vol. 104, pp. 753 – 792, 2014.

National Institute of Standards and Technology, *ATP Overview*, 1998.

National Research Council and Russian Academy of Sciences, *Technology Commercialization: Russian Challenges, American Lessons*, Washington, D. C. : The National Academies Press, 1998.

Naudé, W. , "Industrial Policy: Old and New Issues", Working Paper No. 2010/106, United Nations University, World Institute for Development Economics Research, 2010a.

Naudé, W. , "New Challenges for Industrial Policy", Working Paper No. 2010/107, United Nations University, World Institute for Development Economics Research, 2010b.

Neary, J. Theory and Policy of Adjustment in an Open Economy, in Greenaway, D. , Current Issues in International Trade, Macmillan, London, 1985.

Newell, Richard G. , Adam B. Jaffe and Robert N. Stavins. "The Induced Innovation Hypothesis and Energy – Saving Technological Change", *Quarterly Journal of Economics*, 1999 August: 941 – 975.

OECD, *International Migration Outlook* 2003, Paris: OECD Publishing, 2003.

OECD, *International Migration Outlook* 2014, Paris: OECD Publishing, 2014.

OECD, *Learning for Jobs*, Paris: OECD Publishing, 2010.

OST, Messages from the Current Round, Foresight Steering Group Report, Department of Trade and Industry (DTI): London, 2001.

Ostrom, E. , *Governing the Commons: The Evolution of Institutions for Collective Action*, Cambridge University Press, 1990.

Ostrom, E. , "Institutional Rational Choice: An Assessment of the Institutional Analysis", In P. A. Sabatier (ed.), *Theories of the Policy Process*, Boulder, C. O. : Westview Press, 1999.

Ostrom, E. , R. Gardner, J. Walker, *Rules, Games, and Common Pool Resources*, Ann Arbor: University of Michiggn Press, 1994.

PA Consulting, PREST, SPRU, ISI, The Identification of Emerging Generic Technologies – A Methodology for the UK, Report prepared for OST/DTI, 1992.

Peltzman S, "Toward a more general theory of regulation", *The Journal of Law and Economics*, Vol. 19, No. 2, Aug. 1976, pp. 211 – 240.

PEREZ, C. Technological Revolutions and Techno – economic Paradigms. *Cambridge Journal of Economics*, 2010, 34 (1) .

Perkins D. , *East Asian Development: Foundations and Strategies*, Cambridge: Harvard University Press, 2013.

Petrick, I. J. , Networked Innovation: Using Roadmapping to Facilitate Coordination, Collabo – ration and Cooperation, Moehrle, M. , Isenmann, R. , Phaal, R. , *Technology Roadmapping for Strategy and Innovation*, Berlin, Heidelberg: Springer, 2013: 31 – 46.

Phaal, R. , "Foresight Vehicle Technology Roadmap Technology and Research Directions for Future Road Vehicles Version", *Technology*, 2002: 78.

Project Management Institute，"A Guide to the Project Management Body of Knowledge：PMBOK（R）Guide"，*Project Management Journal*，2010，40（2）：104 – 104.

Rauch, J. , Evans, P. , "Bureaucratic Structure and Bureaucratic Performance in Less Developed Countries", *Journal of Public Economics*, 2000, 75.

Reinert, E. , *How Rich Countries Got Rich and Why Poor Countries Stay Poor*, London：Constable, 2007.

Robinson, J. A. , "Industrial Policy and Development：A Political Economy Perspective", Paper presented at the 2009 World Bank ABCDE Conference, Seoul.

Rodrik, D. , "Industrial Policy：Don't Ask Why, Ask How", *Middle East Development Journal*, Demo Issue（2008）1 – 29, 2009.

Rodrik, D. , "Normalizing Industrial Policy," Commission on Growth and Development Working Paper No. 3, Washington D. C. .

Rodrikd, *One Economies, Many Recipes：Globalization, Institution and Economic Growth*, New Jersey：Princeton University Press, 2007.

Rodrik, D. , "The Return of Industrial Policy", Project Syndicate, available at http：//www. project – syndicate. org/commentary/the – return – of – industrial – policy（accessed April 3, 2013）, 2010.

Rozen, K. , "*Foundations of Intrinsic Habit Formation*", *Econometrica*, Vol. 78, pp. 1341 – 1373, 2010.

Schott, P. , "The Relative Sophistication of Chinese Exports", *Economic Policy*, Vol. 53, pp. 5 – 49, 2008.

Shane, S. A. , *Academic Entrepreneurship：University Spinoffs and Wealth Creation*, Cheltenham：Edward Elgar Publishing, 2004.

SQW（Segal Quince Wickstead）, PREST, Prioritisation criteria, A paper to the UK Technology Foresight Steering Group, 1994.

Stevens, H. , G. Van Overwalle, B. Van Looy and I. Huys, "Perspectives and Opportunities for Precompetitive Public – private Partnerships in the Biomedical Sector", Biotechnology Law Report, 2013 (3): 131 –139.

Stiglitz, J. E. , 2012, "Learning, Growth, and Development: A Lecture in Honor of Sir Partha Dasgupta", World Bank's Annual Bank Conference on Development Economics 2010: Development Challenges in a Post – Crisis World.

Stiglitz, J. E. , JustinYifu Lin, Célestin Monga, "The Rejuvenation of Industrial Policy", The World Bank, Policy Research Working Paper 6628, 2013.

Stiglitz, J. E. , "The Anatomy of a Murder: Who Killed America's Economy?", *Critical Review*, 2009, 21 (2 –3) .

Stiglitz, J. E. , "The Private Uses of Public Interests: Incentives and Institutions", *Journal of Economic Perspectives*, 1998, 12 (2): 3 –22.

Stiglitz, J. E. , "Towards a New Paradigm for Development: Strategies, Policies and Processes", 9th Raul Prebisch Lecture delivered at the Palais des Nations, Geneva, October 19, 1998, UNCTAD, Chapter 2 in The Rebel Within, Ha – Joon Chang (ed.), London: Wimbledon Publishing Company, 2001, pp. 57 –93.

Swanna, P. , & Prevezer, M. A. , "A Comparison of the Dynamics of Industrial Clustering in Computing and Biotechnology", *Research Policy*, No. 7, 1996.

Tak – Wing Ngo, Yongping Wu, eds. , 2009, Rent Seeking in China, Routledge.

Tangri, R. , *The Politics of Patronage in Africa*, Oxford: James Currey, 1999.

Tassey, G. , *The Economics of R&D Policy*, Westport, Connecticut: Quorum Books, 1997.

Tegart, G. , A Review of Australian Experience with Foresight Studies and Priority Setting, Nexus Paper 2/97, University of Canberra, 1997.

The Economist, "Picking Winners, Saving Losers: Industrial Policy is Bback in Fashion. Have Governments Learned from Past Failures?" 2010, http: //www. economist. com/node/16741043.

Thoma, G. , "Striving for a Large Market: Evidence from a General Purpose Technology in Action", *Industrial and Corporate Change*, 2009, 18 (1): 107 – 138.

Trezise, P. H. , "Industrial Policy is not the Major Reason for Japan's Success", *The Brookings Review*, 1983 (3).

Uhlig, H. , "A Toolkit for Analyzing Nonlinear Dynamic Stochastic Models Easily", in Marimon, R. and Scott, A. , *Computational Methods for the Study of Dynamic Economics*, 1999.

Unctad, "Economic Development in Africa, 2008 Export Performance Following Trade Liberalization: Some Patterns and Policy Perspectives", New York and Geneva: UNCTAD, 2008.

Unctad, "World Investment Report 2012: Towards a New Generation of Investment Policies", Geneva, United Nations Conference on Trade and Development, 2012.

UNIDO, *Industrial Development Report* 2009, Vienna: UNIDO, 2009.

Wade, *Governing the Market: Economic Theory and the Role of Government in East Asian Industrialization*, Princeton: Princeton University Press, 2004.

Wade, "Return of Industrial Policy?" *International Review of Applied Economics*, 2012, Vol. 26 (2), p. 223 – 239.

Warwick, K. , "Beyond Industrial Policy. Emerging Issues and New Trends", OECD Science, Technology and Industrial Policy Papers No.

2, 2013.

Wedeman, A., "Looters, Rent - Scrapers, and Dividend Collectors: Corruption and Growth in Zaire, South Korea, and the Philippines", *The Journal of Developing Areas*, 1997, 31.

Willyard, C. H. and McClees, C. W., " Motorala ´Technology Roadmap Process", *Research Management*, 1987 (Sep. - Oct.): 13 - 19.

Winter R A, "Vertical control and price versus nonprice competition", *The Quarterly Journal of Economics*, Vol. 108, No. 1, Feb. 1993, pp. 61 - 76.

Wolf, Martin, "The Growth of Nations", *Financial Times*, 2007, 21.

Yasunaga, Y., Watanabe, M., Korenaga, M., "Application of Technology Roadmaps to Govern - ment Innovation Policy for Promoting Technology Convergence", *Technological Forecasting & Social Change*, 2009 (76): 61 - 79.

You, J. S., "Explaining Corruption in South Korea, Relative to Taiwan and the Philippines: Focusing on the Role of Land Reform and Industrial Policy", Draft, 2008.

You, J. S., "Is South Korea Succeeding in Controlling Corruption?" APSA 2009 Toronto Meeting Paper, 2009.

You, J. S., Sanjeev Khagram, "A Comparative Study of Inequality and Corruption", *American Sociological Review*, Vol. 70, No. 1, 2005, pp. 136 - 157.

索　引

图书在版编目（CIP）数据

面向制造强国的中国产业政策／黄群慧等著 . —北京:中国社会科学出版社，
2021. 3

（国家哲学社会科学成果文库）

ISBN 978 - 7 - 5203 - 8114 - 7

Ⅰ. ①面…　Ⅱ. ①黄…　Ⅲ. ①制造工业—产业政策—研究—中国

Ⅳ. ①F426. 4

中国版本图书馆 CIP 数据核字（2021）第 047142 号

出 版 人　赵剑英
责任编辑　喻　苗
责任校对　郭曼曼
封面设计　肖　辉　宋微微
责任印制　戴　宽

出　　版　中国社会科学出版社
社　　址　北京鼓楼西大街甲 158 号
邮　　编　100720
网　　址　http://www.csspw.cn
发 行 部　010 - 84083685
门 市 部　010 - 84029450
经　　销　新华书店及其他书店

印刷装订　北京君升印刷有限公司
版　　次　2021 年 3 月第 1 版
印　　次　2021 年 3 月第 1 次印刷

开　　本　710 × 1000　1/16
印　　张　23. 5
字　　数　328 千字
定　　价　138. 00 元